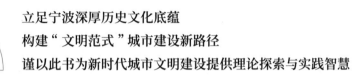

立足宁波深厚历史文化底蕴

构建"文明范式"城市建设新路径

谨以此书为新时代城市文明建设提供理论探索与实践智慧

宁波文化
研究工程

"范式文明"

城市研究

中国式现代化城市文明新论

李义杰 等◎著

知识产权出版社
全国百佳图书出版单位
——北京——

图书在版编目（CIP）数据

"文明范式"城市研究：中国式现代化城市文明新论/李义杰等著 . —北京：知识产权出版社，2024.5

ISBN 978-7-5130-9150-3

Ⅰ.①文…　Ⅱ.①李…　Ⅲ.①城市建设—社会主义精神文明建设—宁波　Ⅳ.①D648.3

中国国家版本馆 CIP 数据核字（2024）第 026579 号

责任编辑：林竹鸣　　　　　　　　责任校对：潘凤越
封面设计：杨杨工作室·张　冀　　责任印制：刘译文

"文明范式"城市研究
中国式现代化城市文明新论
李义杰 等　著

出版发行：**知识产权出版社**有限责任公司	网　　址：http://www.ipph.cn
社　　址：北京市海淀区气象路 50 号院	邮　　编：100081
责编电话：010-82000860 转 8792	责编邮箱：linzhuming@cnipr.com
发行电话：010-82000860 转 8101/8102	发行传真：010-82000893/82005070/82000270
印　　刷：三河市国英印务有限公司	经　　销：新华书店、各大网上书店及相关专业书店
开　　本：710mm×1000mm　1/16	印　　张：19.5
版　　次：2024 年 5 月第 1 版	印　　次：2024 年 5 月第 1 次印刷
字　　数：318 千字	定　　价：88.00 元

ISBN 978-7-5130-9150-3

Preface

序 言

文明视角下的城市研究

■ 李思屈（本名李杰，浙江大学教授、原传媒与国际文化学院副院长，浙江大学海洋文化传播研究中心主任，浙江省钱塘江文化研究会副会长）

城市是人类文明的重要载体。正如江河在文化人的眼中是流动的文化，世界城市在文化学者的眼中其实就是生动的世界文明图景。一座城市的历史，往往就是一部浓缩的文明史，是洞察人类文明发展及其特征的鲜活样本。建设和发展什么样的城市、通过城市塑造什么样的现代文明形态，事关中国式现代化进程。城市提供人类幸福安居的地方，除了经济功能，更有文化功能、社会功能、政治功能和生态功能。因此，从人类文明形态的高度研究中国城市建设和未来，是一个极其重要的理论视角。

人类社会现代化发展，本质上是人类不断扩大自身所处环境的合理性的控制过程，而这一过程往往伴随着文明范式的演变。当一种文明范式落后于社会文明形态时，生产力与生产关系之间的矛盾随即扩大，因为文明范式规定着社会的发展模式、制度变革以及生产生活方式等，这些要素往往是生产力与生产关系矛盾运动的集中体现。当既有文明范式所勾勒的发展图景与生产力和生产关系之间的矛盾运动不相适应，社会危机便会滋生，范式改变也就成为历史的必然。在亨廷顿看来，文明冲突是工业文明的一个突出特点，文明冲突论则是这一时期占主导地位的文明范式，属于不同文明的国家和集团之间的关系不仅不是紧密的，反而常常是对抗性的。在人类科技和生产能力快速提升、物质财富极大增长的工业文明中，生态环境破坏、价值理性衰微也在日益严重，敲响了人类生存的警钟，文明范式的转型已经提上了议事日程。

随着党的二十大提出建设中国式现代化的人类文明新形态，中西方文明范式的共性与差别开始受到理论界的重视。在中国特色社会主义新时代的宏大背景下，城市文明建设作为推进国家治理体系和治理能力现代化的重要组成部分，正在经历深刻的转型与升级。在此背景下，很高兴看到李义杰等学者所著的《"文明范式"城市研究——中国式现代化城市文明新论》一书出版。这部著作不仅是对宁波文明城市建设实践的深刻总结，更是对未来城市文明发展方向的前瞻性探索，具有重要的理论价值和实践意义。

通读全书，可以鲜明地感受到本书具有以下几个方面的价值特点：

首先，作者深刻把握了新时代城市文明建设的时代脉搏。通过对中国式现代化与城市文明建设关系的深入阐释，本书为我们理解和推进新时代文明城市建设指明了方向。作者从全球文明新秩序和城市文明的中国转向入手，揭示了"文明范式"城市提出的时代背景和现实意义。这种立足中国实际、着眼全球视野的研究视角，不仅体现了鲜明的中国特色、中国风格、中国气派，也为我国城市文明建设提供了重要的理论支撑和启发意义。

其次，本书初步构建了"文明范式"城市的理论体系和评价指标。通过对文明内涵及城市发展范式历史演进的梳理，作者提出了"文明范式"城市的理论内涵，并建立了相应的评价指标体系。这一创新性的理论框架，丰富了城市文明研究的学术内涵，也为我们在实践中衡量和提升城市文明水平提供了新的参考工具。这将有助于我们在实践中更精准地把握文明城市或城市文明建设的方向，更有效地推进各项工作。

再次，作者立足我国文明城市创建实践，以宁波为典型案例，全面梳理了宁波文明典范之都建设的历史根基、现实基础和国际视野。从约七八千年前的井头山、河姆渡文化，到唐宋时期的海上丝绸之路枢纽，再到近代的通商口岸；从浙东学术传统，到当代宁波的高质量发展成就；从传统港口城市，到现代化的国际港口名城，本书全方位展现了宁波深厚的文明底蕴和蓬勃的发展活力。特别值得一提的是，作者深入挖掘了宁波在历史上形成的开放包容、诚信互利、勤劳智慧等优秀品格，阐释了这些传统美德如何在新时代焕发出新的生机，成为推动宁波文明典范之都和城市文明建设的精神动力。在展示宁波建设文明典范之都信心的同时，也为其他城市提供了有益借鉴。

最后，本书通过对国际先进城市与国内部分代表性城市的比较研究，提出了推进"文明范式"城市建设的具体方案和制度安排。作者深入分析了国内外一些代表性城市的文明建设经验，如上海、阿姆斯特丹、新加坡等，并结合宁波实际，提出了一系列富有创新性和操作性的建议。这些建议涉及城市规划、公共服务、社会治理、文化传承、生态文明等多个方面，既有理论高度，又有很强的实践指导意义，对进一步完善文明城市建设的体制机制、创新工作方法具有重要的参考价值。据悉，该书已得到宁波市委宣传部、市文明办主要领导的高度肯定和赞誉，称赞这本书的出版恰逢其时。

同时，我也注意到，本书的写作体现了习近平总书记所倡导的"加快构建中国特色哲学社会科学"的要求。作者立足中国实际，借鉴国外经验，深入挖掘历史文化资源，关注当代发展需求，体现了对人类文明进步的关怀。这种研究方法和学术追求，为构建中国特色城市发展理论作出了有益探索。

总之，李义杰等人的新著《"文明范式"城市研究——中国式现代化城市文明新论》一书，聚焦我国城市建设的生动实践，从文明视角对中国城市发展理念和路径进行了深入系统的思考。力图从"文明范式"的高度，构建起一套涵盖制度、功能、形态、精神等维度的现代城市发展理论和评价体系，表现出可贵的理论探索勇气和思想高度。该书从文明的高度审视城市发展问题，代表着一种具有前瞻性的宏大视角，而且植根于中国城市建设的实践土壤，基于中国经验，提出自己的解释框架，对于我们建设和完善新时代中国特色社会主义城市发展理论，探索中华民族现代文明在城市文明新样态的实践，推动城市研究范式创新，具有重要意义。

我相信，这部著作不仅为宁波，也将为全国乃至全球的城市文明建设提供智慧和理论启示，激发更多人关注和参与城市文明建设，推动我国城市文明理论研究和实践探索不断向前发展。

"泉眼无声惜细流，树荫照水爱晴柔。小荷才露尖尖角，早有蜻蜓立上头。"我希望，这一本新书，成为中国新一代学术人立足中国实践、发展中国理论、彰显中国精神的一个崭新的开端。

是为序。

2024 年 5 月 10 日

Foreword

以"文明范式"打造
中国式现代化城市文明新样态

　　城市是文明的容器，也是文明的标志，一座城市就是一部浓缩的文明史。中国式现代化作为人类文明实践的新形态，深刻地融入和体现在中国城市的发展进程中，在塑造城市文明新形态的同时，也让城市成为文明形态演变的载体。党的二十大提出"坚持人民城市人民建、人民城市为人民，提高城市规划、建设、治理水平"等，为我国城市文明建设指明了方向。

　　2022 年，宁波第十四次党代会提出建设"全国文明典范之都"的目标。作为已获得"六连冠"全国文明城市称号的城市，如何理解和建设"全国文明典范之都"？这显然与通常的文明城市的创建是有区别的。对此的认识需要更高的站位和视野。根据二十大报告，我们认为应该站在中国式现代化人类文明新形态和全球城市文明发展的视角，从城市发展的"文明范式"去认识文明典范之都建设，以"文明范式"的新理念、新价值伦理，打造体现中国式现代化文明新形态的全球城市发展新范式，确立世界城市发展中的中国气派、中国风范，为全球城市文明提供新思路、新样例。习近平总书记在2016 年 5 月的哲学社会科学工作座谈会上的讲话中强调，要按照立足中国、借鉴国外，挖掘历史、把握当代，关怀人类、面向未来的思路，着力构建中国特色哲学社会科学，在指导思想、学科体系、学术体系、话语体系等方面充分体现中国特色、中国风格、中国气派。2022 年 5 月在中国人民大学考察调研时又指出："加快构建中国特色哲学社会科学，归根结底是建构中国自主的知识体系。"因此，"文明范式"城市理论的提出，是基于中国城市文明发展长期的实践探索，具有鲜明的中国特色，具有建构中国城市发展的自主知识体系的重要价值和意义。

2023 年 3 月 15 日，习近平总书记在中国共产党与世界政党高层对话会上提出"全球文明倡议"，再次强调"文明交流互鉴""文明平等"和"文明包容"的新文明观，重申"共同倡导尊重世界文明多样性，坚持文明平等、互鉴、对话、包容，以文明交流超越文明隔阂、文明互鉴超越文明冲突、文明包容超越文明优越"等原则。城市作为文明的载体同时也是文明秩序的空间响应，在全球文明交流互鉴及文明秩序的构建中扮演着重要角色。这种空间响应通过合乎逻辑的城市基础设施等硬件建设和城市文化、对外交流、社会治理及知识创新等软件建设议题，完成文明新秩序的表征及对国际秩序的嵌入。在此过程中，国内本土元素通过城市网络节点，接入全球场景，从而推动城市功能从国家发展的引擎向"外向型全球资源配置枢纽"转型，从国家文化或文明孕育生成空间向"全球文明交流互鉴传播平台"转型。城市空间功能不断随着人类对城市文明的认识及全球文明秩序的调整而进行演化，从这一层面上讲，"文明典范之都"也是顺应这一趋势，在新文明观下对城市功能的再提升。

2023 年 6 月，习近平总书记在文化传承发展座谈会上提出"推进中国特色社会主义文化建设、建设中华民族现代文明这个重大问题"，强调并阐述了中华文明的突出特性及"两个结合"的重大意义等，这为宁波文明典范之都建设以及"文明范式"城市理论的提出又提供了更明确的指引和支持。"文明范式"城市建设是中华民族现代文明在城市层面的具体体现。它深深植根于中华文明的突出特性，同时又彰显了中国特色社会主义文化建设的成果。这一理念旨在打造既能体现中华文明深厚底蕴，又能展现当代中国文化创新活力的城市形态。通过"文明范式"城市建设，我们期望构建一个既根植于中华文明沃土，又面向世界、面向未来的现代城市文明新形态，以使我们得以在全球化背景下坚守文化主体性，增强文化自信，实现文化自强。同时，我们还为世界提供了具有中国特色的城市发展模式，为全球城市发展贡献中国智慧和中国方案。

　　基于上述背景，本书围绕"文明范式"城市建设这一主题，基于宁波文明典范之都建设的实践现状，分别从"中国式现代化与文明典范之都建设""重要概念阐释及研究现状""'文明范式'城市理论与文明典范之都""'文明范式'城市评价指标建构""宁波文明典范之都建设的地方历史文明基础""宁波文明典范之都建设的现代文明基础""宁波文明典范之都建设的国际文明基础""国内文明城市建设对比研究""国际先进城市建设经验分析""'文明范式'城市理念下文明典范之都建设的制度安排"等方面展开论述，探索以"文明范式"城市发展理论去观照和理解宁波文明典范之都建设的定位、基础、内容、目标及方案等。同时，也通过对宁波城市文明多维度的分析，更好体现宁波作为"六连冠"全国文明城市是中国式现代化城市文明新样态的典型样本，以及中华民族现代城市文明新形态，从而为中国城市文明发展以及中国城市自主知识体系的建构提供地方经验和理论支撑。

目 录 / CONTENTS

第一章

中国式现代化与文明典范之都建设

2022年2月23日，中共宁波市第十四次代表大会对未来五年发展提出"加快'港产城文'融合发展，推进'六大变革'，打造'六个之都'，奋力开创现代化滨海大都市建设新局面"等目标，其中"六个之都"包括打造"全国文明典范之都""全球智造创新之都""国际开放枢纽之都""东方滨海时尚之都""城乡幸福共富之都""一流智慧善治之都"。打造"六个之都"是宁波在新发展阶段全面贯彻新发展理念，服务构建新发展格局，忠实践行"八八战略"、奋力打造"重要窗口"，担当历史发展使命所制定的发展战略目标，也是宁波加快现代化滨海大都市建设的重要战略支撑。"六个之都"之中，"文明典范之都"是更具综合性的城市发展目标，相对于"全国文明城市"创建，"文明典范之都"体现了在新的历史方位上宁波对自身城市发展的更高站位和要求。

城市功能和定位会随着城市发展阶段而变化，当城市发展面临内外部主要问题和城市居民需求变化，自然会要求城市空间功能进行再调整，同时也意味着城市发展需要新的理念和治理模式。因此，宁波的文明典范之都建设，在百年未有之大变局和中国式现代化文明新形态建设背景下，为我们提供了一个非常好的城市文明建设升级样本。一方面，宁波文明典范之都的建设提供了一个中国式现代化现代文明理念生动的城市实践样本；另一方面，如何在新的发展阶段理解文明典范之都建设，其站位和视野直接影响到这一实践的深度和理论概括高度。

因此，对于文明典范之都建设，不仅要基于中国式现代化背景下中央对宁波发展的期许以及宁波对国家"十四五"发展规划目标的落实，还需要超越城市发展本身，从文明的视野或全球城市发展的文明转向来理解。百年未有之大变局下，中国式现代化、全球文明秩序的调整以及基于西方资本主义工业文明以来的城市文明发展面临的问题，都成为我们理解宁波文明典范之都建设重要的历史背景。

第一节
城市文明的中国转向与"文明范式"城市提出

一、百年大变局与全球文明新秩序

2017 年末，习近平总书记在接见驻外使节工作会议上发表讲话，提出"中国特色社会主义进入了新时代。做好新时代外交工作，首先要深刻领会党的十九大精神，正确认识当今时代潮流和国际大势。放眼世界，我们面对的是百年未有之大变局"，[①] 此后，习近平总书记多次提及并强调"百年未有之大变局"（简称"百年大变局"）这一判断，并与"中华民族伟大复兴战略全局"合称为两个大局，成为新时期我党谋划工作的基本出发点。这一判断也随之成为社会各界及广大学者关注和讨论的热点话题，多位学者从财富权利转移、文化权利变化、产业革命以及体系、制度和规范等不同维度对百年大变局的内涵进行分析，认为目前世界秩序进入了"无人区"，百年大变局中的重要体系意义的变量是中国，中国在国际权利财富和利益分配中正前所未有地走近世界中心。[②]

但以文明的视角或从文明论来看，"百年未有之大变局"意味着世界文明秩序的演变和重构，即以西方文明中心构建的资本主义秩序正在发生变化，而以"人类命运共同体"所代表的新的世界文明秩序正在形成。换言之，百年未有之大变局意味着世界文明秩序的大变局，呼唤一种超越西方中心主义

---

① 习近平. 习近平谈治国理政（第三卷）［M］. 北京：外文出版社，2020：421.
② 张蕴岭，杨光斌，魏玲，等. 如何认识和理解百年大变局［J］. 亚太安全与海洋研究，2019（2）：1-14.

的 "新的文明观",① 意味着一种文明原理的变局,向全人类昭示了由中华文明新形态所显示的一种大格局的人类文明新形态前景,② 其本质体现为国际格局和国际秩序的 "东升西降"。③ "东西矛盾" 由过去的 "西强东弱、西主东从" 转向如今的 "东西平视",这堪称 500 年未有之 "大变局"。④ 而中华民族伟大复兴的历史性实践,决定性地把 "东升西降" 的世界变局从历史必然性的存在状态转变为实际开展的现实过程。⑤ 中华民族伟大复兴构成了世界百年未有之大变局的主体性内容和关键性变量。⑥

事实上,从 20 世纪末亨廷顿在《文明的冲突与世界秩序的重建》中提出 "文明冲突论" 开始,就不断有西方学者发表有关世界格局的变化及权力中心转移的观点。2008 年法里德·扎卡利亚（Fareed Zakaria）在《后美国世界：大国崛起的经济新秩序时代》一书中,认为过去 500 年来世界发生了三次结构性的权力转移,即西方世界的崛起,美国的崛起和当下正在发生的 "他者的崛起",世界正在步入 "后美国世界" 和 "后西方世界"。⑦ 约瑟夫·奈（Joseph Nye）提出了 21 世纪的权力结构变化的两种趋势：一是权力的过渡,即在国家之间权力的转移,当今世界表现为从西方向东方的转移；二是权力的分散,从国家层面向非国家层面的权力扩散。⑧

而 "他者的崛起" 或 "后西方世界",实际就是非西方的崛起。非西方的崛起正呈现为非西方国家的整体性崛起。这样一种历史的转换不仅表现在非西方国家地区生产总值总量已经超过了西方国家,而且表现在世界经济地理重心的位置发生了改变。⑨

---

① 田文林. 百年大变局呼唤 "新文明观" [J]. 当代世界, 2023 (4)：36-41.
② 张志强. 在世界百年未有之大变局中创造人类文明新形态 [J]. 世界社会主义研究, 2022 (4).
③ 贾文山, 江灏锋. 千年视野下百年未有之大变局与中国路径 [J]. 现代国际关系, 2022 (7)：23-30, 60, 61.
④ 本书编写组.《新时代爱国主义教育实施纲要》学习读本 [M]. 北京：人民出版社, 2020：97.
⑤ 陈立新. 世界变局与历史观的复兴 [J]. 中国社会科学, 2021 (4)：28.
⑥ 周丹, 兰洋. 世界百年未有之大变局的理论阐释 [J]. 中国社会科学院大学学报, 2022, 42 (9)：22-34.
⑦ 法里德·扎卡利亚. 后美国世界：大国崛起的经济新秩序时代 [M]. 赵广成, 林民旺, 译. 北京：中信出版社, 2009：118-234.
⑧ 约瑟夫·奈. 权力大未来 [M]. 王吉美, 译. 北京：中信出版社, 2012：23.
⑨ 刘德斌. 百年变局中的历史转换与战略机遇 [J]. 世界历史, 2020 (6)：13-17.

　　因此，在文明视野中，百年未有之大变局是东西方全球文明秩序的调整，无论是"东升西降"，还是"他者的崛起"，无疑，在这一过程中，以工业文明为代表的西方中心主义已经发展到了一个阶段，世界文明进程中面临的新问题及其未来发展，需要新的文明、新的智慧来进行引领和解决，世界文明秩序正在发生转向，呼唤和催生全球新的治理模式。而对于城市发展而言，亦是如此。

二、全球城市文明的中国转向

　　在世界百年未有之大变局及全球文明新秩序重塑的背景下，城市作为文明的容器，作为文明秩序的表征，其发展必然也随着全球文明秩序的调整而转向。

　　有学者指出"一个新的趋势愈加清晰地展开——世界城市格局正在'东升西降'"。① 这种转向一是来自上述百年大变局下全球文明秩序的调整的大势所趋，二是来自以西方资本主义文明主导下的城市发展遭遇的种种城市问题，如大城市病，或者说资本主义城市文明的局限，迫切需要新的城市文明发展理念和范式，为世界城市文明提供参考。

　　在工业革命中崛起的西方资本主义文明主导了近现代世界的发展，形成了以西方文明为中心的全球秩序及工业化的城市文明形态。基于这一逻辑及西方等级性文明观念，自 19 世纪以来西方文明对人类社会在生态、国际关系冲突等方面造成不断的"灾难性后果"，尽管其也在不断调整城市发展理念和模式，但基于西方资本主义工业文明以来的城市发展，因其产生的"城市病""城市危机"而遭受广泛批评，在"衰落—复兴"的张力中不断寻求新的城市发展理念。而未来城市可能要经常面对深远的社会冲突，安全、恐怖威胁及市民认同都成为影响城市复兴的因素。② 在全球性城市支配和控制作用愈加显著的情况下，寻求新的城市文明形态发展成为当前全球文明秩序重构大背景下的一部分。

　　城市的演变表征文明的演变，城市的危机反映文明的危机。西方城市危机的出现以及当前西方文明对全人类共同面临的重大风险及挑战的"无能为力"，甚至成为问题根源，表明基于西方文明中心建立的全球现代价值体系和

---

① 王焱麒. 从西方文明到全球文明：城市文明的中国转向 [J]. 社会科学战线，2022（5）：22-29.
② 乔尔·科特金. 全球城市史 [M]. 王旭，等译. 北京：社会科学文献出版社，2014：285-293.

秩序已走向衰落，西方文明主导的时代正在接近它的临界点，一种基于人类命运共同体的新的世界文明秩序正在形成。① 在新的历史方位中，中国式现代化为全球发展提供了中国智慧、中国方案。伴随着中国城市在全球网络中的中心化程度的不断提高及在全球城市体系中的重要性增加，② 城市文明的中国转向或成为一种渐显的趋势，打造更具中华民族文明新形态的城市文明成为中国式现代化建设必须思考的问题。

有学者分别对 2002—2006 年和 2014—2018 年两个时间段全球城市知识合作网络中连接度排名前 20 的城市进行分析发现，尽管两个阶段呈现的一大特征是美国城市的"垄断效应"，但尤其令人瞩目的是北京，其网络连接度从 2002—2006 年的第 6 名升至 2014—2020 年的第 2 名；论文产出也从第 5 名升至第 1 名，产出总量比第 2 名的伦敦高出 30.3%。值得关注的是越来越多的中国城市在知识合作网络中快速崛起：2002—2006 年，连接度大于 10% 的中国城市有 8 个，除北京、上海、广州、香港等这些全球"门户城市"或国家"一线城市"外，也包括南京、合肥和武汉这些拥有较多教育科研资源的次级城市。到了 2014—2018 年，天津、杭州、济南、成都和西安 5 个城市加入，总体上呈现出从"沿江沿海"到"多点开花"的空间格局演化过程。全球城市的网络连接度总体上呈现出"南"与"北"，"西"与"东"此消彼长的演化格局，全球知识合作网络中城市连接度的重心有整体东移和南移的趋势。③ 这反映出中国城市在全球知识合作网络中快速崛起，突破现有西方主导的全球城市体系的"中心—边缘"结构。百年未有之大变局及人类命运共同体的提出，深刻揭示出资本全球布展的基本空间单元从民族国家向城市的历史转换。④

在此背景下，中国城市发展亟须寻找自己的主体性，在世界城市格局中拥有属于自身文明传统的"灵魂"。换言之，中国城市发展需要构建一种体现

① 王焱麒. 从西方文明到全球文明：城市文明的中国转向 [J]. 社会科学战线，2022 (5)：22-29.

② Huang Youqin, ed. Chinese Cities in the 21st Century [M]. London：Palgrave Macmillan，2020：1-31.

③ 曹湛，戴靓，吴康，等. 全球城市知识合作网络演化的结构特征与驱动因素 [J]. 地理研究，2022，41 (4)：1072-1091.

④ 赵强. 走向全球城市命运共同体：都市时代全球化与城市化关联的哲学反思 [J]. 江海学刊，2022 (6)：41-48.

当前中国式现代化的新的"文明"范式。事实上,中国城市发展面临的这一问题,是与整体上中国在经历改革开放 40 年之后,面临的"自主创新"和"构建中国自主知识体系"一样,是一个无法逃避的问题。或者就是这一历史任务的一部分。建设能够体现中国式现代化新的文明范式城市同样需要构建中国自主的城市建设知识体系或理论体系。

2016 年 5 月 17 日,习近平总书记在哲学社会科学工作座谈会上的讲话中指出,要按照立足中国、借鉴国外,挖掘历史、把握当代,关怀人类、面向未来的思路,着力构建中国特色哲学社会科学,在指导思想、学科体系、学术体系、话语体系等方面充分体现中国特色、中国风格、中国气派。[①] 2022 年 10 月,习近平总书记在党的二十大报告中又一次强调"加快构建中国特色哲学社会科学学科体系、学术体系、话语体系",[②] 并在中国人民大学考察调研时指出:"加快构建中国特色哲学社会科学,归根结底是建构中国自主的知识体系。"[③]

因此,打造属于中国气派、中国风格的城市文明成为当前我国城市发展面临的重要问题。这也是本研究通过宁波"文明典范之都建设"提出打造"文明范式"城市的重要现实依据。"文明范式"城市就是要提出和打造具有中国特色和知识自主性,融入中国文明和文化基因,体现中国气派的城市文明。简言之,它是以文明为理念,以文明为表征,以文明为核心价值导向进行城市建设,以文明为核心打造城市大文化生态,形成文明、文化与城市发展的高度协调和融合;以"文明"推动城市各方面发展,让文化成为城市发展的根本推动力和强大的内生力量。

① 习近平. 在哲学社会科学工作座谈会上的讲话(全文)[EB/OL].(2016-05-18)[2023-12-05]. http://www.xinhuanet.com//politics/2016-05/18/c_1118891128_3.htm.
② 习近平. 高举中国特色社会主义伟大旗帜,为全面建设社会主义现代化国家而团结奋斗——在中国共产党第二十次全国代表大会上的报告[EB/OL].(2022-10-25)[2023-12-05]. https://www.gov.cn/xinwen/2022/10/25/content_5721685.htm.
③ 新华社. 习近平在中国人民大学考察时强调:坚持党的领导传承红色基因扎根中国大地 走出一条建设中国特色世界一流大学新路[N]. 人民日报,2022-04-26(1).

第 二 节

中国式现代化与宁波文明典范之都建设

从文明的视角看，二十大报告既是对中国式现代化文明新形态的阐释，也是面向全球全人类的中华文明新发展的宣言。它为中国城市的发展或文明的转向提供了鲜明的价值导向。党的二十大提出，中国式现代化为人类实现现代化提供了新的选择，中国共产党和中国人民为解决人类面临的共同问题提供了更多更好的中国智慧、中国方案、中国力量，为人类和平与发展崇高事业作出新的更大的贡献。① 尽管有学者指出中国现代城市文明必然经历从西化到去西化、再到中国化的总体趋势，② 但同样也有国内外学者认为尽管中国城市表面上正在褪去原有的面貌，但骨子里仍然还存有自己独特的方式。中国城市根本就没有在全盘西化，事实上，"硕大、饥渴的中国在用其文化方面的创新能量消化着来自世界各地的养料，中国并不是简单将它们拿来，而是进行改造，为己所用"。③ 在中华文明的社会主义探索中，中国核心的传统价值，如"天命""以民为本""天人合一"和"礼仪之邦"等基本未变，这些都在新时代城市的人文与物质文化演变中得到明显展现，以人为本、可持续发展、绿色、环保及"一带一路"倡议等，让中国城市文明向更高质和更全球化的方向发展。④ 因此，作为文明的载体，中国城市的发展在深层文明基因中一直保持着自身的"文明范式"，这种"文明范式"在 21 世纪的今天，更鲜明地表现为中国式现代化文明新形态。

在此背景下，宁波提出建设"全国文明典范之都"正响应了打造中国式

① 习近平. 高举中国特色社会主义伟大旗帜，为全面建设社会主义现代化国家而团结奋斗——在中国共产党第二十次全国代表大会上的报告 [EB/OL]. (2022-10-25) [2023-12-05]. https://www.gov.cn/xinwen/2022-10/25/content_5721685.htm.

② 王焱麒. 从西方文明到全球文明：城市文明的中国转向 [J]. 社会科学战线，2022 (5)：22-29.

③ 迪特·哈森普鲁格. 中国城市密码 [M]. 童明，赵冠宁，朱静宜，译. 北京：清华大学出版社，2018：37.

④ 薛凤旋. 中国城市文明史 [M]. 北京：九州出版社，2022：370，393.

现代化文明新形态的战略要求，对在全球城市文明转向中，探索如何推进中国城市创新，打造更具中国文明发展理念的城市意义重大。

相较于其他"五都"，"全国文明典范之都"是一个更具综合性的发展定位，也是最能全面反映宁波城市文明发展水平的一个目标。其他"五都"侧重反映的是宁波城市文明发展的某一方面，如"全球智造创新之都"反映宁波在物质技术层面的文明；"国际开放枢纽之都"反映宁波在国际文明中的交流互鉴；"东方滨海时尚之都"反映宁波城市现代生态文明以及文化新发展；"城乡幸福共富之都"反映宁波城市现代文明发展的公平正义，最显著体现城市发展的"人民中心"，正义之城理念；"一流智慧善治之都"反映宁波现代城市文明的治理目标、治理水平，集中体现宁波的政治文明，体现技术、传统与现代融合的城市治理理念。而"文明典范之都"包容、涵盖上述几个方面，是一个更具整体性的概念。"文明"本身就是包含了物质、经济、文化、生态、治理等城市的多个维度，"全国文明典范之都"的定位更能体现宁波城市建设的整体水平，也是能更好反映中国式现代化文明新形态实践样本的目标。

在中国式现代化发展背景下，如何从中国式现代化文明新形态更好认识和打造文明典范之都成为宁波城市发展面临的重要战略任务。宁波市第十四次党代会提出，今后五年，是宁波全面建设社会主义现代化的关键时期。站在新的历史起点上，宁波既承担着中央和省委赋予的重任，又承载着人民群众对美好生活的期盼，既面临进位跨越的重大机遇，又面临不进则退的挑战考验。宁波要胸怀"两个大局"、服务"国之大者"、勇担时代大任，保持"咬定青山不放松"的执着……建好示范区、当好模范生、共同富裕示范先行的历史使命，加快建设现代化滨海大都市，在新时代赶考路上继续考出好成绩。①

2022年12月20日，中共宁波市委第十四届三次全体会议全面学习贯彻党的二十大精神提出，"高水平创建文明典范城市，在促进物质文明与精神文明相协调上争先奋进"，围绕举旗帜、聚民心、育新人、兴文化、展形象，以

① 彭佳学. 胸怀两个大局 服务国之大者 勇担时代大任 为加快建设现代化滨海大都市而努力奋斗——在中国共产党宁波市第十四次代表大会上的报告［N］. 宁波日报，2022-02-24（A1）.

文明典范城市创建引领港城文化大发展大繁荣，扎实推进文化为民、文化惠民、文化润民，不断提升城市文化软实力和影响力，协同推进物的全面丰富和人的全面发展。奋力打造中国式现代化市域样板。2023 年 3 月，宁波市委书记彭佳学提出，以最高标准最硬举措最实作风抓创建，时时处处彰显文明典范城市最美形象。①

目前，宁波已对如何打造全国文明典范之都进行了顶层设计。2022 年 10 月，宁波市委、市政府印发《宁波打造全国文明典范之都行动纲要（2022—2026 年）》（简称《纲要》）提出，到 2026 年，人民思想自觉、文化自信显著增强，社会主义核心价值观深入人心，社会文明程度持续提升，文化创新创造活力充分迸发，基本建成更加开放、更富活力、更显温度、更有影响力的全国文明典范之都。提出"五大目标"：一是打造红色根脉传承典范；二是打造精神富有引领典范；三是打造历史文脉弘扬典范；四是打造文化融合创新典范；五是打造文明交流互鉴典范。"四大创新举措"：打造"在宁波，感悟真理伟力"理论学习品牌；打造"在宁波，读懂共同富裕"主题宣传品牌；打造"在宁波，看见文明中国"城市风尚品牌；打造"在宁波，悦享美好生活"公共文化品牌。"八项重点任务"：实施创新理论领航行动；实施文明风尚润心行动；实施文化地标塑韵行动；实施文旅融合蝶变行动；实施对外传播扬帆行动；实施品质文化悦享行动；实施文化产业强链行动；实施城市文化赓续行动。②

从内容及涉及部门来看，《纲要》主要从宣传文化领域来界定和制定相关目标和举措，以宁波市委宣传部和市文广旅游局等部门为主。

除了上述国内外宏观环境及发展阶段变化因素外，宁波提出打造全国文明典范之都，还在于宁波在城市文明建设方面具有的雄厚现实基础和底气。

一是宁波是全国少数几个获得"六连冠"全国文明城市称号的城市。全国文明城市创建自 2005 年第一届评比以来，截至 2023 年已历经六轮评选。

---

① 宁波文明网. 彭佳学在全国文明典范城市创建工作推进会上强调：以最高标准最硬举措最实作风抓创建，时时处处彰显文明典范城市最美形象［EB/OL］.（2023-03-07）［2023-07-08］. http: //nb. wenming. cn/tt_55902/202303/t20230307_7993843. shtml.

② 张昊. 宁波打造全国文明典范之都行动纲要来了［EB/OL］.（2022-11-03）［2023-03-08］. http://news.cnnb.com.cn/system/2022/11/03/030409482.shtml.

2020 年入选第六届全国文明城市的共有 133 座，相比 2017 年入选第五届全国文明城市的 89 座，大幅增加。而连续获得"六连冠"全国文明城市仅有宁波、厦门、大连、张家港、烟台及北京西城区、天津和平区 7 个城市（区）。宁波从 2005 年入选为首批全国文明城市开始，靠着"高标准、常态化，你我他、齐动手"的坚持，2020 年更是以全国省会及副省级城市第二名的高分夺得"六连冠"。①

此外，宁波还获得了诸多含金量很高的城市称号。包括：12 次获评中国"最具幸福感城市"、17 次获评"全国平安城市"，以及全国"健康城市样板建设市""奥运冠军之城""东亚文化之都""中国十大舒适之城"等。在积极开展"浙江有礼·宁波示范"市民文明素质养成行动中，"中国好人""浙江好人"入选数量全省第一，打响"在宁波，看见文明中国"城市品牌。

二是宁波经济持续发展。无论从长三角区域层面还是从全国城市发展层面比较，宁波作为我国东南沿海重要港口城市和计划单列市，经济发展一直位于领先行列，是重要的区域性经济中心。2023 年前三季度，宁波的地区生产总值增长达到 5.7%，增速领先全国，② 也在同类城市中脱颖而出，在长三角城市群地区生产总值前十强排名第五，仅在上海、苏州、杭州、南京之后，超过无锡、南通、合肥、常州、温州等城市。而从全国来看，2022 年，宁波地区生产总值全国排在第 12 位，紧跟直辖市天津之后；宁波人均地区生产总值超过 16 万元，在全国城市中排到第七。面对复杂严峻的国内外形势，宁波一直保持着稳定的相对快速的经济发展水平，2022 年实现地区生产总值15 704.3 亿元，同比增长 3.5%，显著超过全国平均水平。③

当然，宁波还具有深厚的历史文明和鲜明的地方特色文化，是海洋文明发源地和海上丝绸之路始发港等。总之，宁波在精神文明和物质文明建设方面都具有雄厚的基础和一定的优势，这些都成为宁波提出打造"全国文明典范之都"的底气。

---

①　中央精神文明建设指导委员会. 中央文明委关于表彰第六届全国文明城市的决定［EB/OL］. (2020-11-20)［2023-07-08］. http://www.wenming.cn/wmcs_53692/gzbs/202112/t20211227_6276786.shtml.

②　宁波市统计局，国家统计局宁波调查队. 2023 年前三季度宁波经济运行情况权威解读［EB/OL］. (2023-10-25)［2023-11-16］. http://zjzd.stats.gov.cn/nb/tcfb/202310/t20231025_109999.shtml.

③　宁波市统计局，国家统计局宁波调查队. 2022 年宁波市国民经济和社会发展统计公报［EB/OL］. (2023-02-28)［2023-11-16］. http://tjj.ningbo.gov.cn/art/2023/2/28/art_1229042825_58918051.html.

　　综合而言，宁波是一个能够较好展现中国式现代化进程、中国城市发展的自身"特点"或"特色"的城市。因此，基于全球城市发展视野，以宁波为个案进行分析，思考中国城市文明或文明城市的发展，或者说中国式现代化文明新样态的打造，具有很强的代表性。

第二章

重要概念阐释及研究现状

文明及其认识

　　从文明的视野去认识文明典范之都建设，需要厘清文明、文化、城市文明和文明城市等关键概念的内涵及关系。

一、文明的内涵

　　文明是一个不断演化的概念，既令人着迷又能引起争议。[①] 文明可以指代人类不同历史时期的社会及其发展形态，也可以指向个人言行。它贯穿于微观的现代社会日常生活和宏观的全球秩序，"文明的冲突""文明的共存"或"文明交流互鉴"使其在全球视野中成为重大战略性国际"议题"。

　　因此，文明是一个包容性强且复杂的概念。"文明"用法的复杂多样及其含义的驳杂混乱，使"文明"的概念具有突出的不确定性。[②] 但从"文明"这一概念的起源来看，作为一个有具体含义的词，它在启蒙运动之前并不存在。名词"文明"是启蒙时代的新词，文明观念是由启蒙运动中改革主义精神孕育而生的，是启蒙运动改革精神最直接的产物。[③]

　　① 布鲁斯·马兹利什. 文明及其内涵 [M]. 汪辉，译. 刘文明，校. 北京：商务印书馆，2020：8.

　　② 李剑鸣. 文明的概念与文明史研究 [J]. 华中师范大学学报（人文社会科学版），2016（1）：108-116.

　　③ 布鲁斯·马兹利什. 文明及其内涵 [M]. 汪辉，译. 刘文明，校. 北京：商务印书馆，2020：21.

按照马兹利什的观点，相对于名词的"文明"（civilization），作为表示具有文明意识的形容词的"文明的"（civilized）已存在数千年。人们通过宣称自己是文明的或是有教养的，以将自身和"他者"即野蛮人区别开来。原始部落中虽然还未产生"文明的""有教养的"等词汇，但是这种自我认知已经存在了。① 在古希腊罗马时代，当时人们认为生活在城市中、城邦中的就是文明的，而生活在其他地区就是野蛮的。在抽象名词"文明"未出现的情况下，在至少两千年的时间里，希腊人、罗马人和中世纪欧洲人利用与文雅、教养有关的动词和形容词，竭力将自身与"野蛮人"区分开来。

具体含义的文明概念是由米拉波于 1756 年在《人类之友》中首次提出，他认为，宗教是文明的主要动力，文明包括一种特定的社会交往形式，推崇不断增长的人口、自由和公正。② 在文明的形成演化中，欧洲的扩张、自然史及科学分类（社会科学出现）、现代性及启蒙运动等因素共同催生了现代意义上的"文明"概念。一方面体现了一种欧洲中心视角，另一方面体现为放之四海而皆准的衡量尺度，可以比较所有社会。

在对文明的起源及其变化分析之后，马兹利什提出，文明是以一种独特的秩序和情怀，它从文化—社会的秩序和情怀延伸而来。它也是一种行动，一种运动，一种进程，它总是在变化。

在词源上，"civilization"（文明）源自古拉丁词"civis"（公民）、"civitas"（城市/城邦）以及"civilitas"（公民资格和彬彬有礼）。据牛津高级词典，"civilization"（文明）的含义主要分为两个层次③：一是指社会发展的较高级阶段，这个阶段适于人类脱离蒙昧和野蛮阶段后，演化出与城市生活相联系的、讲究礼仪的生活方式。在使用中，这一含义又常和"文化"混同，指一个民族或地区脱离野蛮状态后所形成的那些社会生活方式和特征，例如"西方文明""中国古代文明"等。二是指个人行为带有文雅特征的状态。例如，使某人变得文明起来，这层意思与"文明"（civilization）的词根"civil"的含义相联系。而"civil"又与"civitas"（城市）同词源。

"文明"作为汉语词汇，早在先秦古籍已有，古义为文彩、光明，相对粗

---

① 布鲁斯·马兹利什. 文明及其内涵 [M]. 汪辉，译. 刘文明，校. 北京：商务印书馆，2020：9.
② 布鲁斯·马兹利什. 文明及其内涵 [M]. 汪辉，译. 刘文明，校. 北京：商务印书馆，2020：15.
③ 何平. 文化与文明史比较研究 [M]. 济南：山东大学出版社，2009：45.

野、黑暗而言。而作为"civilization"的汉译系"和制汉语",即日本人借用汉字翻译的欧美词汇,这些新汉语复经引入中国,成为现代汉语的有机部分。① 从文明的所指来看,"civilization"无论其起源及含义如何多元及变化,其在思维或现代意义上主要还是18世纪欧洲文化的产物,但这种认识并不代表整个人类社会的共同认识,或者关于人类文明的唯一认识。在中国传统文献中,"文明"的起源不仅远远早于18世纪法国、英国对"civilization"概念的创造,而且其在内涵上也非常丰富。

早在先秦时期,在古典文献《周易》中,便出现了"文明"一词。《易·乾·文言》中有"见龙在田,天下文明"之句。这里的"文明"意指一种社会和谐、协调的状态和光明美好的形象,具体表现为君臣之间、君民之间、官民之间、上下级之间的相互关系都十分协调的状态。其次,在《尚书》中,记载有"睿哲文明",唐代孔颖达对此注解称:"经天纬地曰文,照临四方曰明"。这里的"文明"可以理解为人类创造出来的物质和精神成果,以及人类对自然界的改造和利用。在《左传》和《楚辞》中,"文明"一词也被解释为文章、礼乐法度和花草与织物的灿烂文彩等。

可见汉语中"文明"词义来源于"文"与"明"两字字义的组合。《说文解字》中有"文,错画也",指线条交错的图案、花纹。在《易·系辞》中有"物相杂,故曰文"之说。而对于"明",按《说文解字》:"明,照也"。《易·系辞》中有"日月相推,而明生焉""大明终始"及"天下文明",孔颖达注疏:"日月中时,遍照天下,无幽不烛。"由是,在汉语中,文明天生隐含了"天下文化"和"天下光明"的意思,它是对社会和自然环境的"人文化成"和"光明普照"现象的描述,意指华夏精深文化传播到一个地方,就会在那里经纬天地、照临四方。②

因此,"文明"一词在中国传统文献中的内涵包括社会和谐、协调的状态和光明美好的形象,人类创造出来的物质和精神成果,以及人类对自然界的改造和利用等。这些解释强调了文明所代表的秩序、和谐和美好。英文"civilization"一词的含义则更强调一种"人类发展"状态。它最初指的是一个社

---

① 高力克,顾霞. "文明"概念的流变 [J]. 浙江社会科学,2021 (4):11.
② 文扬. 文明的逻辑——中西文明的博弈与未来 [M]. 北京:商务印书馆,2021:45-46.

会或国家的文化、政治、经济和艺术等方面的发展和进步。

尽管在起源和使用上，汉语中"文明"与西方"civilization"有所不同，但无论是在"人文教化"还是"天下光明"或"光明普照"意义上，汉语中文明，依然蕴含教化、教养、文野分离之意。因此，有学者认为，中国传统思想或文献中对文明词义的起源和演化与西方"civilization"大体相似。它所含有的"教化"和"使人文雅"的词义最初是由"文"字的含义派生出来的。①

近代文明概念是西学东渐之跨文化传播的产物。②但无论就何种含义而言，"文明"在中文世界都是一个舶来品，因为当今人们使用的"文明"一词，同见于中国古代文献的"文明"并无语义学的关联。③

中西方文明词源及内涵的差异，最终反映在中西文明观的不同。西方对文明的认识是一种线性的、阶梯和等级式的，所以文明有高低优劣之分，而中国文化对文明的认识更具有包容性，是一种"各美其美、美美与共"的和谐或光明普照的意味，没有高低之分。外在话语上西方看到的是"文明冲突"而中国看到的是"文明对话"或"文明交流互鉴"。文明的中西跨文化理解和阐释，在今天意味着中国人在谈及"中华文明"或使用"文明"词语时，与西方社会所理解使用是有差异的。在很大程度上，我们可以理解"civilization"所包含的进步、发展或者说进化、高低之意，但西方不一定理解汉语中"文明"的全部含义。就像有些学者指出的那样，汉语中"文明"不必然包含进化论或者文明高低优劣之意。④

二、文明的认识

对于何谓"文明"，在现代意义上如何理解及如何以"文明"视角去认识世界，许多学者都曾对这一问题进行讨论，在此，以汤因比、布罗代尔和马克思等的相关论述，说明"文明"作为一种视野和方法。

① 何平. 文化与文明史比较研究 [M]. 济南：山东大学出版社，2009：49.
② 高力克，顾霞. "文明"概念的流变 [J]. 浙江社会科学，2021（4）：11.
③ 李剑鸣. 文明的概念与文明史研究 [J]. 华中师范大学学报（人文社会科学版），2016（1）：108-116.
④ 文扬. 文明的逻辑——中西文明的博弈与未来 [M]. 北京：商务印书馆，2021：47.

1. 汤因比的历史文明观和文明即社会

汤因比以"文明"为单位进行历史研究，在其《历史研究》中"文明"即指社会，将人类从原始社会到文明社会的演化进程，划分为21个社会类型即21种"文明形态"。① 汤因比指出：我们的21个社会必须具有一个共同的特点，就是它们都无一例外地处于文明状态。于是这两种之间就立即出现了另一种区别，即已经知道的文明为数很小，而已知的原始社会的数量却大得多。②

汤因比的"文明"史，不仅具有数千年从"原始社会"到"文明社会"演化的时间向度，而且具有全球21个文明的空间向度。文明包含政治、经济、文化三个方面，其中文化构成一个文明社会的精髓。"虽然现在经济和政治地图已经西方化了，但文化地图仍然是我们西方社会在开始进行经济和政治征服之前的老样子。"③

对于究竟何谓"文明"，汤因比没有给出明确规范的界定，甚至在讨论这一问题时还有意回避。在《文明经受考验》中，汤因比提到：在结束之前，我必须就一个我一直回避到此刻的问题说明几句。这个问题就是：我们说的"文明"意味着什么？……我相信，我知道自己所说的文明指什么，至少我确信我知道怎样去抵达自己关于文明的观念。所谓文明，我指历史研究的最小单位，当一个人尝试去理解自己国家——比如说美国或大不列颠联合王国——的历史时，他就会抵达这里。④

汤因比以文明为单位而不是以国家为单位来观看历史，将国家视为文明生命中的一些从属和短暂的政治现象，因为国家会在文明之中出现又消失。

尽管相对于国家，文明是一个相对稳定和具有更长历时性的概念，但汤因比也认为文明演化包括起源、成长、衰落、解体。而如何理解文明的这种

---

① 汤因比认为6000年人类历史可划分为21个文明：埃及、苏美尔、米诺斯、古代中国、安第斯、玛雅、赫梯、巴比伦、古代印度、希腊、伊朗、叙利亚、阿拉伯、中国、印度、朝鲜、西方、拜占庭、俄罗斯、墨西哥、育加丹。其中前6个是产生自原始社会的第一代文明，后15个是派生性的亲属文明。
② 阿诺德·汤因比. 历史研究 [M]. D. C. 萨默维尔，编. 郭小凌，王皖强，林远，等译. 上海：上海人民出版社，2010：37.
③ 阿诺德·汤因比. 历史研究 [M]. D. C. 萨默维尔，编. 郭小凌，王皖强，林远，等译. 上海：上海人民出版社，2010：39.
④ 阿诺德·汤因比. 文明经受考验 [M]. 王毅，译. 上海：上海人民出版社，2016：184.

演化，其背后的动力是什么？对此，汤因比提出了理解文明的起源和生长的"挑战—回应/应战"模式。

对人类命运走向和文明发展之路是汤因比始终关注的问题，作为对人类发展极具人文情怀的学者，汤因比对于人类文明目标的实现或文明化的进程，并非是乐观的，他指出：

"我们人类所犯下的种种暴行给我们带来的恐怖和耻辱已经告诉我们，文明从来不曾完全兑现过。它只是一种努力或一种抱负，而这种雄心勃勃的志向，始终就没有达到。"①

2. 布罗代尔：文明作为地理空间的文化领地

1959 年，布罗代尔为百科全书中"文明"撰写词条：

它首先是个空间概念，一个"文化领地"……一个地域。有了这块地域……你必须想象出种类极其繁多的"产品"和文化特征，从住房形式、建房材料、屋顶材料，到诸如制造羽毛箭支的技能，方言或一组方言，烹调品味，特定的科技，信仰体系，示爱方式，甚至罗盘、纸张和印刷机。当这领地形成某些特质，比如该地域的文化特征已经遍布整个地域，并且它的文化特征在可预见的未来将一直延续下去的时候，我就可以把它称为文明。②

布罗代尔更多将文明看作是一定空间文化的集合。在布罗代尔看来，社会科学的词汇几乎不可能有明确的定义。他指出，文明是一个新词，就其新义而言，一方面是开化的人，另一方面是原始的野蛮人或蛮族。③ 并将"文明"一词看作复数形式，即作为一个时期或一个群体的集体活动所共有的各种特征。就此提出"四个"文明：④

一是作为地理的文明。它们的本质特征取决于它们的地理位置所带来的局限或便利。讨论文明，便是讨论空间、陆地及其轮廓、气候、植物、动物等有利的自然条件。

---

① 阿诺德·汤因比. 人类与大地母亲 [M]. 徐波，等译. 马小军，校. 上海：上海人民出版社，2019：27.

② 转引自尼尔·弗格森. 文明 [M]. 曾贤明，唐颖华，译. 北京：中信出版社，2012：354.

③ 费尔南·布罗代尔. 文明史 [M]. 常绍民，等译. 北京：中信出版社，2017：3，4.

④ 费尔南·布罗代尔. 文明史 [M]. 常绍民，等译. 北京：中信出版社，2017：11，17，18，20，21，22，25.

二是作为社会的文明。离开社会的支持，离开社会带来的张力和进步，文明便不能存在。社会与文明永远是不可分离的（而且反之亦然），两个概念指的是同样的一个现实。

三是作为经济的文明。每个社会，每种文明，都依赖于经济、技术、生态、人口等方面的环境。物质和生态条件总是在决定文明的命运上起到一定的作用。而文明反映了一种财富的再分配。各种文明根据它们重新分配财富的方式，社会机制和经济机制，从精英到大众开始具有了它们的各种特征。

四是作为集体心态的文明。不同时期的世界观、集体心态等基本价值和心理结构体现了文明最不容易沟通人与人之间的关系的特征。主要在于宗教作为文明中最强有力的特征，始终是过去和今天的文明的中心问题。①

布罗代尔还认为文明具有连续性和结构，是"更为持续的实在"，即是变化的历史图景背后的永恒的特征或结构。"一个文明既不是某种特定的经济、也不是某种特定的社会，而是持续存在于一系列经济或社会之中，不易发生渐变的某种东西。"②

3. 亨廷顿：文明是"文化实体"和最大的我们

作为哈佛大学政治学教授，亨廷顿对"文明"的观点广为人知，他提出的"文明冲突论"至今仍有广泛影响和争议。他认为人类的历史是文明的历史。不可能用其他任何思路来思考人类的发展。在整个历史上，文明为人们提供了最广泛的认同。文明是包容广泛的，即如果不涉及全面的文明，它们的任何构成单位都不能被充分理解。③

亨廷顿指出，文明是一个最广泛的文化实体。各个乡村、地区、种族群体、民族、宗教群体都在文化异质性的不同层次上具有独特的文化。文明是对人最高的文化归类，是人们文化认同的最广范围，人类以此与其他物种相区别。文明既根据一些共同的客观因素来界定，如语言、历史、宗教、习俗、体制等，也根据人们主观的自我认同来界定。

因此，亨廷顿又在认同上强调，文明是最大的"我们"，在其中我们在文

---

① 费尔南·布罗代尔. 文明史 [M]. 常绍民，等译. 北京：中信出版社，2017：25.
② 费尔南·布罗代尔. 文明史 [M]. 常绍民，等译. 北京：中信出版社，2017：33.
③ 塞缪尔·亨廷顿. 文明的冲突与世界秩序的重建（修订版）[M]. 周琪，等译. 北京：新华出版社，2018：21.

化上感到安适，因为它使我们区别于所有在它之外的"各种他们"。人类历史上始终存在着文明的"我们"与文明之外的"他们"。然而，文明是有意义的实体，尽管它们之间的界限难得清晰，但这些界限却是真实的。① 可见，文明认同和文明隔阂并存。

在文明的关系上，亨廷顿认为，当前世界是一个相互作用的多文明体系，自20世纪开始，文明之间的关系从受到一个文明对所有其他文明单方向影响支配的阶段，走向所有文明之间强烈的、持续的和多方向的相互作用阶段。而"文明的冲突是对世界和平的最大威胁，建立在文明之上的国际秩序是防止世界大战的最可靠的保障"。②

因此，亨廷顿认为，文明的范式为理解20世纪结束之际世界正在发生什么，提出了一个相对简单但又不过于简单的地图。它为区分较重要和不重要的东西提供了一个有用的指导。并认为从"文明范式"导出的预测结果证明比其他可供选择的范式更精准。

4. 马克思主义文明观：文化形式、实践的事情及社会生产力

马克思、恩格斯对"文明"并无专门的系统性阐述，但在他们早期到晚期的系列经典著作中，不断出现"文明"一词。可以说，在对资本主义的分析和批判中，"文明"是马克思、恩格斯使用频率很高的一个重要概念，"文明"范畴是马克思、恩格斯频繁使用过的一个历史性范畴。马克思、恩格斯文明范式的逻辑理路其实是内嵌于历史唯物主义的建构图景之中的，并由此成为我们深刻把握历史唯物主义生成演化逻辑体系的一条重要线索。③

通过对《马克思恩格斯全集》文献检索分析发现，马克思对"文明"的使用，通常在以下几个语境中进行："文明—野蛮""（生产力）先进—落后""城市—农村""资产阶级—工人农民""现代（资本主义）—封建""工业—传统手工业、农业""文明—文化"等。因此，马克思尽管是德国人，但

---

① 塞缪尔·亨廷顿. 文明的冲突与世界秩序的重建（修订版）[M]. 周琪，等译. 北京：新华出版社，2018：84.

② 塞缪尔·亨廷顿. 文明的冲突与世界秩序的重建（修订版）[M]. 周琪，等译. 北京：新华出版社，2018：12.

③ 吴建永. 马克思恩格斯文明范式的逻辑理路与人类文明新形态 [J]. 北京社会科学，2022 (11)：4-13.

受英法传统流行认识的影响,更多地将文明作为与野蛮、历史发展阶段或作为广义的文化的形式等层面使用。当然,马克思对文明的认识随着其对资本主义批判的深化,也不断演变,逐渐形成唯物史观和实践性的文明认识。

有学者认为,在马克思、恩格斯的逻辑理路中,文明并不是自人类社会诞生以来就存在的,它是历史的产物,因而在社会历史发展中具有历史性,在阶级社会中还具有阶级性,他们对文明的使用和表述经历三个阶段:一是早期的理解:文明即文化形式;二是理解上的深刻革命:文明是实践的事情,是社会的素质;三是理解上的成熟与深化:文明是社会生产力的反映。①

也有学者从五个维度来认识马克思文明观的内涵。其一,作为生产方式的文明。农业和工业的生产方式分别造就了农业的和工业的文明形式。其二,作为社会形态的文明。人类社会经历不同发展形态,具有与之相应的文明类型。其三,作为时代历史阶段的文明。文明是区分不同时代的鲜明标识,代表时代历史的发展深度。其四,作为历史演进趋势的文明。人类历史不断由低级阶段步入高级阶段。其五,作为人的生存状态的文明。文明的本质在于人的进步。人的理想生存状态是实现"人的生命活动的性质",全面占有自己的本质。②

无论是"三个阶段"还是"五个维度",马克思、恩格斯对文明的认识,大致经历了文明与野蛮、历史发展阶段、生产力生产方式以及作为"自由全面的人"的生存状态和历史发展趋势几个不同阶段的认识。在具体含义上,马克思还将文明视作文化的形式以及生产力,文明本身有其内在结构,它既包括文化、哲学、道德等上层建筑的要素,也包括以生产力为核心的经济基础要素,在这个意义上马克思的文明概念不仅是一个"文化层次或文化领域的概念",还是一个"综合的社会概念",文明是和"进步"紧密联系在一起的。

总之,马克思、恩格斯是从纵向的历史发展进程的视角来评判一种社会形态文明与否的,即代表历史发展趋势的才是文明的,不代表历史发展趋势的即使其文化源远流长、博大精深,也是野蛮的。这种对文明和野蛮的评价,

---

① 戴圣鹏. 试论马克思恩格斯的文明概念 [J]. 哲学研究,2012(4):12-15.
② 陈雪雪. 马克思恩格斯文明观多维论析 [J]. 浙江学刊,2022(6):133-140.

针对的是一个国家的生产方式、社会制度而非针对某个国家的文化，它是基于历史事实而非价值评价。①

5. 新时代的新文明观：文明平等和文明互鉴

2014 年，习近平总书记在联合国教科文组织总部向全世界提出了"人类命运共同体"的新理念，指出"文明交流互鉴，是推动人类文明进步和世界和平发展的重要动力"。这一关于未来世界文明发展进步方向的新倡议，被国际舆论界称为"新文明观"。② 在党的十九大报告中，习近平总书记对文明交流互鉴理念又作出进一步阐述，"尊重世界文明多样性，以文明交流超越文明隔阂、文明互鉴超越文明冲突、文明共存超越文明优越"，2019 年 5 月，在亚洲文明对话大会上，习近平主席再次提出"文明互鉴"论和"文明平等"论，强调文明的多样性以及相互尊重、平等相待，美人之美、美美与共等主张，指出，"人类只有肤色语言之别，文明只有姹紫嫣红之别，但绝无高低优劣之分。认为自己的人种和文明高人一等，执意改造甚至取代其他文明，在认识上是愚蠢的，在做法上是灾难性的！""交流互鉴是文明发展的本质要求。文明交流互鉴应该是对等的、平等的，应该是多元的、多向的，而不应该是强制的、强迫的，不应该是单一的、单向的。"③

2022 年 10 月党的二十大报告，不仅再次重申上述文明多样性和文明交流互鉴等文明观，强调促进世界和平与发展，推动构建人类命运共同体。同时，报告正式提出和阐释了中国式现代化及作为人类文明新形态的探索，总体表达了以中国式现代化为样态的新的文明形态和文明观。2023 年 3 月，习近平总书记在中国共产党与世界政党高层对话会上正式提出"全球文明倡议"，系统表达新文明观理念，继续重申和强调"共同倡导尊重世界文明多样性，坚持文明平等、互鉴、对话、包容，以文明交流超越文明隔阂、文明互鉴超越文明冲突、文明包容超越文明优越"等原则。④ 2023 年 6 月，习近平总书记

---

① 陈培永. 深入思考马克思恩格斯关于文明问题的研究 [J]. 马克思主义理论学科研究，2023，9（6）：44-52.

② 文扬. 文明的逻辑——中西文明的博弈与未来 [M]. 北京：商务印书馆，2021：18.

③ 新华社. 习近平在亚洲文明对话大会开幕式上的主旨演讲 [EB/OL]. (2019-05-15) [2023-12-28]. http://jhsjk.people.cn/article/31086588.

④ 李远. 以深化交流互鉴开创全球文明发展新时代 [J]. 当代世界，2023（4）：23-28.

在文化传承发展座谈会上强调,要深刻把握中华文明的突出特性和理解"两个结合"的重大意义,推进中国特色社会主义文化建设、建设中华民族现代文明的重大问题,[①] 为如何理解新文明观及如何建设中华民族现代文明进一步指明了方向和路径。

新时代的新文明观集中体现在党的二十大报告和"全球文明倡议"之中,既有对内作为中国式现代化新文明形态文明要义的阐释,也有对外关系上所持文明观的明确表达。对于这一"新文明观",有学者认为,从文明理论的思想史上看,这无异于是一次石破天惊般的宣告,而只有中国提出来,才成为有意义的论点。[②] 事实上,这一"新文明观"正是中华文明鲜明的精神理念的现代化传承和转化,它不仅是我国对外关系的基本理念,也是我国城市文明建设的文明观。

三、文明与文化的关系

对文明概念的梳理,实际上已涉及"文明"和"文化"的关系。谈论"文明",文化是不可避免的话题。不仅在于两者存在相互包含重叠的紧密关系,还在于当涉及对现实相关状况的分析时,需要对两者在概念上作出区分,才能更好地概括解释新的历史发展情况,有效地分析问题。

布罗代尔认为,"culture"(文化)作为一个古老的词一直伴随着"civilization"这个新词,两者或多或少具有相同的含义。而两者之间最明显区别的标志是存在和不存在城市。在文明阶段,城市大量存在;而在文化之中,城市仍然处于萌芽状态。[③]

亨廷顿认为相对于文化,文明是更宏观、更优先性的概念,文明是文化实体、是文化的放大。与亨廷顿类似,菲利普·巴格比也是从文化的"量"(大小复杂程度)或者"质"来进行区分,将文明看作是伟大的文化。菲利普·巴格比指出,[④]"我试图用'文明'这个术语将较大的、较为复杂的文化

---

① 习近平. 在文化传承发展座谈会上的讲话 [J]. 求是, 2023 (17): 1-7.
② 文扬. 文明的逻辑——中西文明的博弈与未来 [M]. 北京: 商务印书馆, 2021: 56.
③ 费尔南·布罗代尔. 文明史 [M]. 常绍民, 等译. 北京: 中信出版社, 2017: 157.
④ 菲利普·巴格比. 文化与历史: 文明比较研究导论 [M]. 李天纲, 陈江岚, 夏克, 译. 北京: 商务印书馆, 2018: 159, 182.

与较小的、较为简单的文化相区别，前者包含那些通常有历史学家研究的实践的领域，后者在传统上专属于人类学家。"但与布罗代尔一样，都是将文明看作城市的文化。

可见，"文明"是大文化、城市文化和复杂的文化，而"文化"则是相对小的、非城市的、简单的文化。文明与文化是在不同层面对人类发展状态的一种描述，二者密不可分，但又具有显著区别。

在国内，"文明"通常被认为是"社会发展到较高阶段和具有较高文化的"形式和实体，① 对两者的认识，学者更关注它们指向的不同及二者的辨证关系。没有文化的积累就没有文明的进步，而人类社会文明建设过程也是在践行一种文化，二者交织纠缠在统一的历史进程当中。文明与文化同时有着生成上的同根性、同源性以及结构上的类构性特点，二者之间是相互渗透、相互作用、相互促进的。文化是文明的精神灵魂与内核，文明是文化的对象化，是文化外显的载体。②

在指向上，许纪霖认为，文明与文化不同，文明关心的是"什么是好的"，而文化只关注"什么是我们的"。文化是将"我们"与"他者"区别开来，解决自我的文化认同；而文明不一样，文明要从超越一国一族的普遍视野去回答"什么是好的"，这个"好"不仅对"我们"是好的，而且对"他们"同样也是好的，是全人类普遍之好。在普世文明之中，没有"我们"与"他者"之分，只有放之四海而皆准的人类价值。③ 而任丽梅认为，文化与文明的客体虽然都是指物质财富和精神财富的总和，即人化世界，但是所指是截然不同的：文化是指"人化"，文明是指"进化"。"人化"既包括对自然也包括对自身的影响和影响力；"进化"却是对"人化"的进程和成果以及在此过程中所达到的新的高度的认可。可以说，文化是一种主客观性的存在，而文明却是对这种主客观存在的一种历时性的价值判断和取舍。④ 可见，文明是高于文化的概念，包含对一定时空阶段"文化"进程和状态的一种价值

---

① 中国社会科学院语言研究所词典编辑室. 现代汉语词典［M］. 北京：商务印书馆，1992.
② 林剑. 文化与文明之辨［J］. 学术研究，2011（3）：47.
③ 许纪霖. 家国天下：现代中国的个人、国家与世界认同［M］. 上海：上海人民出版社，2017：439.
④ 任丽梅. "文化"与"文明"内涵的马克思主义解读与时代要求［J］. 学术论坛，2016，39（8）：82-86.

判断。

在动态变化上，有学者认为，文化的实质或核心是知识体系、价值体系和工具体系的创造、积累和传承。而文明是由文化成果凝聚而成的，它是人类文化在各个时期所创造的物质成果、精神成果、社会体系和行为规范的客观实在和外观显示。文化的发展变化迅速而又频繁，在一定时期内呈现阶段性；而文明在一定时期内的相对稳定，标志着社会发展的状况和人类开化的程度。①

根据唯物主义历史观，文明与文化的区别在于三点。第一，在人类社会历史的发展过程中，文化的生成早于文明的生成。第二，从文化与文明的内涵与外延来看，蒙昧时代与野蛮时代存在着文化，但并不存在着文明。而在文明时代，不仅有文明，还有文化，文化包含于文明之中，是文明的重要组成部分。第三，从二者本质来看，文化的本质是指精神、意识、观念，而文明的本质是社会生产力。在文明与文化的关系中，文化可以通过文明来表现自己的存在与发展，但文明则不能完全通过文化来表现，它还有其他的表现形式。

第二节
城市文明与文明城市

一、文明与城市

通过对"文明"的分析可以发现，城市与文明紧密相关，具有词源意义上的关联，文明（civilization）的拉丁词源"civitas"本意就是城市。文明依据城市定义，城市表征文明。菲利普·巴格比更是直接将文明定义为城市的文化。美国人类学家基辛父子认为，"没有城市，文明就很少有可能兴起"；② 美国社会学家帕克认为，"城市是文明人类的生息之地或自然居住地"。③ 几乎在关

---

① 胡凡，马毅. 文化与文明的界定及其关系［J］. 学习与探索，2006（2）：192-194.
② 转引自阿诺德·汤因比. 变动的城市［M］. 倪凯，译. 上海：上海人民出版社，2021：3.
③ 罗伯特·E. 帕克，等. 城市——有关城市环境中人类行为研究的建议［M］. 杭苏红，译. 北京：商务印书馆，2020：7.

于文明的定义中，城市都是基础性或标志性的因素。

而对于城市与文明的关系，刘易斯·芒福德和阿诺德·汤因比也都有深刻的论述。

1. 芒福德：城市是文明的形成载体和孕育所

刘易斯·芒福德（Lewis Mumford）的经典著作《城市发展史——起源、演变与前景》就是在讨论城市与人类文明发展和人类命运的问题。芒福德认为城市是人类赖以生存和发展的重要介质，是文明重要的表现手段和物质载体。城市不仅仅是居住、生息、工作、购物的地方，更是文化容器，是新文明孕育所。

"城市从起源时代开始便是一种特殊的结构，它专门用来储存并流传人类文明的成果。这种构造致密而紧凑，足以用最小空间容纳最多设施；同时又能扩大自身结构，以适应不断变化的需求和社会发展更加繁复的形式，从而保存不断积累起来的社会遗产，文字记载一类的发明创造，如图书馆、档案保存处、学校、大学等，就属于城市最典型的和最古老的成就之一。"[1]

"城市最高使命，是促进人类自觉参与宇宙进化和文明史的伟大进程。城市，凭借它复杂致密且永不衰竭的构造，不断增大人类才干和能力去诠释这些过程，同时，积极参与其中，并担任其中一个重要角色。"[2]

芒福德认为，人类进化的两种重要介质分别是语言文字和城市。城市同语言、文字一样，能实现人类文化的积累和进化。在《城市发展史——起源、演变与前景》中其论述了一个规律性主题：人类文明每一轮更新换代，都密切联系着城市作为文明孵化器和载体的周期性兴衰更替历史。[3] 换言之，一代新文明必然有其自己的城市，整个人类革故鼎新，离不开城市（作为新文明的孵化器）的根本反思和进步。

可见城市从出现的那一刻起，就与文明息息相关。

[1] 刘易斯·芒福德. 城市发展史——起源、演变与前景 [M]. 宋俊岭，宋一然，译. 上海：上海三联书店，2018：29.
[2] 刘易斯·芒福德. 城市发展史——起源、演变与前景 [M]. 宋俊岭，宋一然，译. 上海：上海三联书店，2018：533.
[3] 刘易斯·芒福德. 城市发展史——起源、演变与前景 [M]. 宋俊岭，宋一然，译. 上海：上海三联书店，2018：3.

2. 汤因比：文明是城市的文化，城市是理解文明的不可或缺的因素

汤因比对城市和文明的关系也做出过深入探究。他将"文明"作为历史的研究单位，但事实上，"文明"是汤因比的"历史研究的可理解领域"或"可被认识的研究领域"之一，汤因比要研究的领域涉及人类世界、宇宙的一切经验，包括物质的、精神的存在。因此，与"文明"对应相独立的单位还可以包括生物圈、社会（世界）、大统一的国家及城市。在《变动的城市》中，汤因比就是以"城市"为单位进行人类经验和历史研究的转向。而处于文明状态的社会，往往对应于人口集聚的城市（城邦），所谓的文明也就指向城市中的文化。但其也强调并非绝对，有些没有城市的社会也跻身于文明的进程中。

汤因比认为城市并不是定义文明的必需要素，但却是理解文明的不可或缺的因素。城市和文明都是一定历史阶段某种社会关系的外在表征，并且这种社会关系是通过自身的文化属性显现出来的。在此意义上，城市和文明都是一种文化形态。而从文明及城市演化的阶段来看，不同的城市发展阶段也代表不同的文明发展水平。在《变动的城市》中，汤因比将城市划分为城邦、都城、圣城、机械化城市、世界城市五种形态，[①] 每种城市形态各具有独特的文化特性，也表征不同的文明发展阶段。

此外，伊德翁·舍贝里在《前工业城市：过去与现在》开篇提出，"城市和文明是不可分割的。城市的出现和普及，使人类离开了原始社会阶段。同样地，城市也能使人类建立一种越来越复杂，且能让人更满意的生活"[②]。英国学者柴尔德（Childe）将人类由农业社会演进到城市社会形成的过程，称为"城市革命"，它与在时间上更早的"新石器革命"或"农业革命"组成了人类由原始文化进入文明的两大阶段性变革。他指出，文明的出现与城市关系密切，甚至是由城市带动的，而城市也等同于文明的标志。[③]

综上所述，城市和文明息息相关，城市甚至是文明的代名词，"城市不但是文明出现的标记，也是文明最重要的载体，文明的演变亦因而往往在城市

---

① 阿诺德·汤因比. 变动的城市 [M]. 倪凯，译. 上海：上海人民出版社，2021：4.
② 伊德翁·舍贝里. 前工业城市：过去与现在 [M]. 高乾，冯昕，译. 北京：社会科学文献出版社，2013：1.
③ Childe V. G. The Urban Revolution [J]. Town Planning Riview, 1950, 21 (1)：3-17.

结构、功能和空间分布中体现。"①

二、文明城市与城市文明

但当文明和城市两者联结在一起，讨论文明城市建设，不仅需要理解城市和文明的关系，还要明确"文明城市"和"城市文明"这两个非常相似又紧密相关概念的异同，厘清两者的内涵及关系是讨论"文明城市"和"文明范式"城市（文明典范之都）建设的基础。有学者认为：如果说"城市文明"的概念强调和展示的是城市文明演进的自然逻辑（其中蕴含着人在不同时期对城市文明的贡献），那么"文明城市"的概念突出的则是人对城市文明的自觉意识、自觉活动、自觉创造，当代中国各大城市开展的文明城市建设，体现了当代中国人对城市文明的自觉追求。② 这一论断较清晰地说明了文明城市建设和城市文明之间的关系，文明城市是对城市文明的自觉追求。

具体而言，"文明城市"和"城市文明"两个词语的异同，还可以从构词及所指内容、目标等方面进行分析。

首先，两者强调的重点有所不同。在"文明城市"中，形容词"文明"置于名词"城市"之前，表示城市具备了文明的品质和特征。重点在于城市的品质和特征，强调了城市作为一个整体的文明程度和文明标准。而在"城市文明"中，形容词"城市"置于名词"文明"之前，强调城市在文明方面的发展和进步。也就是说，重点在于文明的发展和实践，强调了城市在文明方面的努力、成果和影响。

其次，两者具体包含内容及目标有所不同。"文明城市"一词通常指的是已经达到一定文明程度的城市，这个城市在各个方面都表现出了高度的文明水平，如城市基础设施建设完善、公共秩序井然、市民素质高、文化氛围浓厚等。因此，"文明城市"通常是一个目标或标准，是城市文明建设的一个标志性成果。它是城市发展的高级阶段，是人类社会走向成熟和文明的标志。而"城市文明"一词则更强调城市文明的表现形式和构成要素，它包括城市的物质文明、精神文明、政治文明、生态文明等多个方面，是一个相对宽泛

---

① 薛凤旋. 中国城市文明史 [M]. 北京：九州出版社，2022：3.
② 鲍宗豪. 中西方城市文明比较研究 [J]. 社会科学，2005 (9)：99–110.

的概念。城市文明不仅包括城市基础设施等"硬件"方面，还包括城市文化、市民素质、社会风气等"软件"方面，这些方面共同构成了一个城市的文明程度和品质。

因此，"文明城市"和"城市文明"两个词语虽然都涉及城市文明建设，但侧重点不同。前者更注重结果和目标，后者更注重表现形式和构成要素。在城市文明建设中，"文明城市"是城市文明发展的一个高级阶段，而"城市文明"则是城市文明建设的全面提升和不断进步的状态。

但两者也具有明显的共同之处。首先两者在概念上紧密关联：无论是"文明城市"还是"城市文明"，它们都涉及城市和文明的概念。它们都强调了城市作为一个社会集合体，应该具备一定的文明素养、文化传承和社会规范。其次，两者具有一致的目标和追求：它们都指向了城市发展方向的目标和追求，都强调了城市需要注重文明建设、提升文化素质、促进社会和谐，以创造更美好的城市环境和生活品质。

综合而言，"文明城市"和"城市文明"关系密切，二者互为关联，彼此促进，相辅相成。"文明城市"和"城市文明"构成表和里、外和内的关系。文明城市是城市文明的一种存在形式，是城市文明的较高层次发展目标，文明城市建设是城市文明的体现和成果。城市文明是文明城市的内涵和实质，是文明城市的基础、支撑和保障。

第三节

文明城市研究综述

从实践层面看，文明城市创建可以追溯到党的十一届三中全会以来，对开展的群众性精神文明创建活动的强调，创建文明城市成为进行精神文明建设的有效载体和重要举措。1984 年，福建三明市率先开展"创建文明城市"的活动。1984 年 6 月，全国"五讲四美三热爱"活动工作会议在三明市召开，揭开了全国群众性精神文明创建活动的序幕。此次大会总结了全国大中城市开展"五讲四美三热爱"活动的经验，特别是总结了三明市的经验，要求全国向三明市学习，推动了城市的精神文明建设工作。① 1994 年张家港在全国率先提出全国文明城市概念，成为全国文明城市创建的策源地。②

1996 年，党的十四届六中全会决议对创建文明城市活动提出了更加明确的要求，指出："要以提高市民素质和城市文明程度为目标，开展创建文明城市活动""直辖市、省会城市、自治区首府和沿海沿交通干线的大城市，要率先搞好创建活动。各省、自治区、直辖市要制定规划，到 2010 年建成一批具有示范作用的文明城市和文明城区"。③ 党的十四届六中全会以后，全国各地越来越多的城市加入文明城市创建行列，党的十五大又强调指出，"营造良好的文化环境，是提高社会文明程度、推进改革开放和现代化建设的重要条件"。④

目前国家对全国文明城市创建更为重视，已作为精神文明建设"龙头工程"和"中国特色社会主义制度"优越性的体现："创建文明城市活动是精神文明创建的龙头工程，是体现中国特色社会主义制度优势、提升城市治理能力和治理水平、提高市民文明素质和城市文明程度、保证中国特色社会主义城市化进程顺利推进的重要途径。"⑤

文明城市创建实践活动的不断开展推进，推动了"如何创建文明城市"的理论讨论。

一、文明城市研究

尽管 2005 年正式开始全国文明城市创建第一届评选，但关于文明城市的讨论和研究却比这个时间要早很多。根据文献检索，和文明城市创建实践开展时间对应，可以看到 20 世纪 80 年代初就开始讨论文明城市建设。

从文献分布看，20 世纪 80 年代到 90 年代随着文明城市创建轰轰烈烈地

---

① 涂大杭. 改革开放 40 年三明创建文明城市的回顾与展望 [N]. 三明日报，2018-11-04 (1).

② 张家港市文明办. 张家港：从文明策源地迈向文明典范城 [EB/OL]. (2021-10-25) [2023-11-28]. https://www.zjg.gov.cn/zjg/wmgc/202110/96b0893ddb544be39dbee2477c4a28d9.shtml.

③ 中国共产党第十四届中央委员会第六次全体会议. 中共中央关于加强社会主义精神文明建设若干重要问题的决议 [EB/OL]. (2022-05-22) [2023-11-28]. https://www.chinanews.com/2002-05-22/26/187599.html.

④ 中华人民共和国中央人民政府. 江泽民在中国共产党第十五次全国代表大会上的报告 [EB/OL]. (2008-07-11) [2023-11-16]. https://www.gov.cn/test/2008-07/11/content_1042080_4.htm.

⑤ 中国文明网. 精神文明创建工作 [EB/OL]. (2021-12-17) [2023-12-30]. http://www.wenming.cn/wmcj22/.

开展，地方政府和学者已经认识到文明城市建设的重要性，主要关注和思考怎样去创建文明城市，其突破口和抓手是什么，处于工作操作思考层面，尚未进入系统理论思考层面。如从搞好职工思想政治工作①、健全市政设施档案②、抓准文明城市创建的"突破口"③、文明城市创建活动重要性及对策④等。

而进入新世纪之后，尤其是 2005 年开展全国文明城市创建评选以来，文明城市相关研究不断深入推进，文献数量显著增加，开始进入文明城市建设的系统的理论层面研究及其效应测量方面。总体而言，关注的主题可分为两个方面。

1. 有关文明城市建设理论的思考和构建

进入本世纪初，经过前期对文明城市建设的初步认识和实践，随着我国对文化发展、精神文明建设的愈加重视，以及如何在实践中落实协调两个文明，必须对文明城市创建工作进行理论化的思考。因此，这一阶段主要围绕"什么是文明城市，如何建设文明城市"问题思考文明城市建设的理论范式，构建"文明城市论"。

从发展理念到文明城市论方面。怀忠民等以大连市创建文明城市的经验为背景，系统地总结了我国其他城市的建设经验以及国外一些城市的成功做法，探讨了文明城市建设的理论与实践。提出文明城市建设的三大理念："城市经营观""市民中心观"和"环境效益观"。⑤ 文明城市理论体系的构建，应围绕"什么是文明城市，如何建设文明城市"两个基本问题展开。文明城市论，是以"文明城市"等若干概念为细胞，以文明城市成长的自然历史过程为线索，构建文明城市理论体系，试图回答"什么是文明城市，如何建设文明城市"两个基本问题。主要包括文明城市的历史与未来；物质文明、精

---

① 邓超. 搞好职工思想政治工作是建设文明城市的保证 [J]. 思想政治工作研究, 1984 (3): 8-10.

② 赵凤章. 健全市政设施档案为建设现代化文明城市服务 [J]. 档案, 1984 (4): 38-39.

③ 刘晶磊. 抓准创建文明城市的"突破口"——创建文明城市理论与实践研讨会述要 [J]. 社会科学, 1998 (3): 77-78.

④ 张素敏. 浅论文明城市创建活动 [J]. 现代哲学, 1994, 36 (2): 40-42.

⑤ 怀忠民. 文明城市论 [M]. 大连: 大连出版社, 2000: 2.

神文明、生态文明的统一及协调运行机制等内容。① 张志刚亦持类似观点，认为现代文明城市是物质文明、精神文明和生态文明三个文明和谐统一的载体，三个文明的协调发展构建了文明城市建设的理论范式。②

文明城市资深研究专家鲍宗豪教授在 2005 年发表《文明城市论》论文之后，持续对文明城市和城市文明进行了系统研究。鲍宗豪认为："文明城市"虽然包含"现代化城市"的要求，但"文明城市"是一个包括经济、政治、文化、教育、科技、环境的综合概念。它标志着城市的进步、发展已达到"文明"的高度③，这是一种中国特色的可持续城市化新模式。④ 在进一步理论建构上，鲍宗豪认为，文明城市创建是一种以"文明发展"理念为指导，促进"两个文明"协调发展的理论范式，是对 20 世纪 50 年代以来"发展"研究范式的"扬弃"，是对"文明发展"理论范式聚焦"文明城市"创建，进而实现促进"两个文明"协调发展功能的确证。并提出以"文明发展"作为"两个文明"协调发展的理论范式，构建文明城市创建的理论、实践与制度。⑤

文明城市测评及其认识变化方面。文明城市建设理论研究面临的另一个重要问题是文明城市建设的评估，如何建立科学的测量评价体系，是科学推进全国文明城市创建活动、充分发挥文明城市创建作为精神文明建设重要载体的关键一环。从不同时期来看，官方对全国文明城市的界定会随着时代的发展有所调整，对文明城市地位的认识也在变化。

《文明与文明城市：〈全国文明城市测评体系〉研究》（2005）提出了"基本指标"和"科学指标"构成的第一版全国文明城市测评体系，并明确界定文明城市（城区）：在全面建设小康社会，推进社会主义现代化建设新的发展阶段，坚持科学发展观，经济和社会各项事业全面进步，物质文明、政治文明与精神文明建设协同发展，精神文明建设取得显著成就，市民整体素

---

① 洪晓楠. 文明城市论 [J]. 洛阳师范学院学报，2002（1）：23-27.
② 张志刚. 文明城市建设的理论范式 [J]. 学术交流，2002（1）：101-108.
③ 鲍宗豪. 文明城市论 [J]. 河北学刊，2005，25（4）：5-11.
④ 鲍宗豪. 文明城市：一种中国特色的可持续城市化新模式 [J]. 马克思主义研究，2011（3）：5.
⑤ 鲍宗豪. "两个文明"协调发展新论：文明城市创建的理论、实践与制度构建 [M]. 北京：人民出版社，2020：19.

质和城市文明程度较高的城市（城区）。[①] 这一时期，文明城市被认为是反映城市文明整体文明水平的综合性荣誉称号。

《全国文明城市测评体系（2008 年版）》规定，全国文明城市（城区）是指，在全面建设小康社会，加快推进社会主义现代化的新的发展阶段，坚持以邓小平理论和"三个代表"重要思想为指导，深入贯彻落实科学发展观，经济建设、政治建设、文化建设和社会建设全面发展，精神文明建设成绩显著，市民文明素质和社会文明程度较高的城市（城区）。这一时期，全国文明城市（城区）被认为是反映城市（城区）整体文明、和谐程度的综合性荣誉称号，增加了"和谐程度"。

《全国文明城市测评体系 2021 版（地市级以上）》指出，全国文明城市是高举中国特色社会主义伟大旗帜，物质文明和精神文明协调发展，市民文明素质和城市文明程度明显提高，信仰坚定、崇德向善、文化厚重、和谐宜居、人民满意的城市。

同时，全国文明城市被认为是对一个城市文明创建工作成效的最高评价，是反映一个城市经济、政治、文化、社会、生态文明建设和党的建设综合发展成果的最高荣誉，是社会普遍公认的综合性强、含金量高、公信力大的城市荣誉称号。[②]

通过不同时期对全国文明城市的界定，可以发现文明城市建设更加体现"人民中心""人民至上"的理念，以及对物质文明和精神文明协调发展的强调。

2. 文明城市创建产生的效应

随着全国文明城市创建活动的正式展开，尤其是在经历两三届评选产生一定影响和沉淀之后，文明城市创建效应或文明城市称号对城市发展的影响成为学者们关注的问题。

（1）文明城市创建对城市经济的影响

研究发现，文明城市带来的城市品牌价值提升可以显著提高当地流动人

---

①　许德明，朱匡宇. 文明与文明城市：《全国文明城市测评体系》研究 [M]. 上海：上海人民出版社，2005：57.

②　中国文明网. 精神文明创建工作 [EB/OL]. [2023-12-30]. http://www.wenming.cn/wmcj22/.

口的居留意愿,① 对数字企业创业有积极影响效应等。② 而文明城市评选对旅游城市的影响是许多学者关注的问题，但研究结论却存在显著差异。刘彦秀等（2022）认为全国文明城市评选显著抑制了地级市旅游全要素生产率提升，存在"挤出效应"，阻碍旅游业要素结构升级。③ 但刘佳等（2022）通过对中国 230 个地级市的面板数据研究发现：文明城市评选显著促进了旅游经济发展，政策效果存在马太效应，溢出效应促进毗邻城市旅游经济发展。④ 在对经济或产业的宏观影响方面，文明城市评选会通过影响城市技术创新水平和绿色全要素生产率进而影响产业结构升级,⑤ 但是经济增长可能因为城市自身属性和荣誉的相对稀缺程度不同而有差异。⑥ 在微观层面，全国文明城市评选活动显著地抑制了所在城市企业的利润率，且存在 1~2 年的滞后期，尤其是评选活动显著地降低了法人企业和港澳台企业的利润率，并且这种抑制效应对存活时间越久的企业越明显。⑦

（2）文明城市创建对城市营商环境的影响

相关研究表明，文明城市的建设能够助推营商环境的优化。⑧ 文明城市创建对城投债务规模有正向影响。曹策等（2022）发现：全国文明城市评选对城投债规模扩张具有显著的正向影响，入选全国文明城市后，城投债发行额和余额均有显著增长；城市荣誉所带来的财政收入效应和土地金融效应能够

----

① 牛耕，何雨可，赵国昌. 城市品牌与流动人口居留意愿：来自"文明城市"评选的证据 [J]. 人口研究，2022，46（6）：117-130.

② 李言，毛丰付. 城市品牌建设如何影响数字企业创业？——基于文明城市评选视角的分析 [J]. 经济与管理研究，2022，43（9）：109-126.

③ 刘彦秀，孙根紧. 全国文明城市评选是否促进了旅游经济高质量发展？——来自准自然实验的经验证据 [J]. 资源开发与市场，2022，38（9）：1126-1136.

④ 刘佳，刘贤明，李煜轩. 文明城市评选与旅游经济发展："锦上添花"还是"雪中送炭"？ [J]. 旅游科学，2022，36（6）：45-70.

⑤ 刘哲，刘传明. 文明城市对产业结构升级的影响效应研究——来自文明城市评选的准自然实验 [J]. 产业经济研究，2021（1）：43.

⑥ 黄少安，周志鹏. 非经济领域锦标赛与经济增长——基于"五连冠"全国文明城市的分析 [J]. 财经问题研究，2020（7）：3-13.

⑦ 郑文平，张冬洋. 全国文明城市与企业绩效——基于倾向性匹配倍差法的微观证据 [J]. 产业经济研究，2016（5）：37-46.

⑧ 王正艳. 建设文明城市助推盐城营商环境优化——从产业结构升级角度出发 [J]. 产业创新研究，2022，（1）：33-35.

提高融资平台公司的融资能力等。① 而这种城投债务扩张的机制尤其对常住人口 100 万以下的中小城市和东部城市的债务融资促进效应更显著。②

（3）文明城市创建对城市治理的影响

文明城市创建对城市治理在组织、制度完善、税收及环境污染等方面具有显著的积极影响。研究发现，文明城市创建中共建共享的城市治理新模式可以显著提升辖区内企业的纳税遵从度。③ 同时，文明城市评选也可以显著改善城市环境，④ 促进社会主义核心价值观建设⑤，并与市民素养提升形成相互助推。⑥

二、城市文明研究

随着我国城市化的快速发展，"如何理解和提升城市文明"在 20 世纪 90 年代末和 21 世纪初便成为学者关注的问题。研究问题主要涉及以下几个方面：

一是关于城市文明的构成及治理。从其结构来看，城市文明包括市民素质、城市管理、城市环境文明三个方面；⑦ 就城市空间而言，城市文明指限于城市空间区域下的文明，是由"物"的文明、"人"的文明和"制度"的文明所形成的结构状态和整体水平。⑧ 同时也构成相对稳定的城市文明秩序。而对城市文明及其秩序功能的理解，又构成城市治理的理念。张丽华在中国城

① 曹策，李逸飞，楚尔鸣. 城市荣誉评选与城投债规模扩张——基于全国文明城市的准自然实验［J］. 山西财经大学学报，2022，44（7）：72-84.
② 袁旭宏，潘怡锦，张怀志. 创建文明城市对地方债务融资的影响效应研究［J］. 财经理论与实践，2022，43（6）：116-123.
③ 詹新宇，王一欢. 荣誉的力量：共建共享全国文明城市增强企业纳税遵从了吗［J］. 财贸经济，2022，43（10）：40-56.
④ 逯进，赵亚楠，苏妍. "文明城市"评选与环境污染治理：一项准自然实验［J］. 财经研究，2020，46（4）：109-124.
⑤ 杜仕菊，程明月. 文明城市创建：践行社会主义核心价值观的引擎［J］. 华东理工大学学报（社会科学版），2016，31（6）：70-74.
⑥ 余丽梅. 市民文明素养提升对策探析——以曲靖市成功创建全国文明城市为例［J］. 曲靖师范学院学报，2021，40（1）：123-125.
⑦ 成云雷，那述宇. 论城市文明结构［J］. 内蒙古社会科学（汉文版），2002，23（5）：102-104.
⑧ 金家厚. 城市文明的衡量维度与发展取向——以上海市为例［J］. 城市问题，2010（10）：23-28.

市治理实践基础上提出以马克思"文明实践论"为理论基础，以中国特色社会主义理论为指导的城市"文明治理"模式，覆盖城市政治、经济、文化、社会、生态全方面建设和治理。①

二是城市文明的发展趋势。在中国现代化建设和城市化转型过程中，中国城市文明应该朝向怎样的发展，是许多学者关注的问题。从目前我国的情况来看，城市文明秩序的建构应以"三大转型"为现实起点——从"发展崇拜"向"发展文明"转型、从"城市化"向"城市文明化"转型、从"创制"的文明秩序向"自觉"的文明秩序转型。同时，"社会认同""文明实践"和"网络式治理"将成为实现现代城市文明秩序的路径选择。② 而"城市文明典范"是对城市文明建设迈向更高层次的探索，作为对未来人类文明跃升的一种前瞻，"城市文明典范"是对社会主义文化强国之城市文明维度的一种现实回应。③ 立足百年变局新的历史方位，为实现我国社会主义现代化强国目标，有必要思考城市文明的中国转向。④ 而展望新时代的中国城市文明构建，需要在传承文明基因、呼应时代要求和科技趋势的基础上，重点思考"城乡共同体意识""全要素价值视角""人本主义观念""城市品质引领"等内容。⑤

相关文献表明，中国文明城市建设充分体现了实践与理论互动的辩证关系。自 20 世纪 80 年代初三明市率先开展的文明城市创建活动至今已逾 40 年，自 2005 年中央文明委正式开始的每三年一届全国文明城市创建已进行六届，近 20 年我国文明城市创建制度和数量得到显著完善和大幅提升。第六届全国文明城市入选城市（区）有 133 个，复查确认保留荣誉称号的前五届全国文明城市有 151 个，而 2021—2023 年创建周期，入选全国文明城市提名名单的城市达到 447 座。⑥ 作为精神文明建设的"龙头工程"，大幅推动了中国现代城市文明水平的提升，彰显了中国城市文明建设、中国城市治理的特色理念

① 张丽华. 城市文明治理：中国特色城市治理模式研究［M］. 上海：东方出版中心，2021：2-3.

② 金家厚，鲍宗豪. 论城市文明的秩序意蕴［J］. 天津社会科学，2011（2）：4-9.

③ 范玉刚. 文化治理视域下的城市文明典范塑造［J］. 理论视野，2023，278（4）：58-64.

④ 王焱麒. 从西方文明到全球文明：城市文明的中国转向［J］. 社会科学战线，2022（5）：22-29.

⑤ 赵群毅. 中国城市文明的历史基因及新时代重塑［J］. 中国名城，2021，35（8）：1-6.

⑥ 中国文明网. 中央文明委关于表彰第六届全国文明城市的决定［EB/OL］.（2020-11-20）［2023-12-28］. http://www.wenming.cn/wmcs_53692/gzbs/202112/t20211227_6276786.shtml.

和模式。同时在"什么是文明城市，如何建设文明城市"的理论体系构建以及文明城市建设带来怎样的外部效应等方面，也取得了显著成果。学者的研究对我国文明城市建设或者城市文明发展提供了重要的理论支撑。尽管没有明确提出文明城市作为一种新的城市范式，或者说"文明范式"城市，但不少学者在讨论相关问题中，实际已指出我国文明城市或"城市文明典范"建设已具有了显著的中国城市文明建设理念和特色，是中国特色社会主义和中国式现代化文明新形态探索的城市展现。

就我国目前文明城市建设实践以及理论体系建设而言，总结提炼归纳，探索建构中国城市建设自己的理论范式，似乎已到了呼之欲出的阶段。尤其是在习近平总书记不断强调建构中国哲学社会科学的"三大体系""建立自主的知识体系"的背景下，我们需要基于我国几十年的文明城市创建实践探索，着眼城市文明发展趋势，总结自身城市发展经验，着力建构体现中国知识色彩的城市文明发展范式。

对此，我们需要全球的文明视野。尽管从20世纪80年代就开始了文明城市创建的讨论和研究，尤其是在21世纪初对其理论体系进行建构，但学者主要关注的是文明城市本身如何建设的问题，其视野主要面向国内，对全球化或者国际城市文明总体演化影响较少涉及。所讨论的发展阶段处于建设小康社会及粗放型城市化发展时期，这与当前所处的新时代新发展阶段及所面临的国内国外发展形势已有很大不同。当前，百年大变局下国际文明秩序的调整、中国式现代化文明新形态、国内主要矛盾的转变以及传统城市发展模式危机等因素，需要我们以更高的视野重新审视和思考文明城市的建设。而"文明"为我们提供这种视野，"文明"可以让我们从全球与地方、历史与现代的整体性时空视角对文明城市建设和城市文明进行重新的认识和再总结，从全球城市文明历史进程中探寻中国城市文明发展的适宜性模式和文化特色，让文明城市成为展现和推动中华民族伟大复兴、促进全球文明交流互鉴的文明载体。

| 第三章 |

"文明范式"城市理论与文明典范之都

第一节
城市发展范式的变迁：从古代到现代

　　城市，作为人类文明的重要标志，其发展历程见证了人类社会的演变与进步。从古至今，城市发展经历了多种范式的变迁，每一种范式都与其所处的时代背景、技术进步和社会需求紧密相连。依据不同时期城市发展呈现的整体特征和理念，本节回顾勾勒出了一些具有里程碑意义的城市发展范式，以期为"文明范式"城市理论构建及未来城市的规划和建设提供借鉴和启示。

一、古代城市发展范式：自然集聚与防御型城市

　　在早期农业社会中，城市的形成多基于自然资源的优势，如河流交汇、交通枢纽等有利条件。这些地方有利于农业生产和商业交流。同时，出于安全考虑，城市通常具备防御功能，如城墙、护城河等设施的建设。这一时期的城邦和封建城市往往以宗教中心、皇宫或城堡为核心，体现了当时的权力结构和宗教信仰。例如，中国北京、西安，古罗马城及古埃及底比斯和美索不达米亚乌尔等城市不仅作为经济活动中心，而且在政治和宗教方面具有重要地位。公元前2千纪，中国就开始了独特的内生城市进程，但大多数早期城市都是小型的宗教仪式中心。① 芒福德也指出，古代城市起源于一些神圣地

---

　　① 乔尔·科特金. 全球城市史 [M]. 王旭，等译. 北京：社会科学文献出版社，2014：18.

点，散在人群定期回归这些地点进行祭祀仪典。①

　　这一阶段城市发展主要体现为两个模式。一是古代城邦模式。以古希腊城邦为代表，作为早期城市发展的典范，以其政治、经济、文化一体化的特点，展现了人类社会从部落向城市迈进的初期形态。古希腊城邦的兴起与当时的地理环境、政治制度和经济模式密切相关。城邦的形成过程受到了自然环境、特别是沿海地理优势的推动，例如港湾、良港等条件吸引了商船和贸易往来，促进了城市的发展，目前很多著名港口城市的形成都是因具有优越的港口地理条件。如芒福德所言，在城市规模限定条件中，除能获得食料和饮水以外，还有集体联络系统范围的问题。② 因此，早期地理环境对城市形成尤为重要。

　　二是中世纪封建城市。相较于古希腊城邦，欧洲中世纪的城市发展呈现出另一种特点。这一时期的城市依托城堡和市场，形成了以手工业和商业为核心的城市发展范式。城堡作为军事防御设施，保障了城市的安全；市场则吸引了周边农村的商品交换，进一步促使城市人口集聚。③ 这种城市发展模式在德国、法国、英国等地均有体现。中世纪城市规划总体强调市中心核心作用，被现代理论家们称为放射同心圆系统形态，芒福德称其为"蛛网"。④

　　古代城市的发展，无论是古希腊城邦还是中世纪封建城市，都凸显了自然集聚和防御型的特点，形成以宗教与防御为导向的城市布局。这两种城市发展模式，虽然在政治、经济、文化等方面有所不同，但其核心都是人类对安全和繁荣的追求。城市从发轫之初，就已扮演三种不同的重要功能：构建神圣的空间、提供基本的安全保障及拥有一个商业市场。⑤ 从古希腊城邦的政治一体化，到中世纪封建城市的商业发展，古代城市的发展轨迹为我们提供了理解城市起源和演变的宝贵线索。同时，这两种城市发展范式也为我们反

----

　　① 刘易斯·芒福德. 城市发展史——起源、演变与前景 [M]. 宋俊岭，宋一然，译. 上海：上海三联书店，2018：91.

　　② 刘易斯·芒福德. 城市发展史——起源、演变与前景 [M]. 宋俊岭，宋一然，译. 上海：上海三联书店，2018：62.

　　③ 高原，方茗，王向荣. 西方传统军事防御环境的转型与启示 [J]. 风景园林，2018，25（4）：103-109.

　　④ 刘易斯·芒福德. 城市发展史——起源、演变与前景 [M]. 宋俊岭，宋一然，译. 上海：上海三联书店，2018：288.

　　⑤ 乔尔·科特金. 全球城市史 [M]. 王旭，等译. 北京：社会科学文献出版社，2014：3.

思现代城市规划提供了有益的启示，即在城市发展中充分考虑自然集聚和安全因素，以实现城市可持续发展。只是现代城市的"安全"内涵已更为丰富，远远超越了古代城市的"防御"内涵。

二、工业革命时期的城市发展范式：工业城市与城市化

工业革命推动了城市发展进入全新的工业化阶段，标志着城市发展范式的显著转变，呈现出一系列显著的特征。首先，大量人口涌入城市。随着工业生产的迅速扩张，对劳动力的需求激增，吸引了农村人口向城市迁移。据数据显示，1851—1911 年，英国城市人口占比从 29% 猛增至 58%。[①] 这使得城市人口密集，形成了典型的工业城市特征。其次，工业城市迅速崛起，工厂成为城市的核心元素。在这个阶段，城市规划开始围绕工厂、铁路和港口等基础设施展开，城市规模急剧扩大。例如，伦敦在 19 世纪上半叶的城市扩张速度超过了以往任何一个时期。[②] 工厂成为城市经济的核心，城市发展依赖于工业生产的繁荣。

然而，这一时期的城市发展范式也导致城市环境污染、居住环境恶劣等诸多问题。以伦敦和曼彻斯特为例，这两座城市在工业革命时期的发展极具代表性。伦敦作为当时的全球大城市，人口从 1800 年的 100 万迅速增长到 1851 年的 200 万。[③] 曼彻斯特则以其纺织工业著称，被誉为"工业革命的摇篮"。然而，这两座城市在快速发展中也饱受环境污染和居住环境恶劣之苦。如恩格斯在《英国工人阶级状况》中对曼彻斯特艾尔克河工人区的描述："大街上左右有很多有顶的过道通往许多大杂院里去；一到那里，就陷入一种无与伦比的肮脏而令人作呕的环境里""桥底下流着，或者更确切地说，停滞着艾尔克河，这是一条狭窄的、黝黑的、发臭的小河，里面充满了污泥和废弃物，河水把这些东西冲积在右边的较平坦的河岸上……臭气泡经常不断地从坑底冒上来，散发着臭气，甚至在高出水面四五十里的桥上也使人感到

---

① Chandler Tertius. Four Thousand Years of Urban Growth: An Historical Census [M]. Lewiston, NY: Edwin Mellen Press, 1987: 477.

② Wheeler S M. The Future of the Metropolis: New Perspectives on Urbanization and Urban Policy [M]. New York: Plenum Press, 1984: 219.

③ Fishman R. Bourgeois Utopias: The Rise and Fall of Suburbia [M]. New York: Basic Books, 1987: 117.

受不了"。①

　　而当时经历过工业革命洗礼的所有城市几乎都是如此。对于 19 世纪城市的发展，芒福德称之为"工业技术的天堂：焦炭城"，指出在 1820—1900 年，大城市里的破坏和混乱情况简直如战场一样，"恶劣的住房和居住环境"违反人类生命最基本的生理水平条件。②

　　同时，工业革命时期的城市发展还加剧了社会矛盾。资本家追求利润最大化，工人面临剥削和压迫，导致阶级矛盾不断加剧。除上述《英国工人阶级状况》（1844—1845 年）中详细描述了工人阶级的悲惨生活外，马克思、恩格斯在《共产党宣言》《资本论》中都有对此的批判，工业革命导致的城市空间的分裂，使得城市呈现出"劳动的场所和居住场所的分离"。这一时期的城市发展范式凸显了资本主义制度的问题，为后来城市规划和社会政策的改革埋下了伏笔。

　　为解决这些问题，城市规划者和政策制定者开始探索新的城市发展模式，推动了城市规划理论的不断完善。英国城市规划师埃比尼泽·霍华德（Ebenezer Howard）在其著作《明日的花园城市》（1898 年）中提出了"花园城市"理论，主张在城市规划中充分考虑居住、工作、休闲等功能，以实现城市与自然的和谐共生。然而，这一理论在当时实践中并未得到广泛应用，直至 20 世纪中叶，随着城市化进程的加快和城市问题的日益突出，"花园城市"理论重新受到关注，并在英国、美国、新加坡等国家得到实践。该理论对后世城市规划产生了深远影响，为城市发展范式的转型奠定了基础。

　　总之，工业革命时期的城市发展范式以工业生产为中心，城市规划注重效率和功能分区，采用的是功利主义原则。虽然在经济发展和城市规模扩张方面取得了显著成果，但同时也带来了环境污染、居住环境恶劣等社会问题。这一时期的城市发展对后世产生了深远的影响，为城市规划和理论研究提供了宝贵的经验。

---

① 恩格斯. 英国工人阶级的状况 [M]//马克思恩格斯全集（2），中共中央马克思恩格斯列宁斯大林著作编译局，译. 北京：人民出版社，2013：304-305.
② 刘易斯·芒福德. 城市发展史——起源、演变与前景 [M]. 宋俊岭，宋一然，译. 上海：上海三联书店，2018：418，433-436.

三、现代主义城市发展范式：功能主义与城市规划

随着 20 世纪的来临，现代主义思潮开始对城市发展产生深远影响。在这一时期，城市迅速扩张，人口密度上升，城市问题日益凸显。为解决这些问题，城市规划师们开始寻求一种更为科学、合理的规划方法。在这一背景下，功能主义城市规划应运而生，成为推动城市发展的主要范式。功能主义城市规划强调提高城市的运行效率，通过详细规划各个功能分区，以实现城市内部各个部分的协同运作。例如，住宅区与商业区之间的合理布局，有助于减少居民的通勤时间，提高生活质量。如芒福德所言："功能主义城市规划的目标在于创造一种秩序，使城市成为一个充满活力、和谐共生的有机体。"[①]

此外，随着汽车的普及，道路交通规划在城市规划中的地位日益重要。道路交通规划的优化有助于缓解城市交通拥堵，提高出行效率。著名城市规划师勒·柯布西耶（Le Corbusier）在其著作《走向新建筑》（*Towards A New Architecture*）中指出："城市是一部机器，每一个部分都有其特定的功能，和谐地协同工作，以提高城市的运行效率。"[②]

然而，过度强调功能分区也导致城市空间的碎片化，不同社会群体之间的隔离现象日益严重。对这一时期，不少城市规划学者普遍认为，现代主义城市规划的实践过程中，建筑师和规划师们往往过于关注功能区分和基础设施的建设，而忽视了城市生活的多样性和复杂性。无疑，功能区分和城市运行效率的提升也是要付出代价的。这种现象在一定程度上加剧了城市的社会问题，如贫富差距、族群隔离等，如帕克所言："城市不再是人与人相互联系的场所，而成为一个个孤立的空间。"[③] 城市的分割让人与人之间开始变得"冰冷"，再也回不去乡村的那种熟人的温暖。这种社会隔离不仅体现在空间上，更体现在人们的生活方式、价值观等方面。

综上所述，功能主义城市规划作为现代主义城市发展范式的重要组成部

----

① 刘易斯·芒福德. 城市发展史——起源、演变与前景 [M]. 宋俊岭，宋一然，译. 上海：上海三联书店，2018：118.

② Le Corbusier. Towards a new architecture [M]. Frederick Etchells, Trans. London：John Rodker, 1927.

③ 罗伯特·E. 帕克. 城市——有关城市环境中人类行为研究的建议 [M]. 杭苏红，译. 北京：商务印书馆，2020：8.

分，虽然在提高城市运行效率、优化道路交通规划等方面取得了一定的成果，但过度强调功能分区所带来的城市碎片化和社会隔离问题亦不容忽视。在今后的城市规划实践中，如何在充分发挥功能主义规划优势的基础上，充分考虑城市生活的多样性和复杂性，实现城市可持续发展，仍是我们需要深入探讨的课题。

四、后现代主义城市发展范式：多元共融与可持续发展

后现代主义思潮的兴起，对城市发展提出了新的挑战和机遇。这一思想观念的转变，使得城市规划不再仅仅关注物质空间的构建，而是转向关注社会、文化、环境等多方面的因素。后现代主义城市规划强调多元共融，注重历史文化的保护与传承，提倡社区的参与和合作。①

随着环境问题的日益严重，可持续发展成为城市发展的重要指导思想。城市规划开始注重人与自然、人与人之间的和谐共生。自第二次世界大战结束后，城市规划逐渐转向解决社会不平等和提高宜居性。在这一背景下，"社区单元"的概念被提出。加拿大著名城市学者简·雅各布斯（1961）在《美国大城市的生与死》中对20世纪中叶的城市规划实践提出了深刻的批评，并提出了一系列关于城市活力和社区生活的观点，强调混合土地用途、可步行性和社区参与，"尽我们所能去理解城市的生态，这是摆在人类面前的一项紧迫任务"。②

花园城市运动对20世纪城市规划产生了深远影响，如后来的新城镇运动和城市美化运动（City Beautiful Movement），③ 这些运动都强调城市美学和环境质量。20世纪末兴起的美国新城市主义（New Urbanism）运动延续了这一思想，其代表项目包括从佛罗里达州的海滨小镇Seaside到加拿大的国际城（Cité Internationale）等。④ 在城市规划的演变过程中，我们可以看到多元共融与可持续发展的理念逐渐渗透其中。例如，荷兰的阿姆斯特丹被誉为"自行

---

① Harvey D. The Condition of Postmodernity：An Enquiry into the Origins of Cultural Change ［M］. Oxford：Blackwell，1989：5-12.

② Jacobs J. The Death and Life of Great American Cities ［M］. New York：Random House，1961：20-33.

③ Banham R. The Theory and Practice of Garden City Planning ［M］. London：Faber and Faber，1965：5.

④ Katz P. The New Urbanism：Toward an Architecture of Community ［M］. New York：McGraw-Hill Education. 1994：4.

车之城",通过完善的城市自行车道网络,鼓励市民选择绿色出行方式;而新加坡的城市规划是这一理念的典范,新加坡政府通过严格的规划和政策,实现了高密度城市与绿色空间的和谐共存,如滨海湾花园和超级树等项目。党的十八大以来,我国新型城镇化发展战略,也明确提出要坚持可持续发展,推动城乡一体化,建设美丽中国、美丽乡村等。

在后现代主义思潮影响下,城市在向后工业城市转型,服务业逐渐取代制造业成为主导产业,知识经济、创新经济的发展促使城市向智能化、绿色化转变,如以硅谷为代表的科技创新城市范式。同时,"新城市主义"(New Urbanism)这一概念由一群建筑师、规划师和学者共同提出并发展起来。新城市主义作为一种设计理念和城市规划运动,是对"二战"后美国快速蔓延的郊区化发展模式的深刻反思与批判,并力图通过规划实践恢复传统城市社区的活力与连通性。鼓励可步行的社区、混合用地、公共交通导向开发、传统邻里社区发展、街区网格系统、多样性和包容性以及保护生态环境等。

综合以上分析,后现代主义城市发展范式下的规划与设计,不仅要关注物质空间的创新与改造,还要充分考虑社会、文化、环境等多方面的因素。只有在这种多元共融的背景下,城市发展才能实现可持续发展,为居民创造更美好的生活。

五、信息时代的城市发展范式:智慧城市与全球城市

进入信息时代,我们可以看到信息技术对城市发展产生了深远影响。它不仅改变了以往城市管理和服务方式相对单一、资源利用效率低的状况,也为城市发展注入了新的活力。据统计,全球已有超过100个城市提出了智慧城市建设的目标。[①] 智慧城市以提高城市运行效率为核心,通过智能交通、智能电网、智能医疗等技术手段,实现城市资源的合理配置和优化管理。例如,近年来新加坡实施的"智慧国家蓝图"。新加坡于2006年、2014年分别启动"智慧国家2015计划"与"智慧国家2025计划",致力于用数字信息科技改变新加坡。2017年5月,新加坡启动国家级项目"新加坡人工智能"(AI

---

① Tang Y, Qi Y, Bai T, et al. Smart city construction and green technology innovation: evidence at China's city level [J]. Environmental Science and Pollution Research, 2023 (30).

Singapore），其发展目标定位为"智慧国"（Smart Nation）。旨在用人工智能创造社会与经济效益、吸引人才、打造人工智能生态，并让新加坡在世界上具有战略性地位。① 我国"十四五"规划也明确提出：加快数字社会建设步伐，提供智慧便捷的公共服务，建设智慧城市和数字乡村等。2023 年 2 月，中共中央、国务院印发《数字中国建设整体布局规划》，提出数字中国建设是数字时代推进中国式现代化的重要引擎，是构筑国家竞争新优势的有力支撑。②

与此同时，全球城市网络体系也在逐步形成。伦敦、纽约等全球城市在经济、政治、文化等方面发挥着重要的枢纽作用，成为国际交往的中心。然而，这些城市在快速发展的同时，也面临着一系列挑战。比如，如何在全球化背景下实现包容性增长和可持续发展，成为全球城市面临的关键问题。联合国发布的《全球城市指数报告》③（2018）显示，全球城市的竞争力不仅体现在经济实力，还在于其创新能力、环境友好性、人文素养等方面。信息时代的城市发展范式要求我们重新审视城市建设的理念和路径，重视智慧城市对城市治理的创新以及城市在全球城市网络体系中的地位和作用。我国在"十三五""十四五"规划中都非常重视新型城镇化发展和城市规划，"十四五"规划提出，加快转变城市发展方式，统筹城市规划建设管理，实施城市更新行动，推动城市空间结构优化和品质提升。完善城镇化空间布局发展壮大城市群和都市圈，分类引导大中小城市发展方向和建设重点，形成疏密有致、分工协作、功能完善的城镇化空间格局。④ 这一战略布局旨在抓住信息时代的发展机遇，构建具有中国特色的城市发展范式。

综上所述，信息时代的城市发展范式呈现了智慧城市与全球城市相互促进的特点。智慧城市通过技术创新提高城市运行效率，而全球城市则在国际

---

① 清华大学战略与安全研究中心. "智慧国家"愿景及优势整合路径：新加坡人工智能发展战略 [EB/OL]. (2023-07-19) [2024-01-15]. https://www.shicheng.news/v/mN9RK.

② 新华社. 中共中央 国务院印发《数字中国建设整体布局规划》[EB/OL]. (2023-02-27) [2023-11-25]. https://www.gov.cn/xinwen/2023-02/27/content_5743484.htm.

③ Hales M，Peterson E，Peña M A，et al. 中国城市发展的成功经验——2018 年全球城市指数报告 [J]. 科技中国，2018 (9)：85-91.

④ 新华社. 中华人民共和国国民经济和社会发展第十四个五年规划和 2035 年远景目标纲要 [EB/OL]. (2021-03-13) [2024-01-06]. https://www.gov.cn/xinwen/2021-03/13/content_5592681.htm.

竞争中发挥着枢纽作用。然而，这两者都面临着挑战，如如何实现包容性增长、可持续发展等问题。因此，在新型城镇化进程中，我们需要深入研究信息时代的城市发展规律，探索适应我国国情的城市发展路径。

六、当前挑战与未来趋势："文明范式"城市作为一种城市新样态

经历过从古代到信息化时代的城市发展范式的变迁，尤其是工业时代过度的开发、污染以及到目前愈加严峻的人口和资源紧张关系，生态、可持续及人文精神逐渐受到重视并回归城市规划之中。各国政府也在争取通过智慧城市建设去解决城市资源利用和运行效率问题，提升城市在全球化连接和资源配置中的作用。但如前文所言，城市的发展仍面临一些挑战，仍需要进一步寻求更"文明"的发展理念和范式。

（一）面临的挑战

1. 城市扩张与资源约束

随着全球人口的增长和城市化的加速，城市扩张带来的资源消耗和环境压力日益增大。据联合国报告，到2050年，全球人口将达到97亿，城市人口达到64亿，约占总人口的66%。[1] 城市规划者如何在有限的资源条件下实现城市的持续发展，成为一项重大挑战。此外，世界资源研究所（WRI）的研究显示，全球城市地区的土地资源消耗速度是自然再生速度的2.5倍，[2] 这意味着城市扩张不仅消耗了大量资源，还对周边生态环境造成了严重压力。

2. 社会包容性与公平性

城市发展过程中，如何确保所有居民都能享受到城市发展带来的利益，避免社会分化和贫富差距的扩大，也是当代城市发展范式需要考虑的重要问题。据经合组织（OECD）的报告显示，全球城市中的贫困人口数量在过去几

---

[1] 联合国. 联合国经济和社会事务部人口司. 世界人口展望2022 [EB/OL]. (2022-01-20) [2023-12-26]. https://population.un.org/wpp/.

[2] Tim Searchinger, Liqing Peng, Jessica Zionts, et al. The Global Land Squeeze: Managing the Growing Competition for Land [EB/OL]. (2023-07-30) [2023-12-25]. https://www.wri.org/research/global-land-squeeze-managing-growing-competition-land.

十年里大幅增长,城市不平等问题愈发严重。在大多数国家,贫富差距达到了30年来的最高水平。在经合组织（OECD）国家中,最富有的10%人口的收入是最贫穷的10%人口的9.6倍。在1980年代,这个比例是7∶1,到了1990年代上升到8∶1,2000年代则达到了9∶1。在一些新兴经济体,特别是拉丁美洲,收入不平等有所缩小,但总体上仍高于OECD国家。[1] 更高的不平等会拖累经济增长,损害个人和社会的机会,解决收入不平等对于促进可持续的经济增长和创造更公平、更具包容性的社会至关重要。

3. 数字化与智慧城市

信息技术的迅猛发展,在给城市带来发展机遇的同时,也带来挑战。首先,数据安全与隐私保护成为首要难题,智慧城市大量依赖于收集、分析个人和公共数据,这无疑增加了数据泄露、侵犯隐私的风险。其次,数字鸿沟问题日益凸显,不同地区、不同群体间的技术获取能力和使用水平存在明显差距,导致部分人群在享受智慧城市便利方面受到限制,进一步加剧了社会不平等。[2][3] 再者,智慧城市的建设和运维高度依赖先进的IT设施和技术支持,对技术和资金投入要求较高,可能加大城市间的资源配置失衡（Nancy Micozzi,2022）。[4] 最后,智慧城市的发展还面临伦理与法律监管滞后的问题,现有的法律法规体系往往难以适应快速发展的新技术及其应用场景（Floridi et al.,2019）。[5]

(二) 城市发展未来范式:韧性、包容和以人为本

面对城市发展的诸多挑战,近年来,城市发展逐渐转向韧性、包容和以人为本。这些理念逐渐成为全球城市发展的共识。这一转变旨在构建更加可

① OECD. In It Together: Why Less Inequality Benefits All [EB/OL]. (2015-05-21) [2023-11-25]. https://doi.org/10.1787/9789264235120-en.

② Hargittai E. Minding the Digital Gap: Why Understanding Digital Inequality Matters [M]//S. Allan (ed.), Media Perspectives for the 21st Century. 1st ed. London: Routledge, 2010: 10.

③ Van Deursen, A. J. A. M, van Dijk, J. A. G. M. The first-level digital divide shifts from inequalities in physical access to inequalities in material access [J]. New Media & Society, 2019, 21 (2): 354-375.

④ Nancy Micozzi, Tan Yigitcanlar. Understanding Smart City Policy: Insights from the Strategy Documents of 52 Local Governments [J]. Sustainability, 2022, 14 (16).

⑤ Floridi L, Taddeo M. What is data ethics? Philosophical Transactions of the Royal Society A: Mathematical [J]. Physical and Engineering Sciences, 2019, 377 (2146).

持续、安全和公平的城市环境，以适应未来城市发展的需求。

首先，韧性城市理念强调城市在面对自然灾害、人为事故等外部冲击时，能够迅速恢复正常功能。这要求城市规划和建设过程中，充分考虑基础设施、生态环境、社会经济等多方面的因素，提高城市的抗风险能力。例如，绿色基础设施的建设和蓝绿空间的规划可以降低城市内涝风险，提高生态环境质量。同时，韧性城市理念还提倡城市间的合作与交流，以便在面临危机时，各城市能相互支持、共同应对。

其次，包容城市理念关注弱势群体的权益，提倡城市发展过程中消除社会不平等现象，让所有人都能享受到城市发展带来的福祉。这需要城市政策和规划充分考虑不同群体的需求，提供平等的住房、教育、医疗等公共服务。例如，提倡多元化住宅建设，确保低收入家庭住房需求得到满足；加强公共交通设施建设，方便居民出行；增加绿地和休闲空间，提高居民生活质量。

最后，以人为本的城市发展理念强调居民需求和福祉。这意味着城市建设应注重人的需求，提供高质量的居住、工作和休闲环境。近年来，越来越多的城市开始关注居民心理健康、社交互动等方面，以提高城市生活质量。新加坡推出的"花园城市"计划；中国提出的"美丽中国""美丽乡村"建设等，均旨在为居民创造更宜居的环境；丹麦哥本哈根的"自行车城市"计划，鼓励居民采用低碳出行方式，减少空气污染。

从全球实践看，目前在国际上具有一定影响力，被很多国家纳入城市发展实践的代表性城市发展理念与上述趋势对应，主要包括包容性城市、韧性城市、创意城市、可持续发展城市。

总之，对城市发展未来范式的探讨聚焦于韧性、包容性和以人为本三大核心原则，也预示着一个更加可持续、公平且具有人文关怀的城市发展模式正在兴起。通过实施这些理念，我国城市发展将更加适应未来社会的需求，为全球城市化进程提供有益借鉴。

(三)"文明范式"城市作为一种可能和城市文明新样态

中国作为世界上历史最悠久的国家之一，其城市发展有着独特的历程和特色。从古代的防御型城市到现代的智慧城市，中国城市发展经历了多次范式的变迁。改革开放以来，中国城市化进程加速，形成了若干具有国际影响力的全球城市。同时，中国在城市规划和建设中注重历史文化的保护和传承，如文明标识、文明基因的提取、历史街区的保护、传统建筑的修缮等，展现了中国城市发展的独特魅力。正是在此基础上，我们认为中国城市的发展内在地有其根本性的文明理念和文化逻辑支撑。正如有学者指出"尽管中国城市表面上正在褪去原有的面貌，但骨子里仍然还是存有自己独特的方式"①，"中国核心的传统价值，如天命、以民为本、天人合一和礼仪之邦等基本未变，这些都在新时代城市的人文与物质文化演变中得到明显展现"②。在全球文明变局下，中国应该将体现这种深层文明逻辑的城市发展经验提炼出来，向世界贡献自己的城市文明发展理念和范式。

而"文明范式"城市即是基于中国文明城市创建实践和文明观提出的城市发展理念，它符合并包含韧性、包容性和以人为本等未来城市发展理念、趋势，旨在构建一个和谐、共生的城市环境，以"文明"为价值统领，将自然、人文、科技等多元素融合在一起。此类城市关注生态、文化、经济和社会等多个层面的可持续发展，强调人与自然、人与人，乃至城市与城市之间的和谐关系。事实上，无论是全国文明城市的创建，还是如宁波、深圳等提出"打造文明典范之都""城市文明典范"，都是这一理念的实践和范式体现。从全球城市发展范式变迁的历史演变来看，"文明范式"城市或文明城市，在全球城市发展中已经建立起了自身的主体性和知识体系特色。芒福德认为，城市自兹开始满足人间共同需求，实现人类各种共同职能活动，这固然重要，但尤为重要的，是随当今高效沟通与合作手段逐渐浮现出的人类共同愿景，这愿景才是最有价值、最重要的。③

而"文明范式"城市可以为人类提供这种共同愿景和公共价值。因此，在全球城市文明的时空维度中，"文明范式"城市成为全球城市发展范式转变的一种可能，也为城市文明发展提供了一个新样态。

---

① 迪特·哈森普鲁格. 中国城市密码［M］. 童明，赵冠宁，朱静宜，译. 北京：清华大学出版社，2018：37.

② 薛凤旋. 中国城市文明史［M］. 北京：九州出版社，2022：393.

③ 刘易斯·芒福德. 城市发展史——起源、演变与前景［M］. 宋俊岭，宋一然，译. 上海：上海三联书店，2018：526.

"文明范式"城市的理论内涵

在城市发展范式演变的进程中，"文明范式"城市为未来城市发展提供了一种可能样态，那么如何理解这一城市发展范式？首先需要明确，我国自 20 世纪 80 年代开始的文明城市创建实践及其理论建构，为"文明范式"城市理论的提出奠定了实践和理论基础，"文明范式"城市可以说是在文明城市创建实践和已有理论探讨上的延续和推进。由是，文明典范之都可以看作是当前我国城市文明或文明城市创建的实践升华，可以作为文明城市创建和城市文明建设的典型样态，而"文明范式"城市即是对应这一种典型城市文明样态的一种理论观照和提炼。同时，"文明范式"城市也在一般意义上为全球城市文明发展提供了一个新理念、新范式。

一、"文明范式"城市提出的理论和现实背景

文明是观察城市发展的一个视角或范式。世界观或正确理念及因果关系理论对城市文明的发展是不可缺少的指导，文明范式提供了一种新的世界观。托马斯·库恩在其经典著作《科学革命的结构》中，认为思想和科学的进步是由新范式代替旧范式所构成的，当旧的范式变得日益不能解释新的或新发现的事实时，能用更加令人满意的方式来说明那些事实的范式就取代了它。库恩写道："一种理论要想被接受为一个范式，必须看上去强于其竞争对手，但它不必解释，事实上也从来没有解释所有他可能遇到的事实。"[①] 借用库恩的范式理论，亨廷顿从文明的视角提出认识世界的"文明范式"，认为文明的范式为理解 20 世纪结束之际世界正在发生什么，提出了一个相对简单但又不过于简单的地图。[②] 而基于文明范式提出"文明的冲突"及其对国际关系的

---

① 托马斯·库恩. 科学革命的结构（第四版）[M]. 金吾伦，胡新和，译. 北京：北京大学出版社，2016：23.
② 塞缪尔·亨廷顿. 文明的冲突与世界秩序的重建（修订版）[M]. 周琪，等译. 北京：新华出版社，2018：15.

洞察直到当前仍发挥着影响力。

如前所述，文明是马克思对资本主义进行了分析批判的重要视角，揭露资本主义文明本质的矛盾及种种不文明或者"过渡文明"表现。有学者直接将这种分析称为"文明范式"，认为"文明范式"是马克思、恩格斯建构历史唯物主义世界图景的一条重要线索。立足于唯物史观，马克思、恩格斯从现实的人的实践活动尤其是作为历史发展基础的生产力出发，揭示出文明作为"实践的事情""社会的素质"和"已经获得的生产力"的本真含义。在此基础上，马克思、恩格斯对资本主义文明形态进行了全方位诊断和批判性反思，强调资本主义的困顿与危机实质上是建立在私有制基础上的、由物对人的非法统治所造成的系统性的文明危机。①

因此，马克思及亨廷顿所采用的文明范式分析为文明城市和城市文明研究提供了重要的理论视野参考。而前述国内学者在对文明城市创建的理论建构中，提出城市建设治理的"文明论""文明模式"等观点均为"文明范式"城市概念的提出奠定理论基础。因此，一方面，在理论上，文明可以作为观察、理解、指导城市发展的一个框架，文明范式可以为我们提供一个新的理解城市发展的视角和理念。

而另一方面，文明范式的提出也有其强烈的现实需求和实践经验基础。除前述城市文明的中国转向在宏观上为中国城市文明建设的自主性提供了宏观需求背景之外，"文明范式"城市的提出也是面对当前城市发展存在的诸多"不文明"问题，以及对中国几十年的文明城市创建活动经验材料的一种尝试性总结。

首先，满足了应对当前城市发展问题、寻求城市发展新模式的需求。如前所述，世界城市在经历工业革命之后，发生了巨大变化，世界范围内现代化大都市的形成就是这种资本主义主导的工业文明的标志，但这种发展模式带来的以"大城市病"为表征的种种后果，让人们不断反思和寻求适应时代发展的新的城市模式及治理方式，也就是新的城市文明，乃至人类文明。而在百年大变局下，以"人类命运共同体"为代表的非西方文明的崛起不仅在

---

① 吴建永. 马克思恩格斯文明范式的逻辑理路与人类文明新形态 [J]. 北京社会科学，2022 (11)：4-13.

重构全球文明秩序，而且为这一过程提供了更广阔的视野和可借鉴的发展经验。因此，跳出以西方资本主义工业文明为主导的城市发展窠臼，必须解决城市发展范式转变的问题，寻求适宜新发展形势的新的城市发展范式。而"文明范式"就是对这一问题的回答。

其次，当前全球国际关系中，更加强调"文明的对话"或"文明交流互鉴"。当前世界尽管依然存在文明的冲突，但即使对于亨廷顿而言，在面对"文明冲突"引起质疑的辩解中，也表示想通过对文明冲突的分析来提示不同国家或文明体对文明冲突危险性的注意，以促进整个世界的"文明的对话"，避免冲突。① 因此，作为文明载体的城市，承担着文明交流和文明对话的重大功能。在新的国际秩序调整中，基于和平理念和价值观的文明对话和文明交流将成为主流，以"文明范式"为指导的城市发展将更能满足和适应这种需求和趋势。文明交流互鉴等基于人类文明的公共价值将融入城市文明的发展中。文明范式城市将构成全球文明秩序的重要节点，通过城市网络节点，国内本土元素可以接入全球场景，从而推动节点城市从国家文化或文明孕育的生成空间向"全球文明交流互鉴传播平台"转型。第三届"一带一路"国际合作高峰论坛的盛大召开，进一步凸显城市作为文明传播节点的重要性，宁波作为"海上丝绸"之路的始发港及具有的深厚文明底蕴，将会在"一带一路"新的国际合作和文明交流中发挥更大的作用。

最后，基于全国文明城市创建 20 余年的实践探索为"文明范式"城市的提出奠定了丰富的经验性材料。中国实施的全国文明城市创建活动，作为具有中国鲜明特色的城市建设理念和重大举措，深刻改变了中国城市文明的进程，也在事实上形成了中国城市发展治理的文明模式。站在百年大变局的新历史方位，回溯中国文明城市的创建，可以说，文明城市建设是中国经验、中国智慧的体现，是中国城市文明超脱西方资本主义主导的城市文明发展的新探索，无论这种探索的初衷是否是以一种新的范式或理念进行城市建设。这种长达几十年的城市文明实践探索经验不仅在验证"文明范式"城市理念，而且也为全球城市发展提供了可参考的经验事实，成为"文明范式"城市理

---

① 塞缪尔·亨廷顿. 文明的冲突与世界秩序的重建（修订版）[M]. 周琪，等译. 北京：新华出版社，2018：2.

论的基础支撑。

二、"文明范式"城市的理论探思

库恩的范式理论强调了科学发展中的非线性和不确定性，揭示了科学知识的相对性和历史背景的影响。那么如何理阐述"文明范式"城市的理论内涵呢？如前所述，"文明范式"城市既有相对于以往西方工业文明主导城市发展范式的超越，也有基于中国城市文明实践经验和中国式现代化文明自觉自信的自主性生发。因此，这一理论具有鲜明的中国知识色彩，其核心凝聚和体现的是中国文明精神、中国文化智慧。概言之，"文明范式"城市理论具有以下显著特点：

1. 以"文明"为视角和框架认识城市发展

文明是这一范式的核心概念和范畴，这显然不同于以往关于城市发展理念的认识。它是从文明的视角或基于文明的框架去认识城市的发展，以文明的理念分析城市建设面临的问题并指导城市建设，以文明引导和破除现代化城市发展中的"不文明"行为，以文明进行城市国际交流互鉴。因此，全面准确理解"文明"内涵及以何种文明观来引导建设城市发展成为这一范式的底层逻辑。这也是本研究前面花费较多笔墨详细阐述文明内涵的原因。"文明范式"提供的城市发展的文明理念和视野，不同于前述创意城市、包容性城市及韧性城市等理念，它是在更大的一个范畴上城市发展理念或模式的变化，包容上述不同维度的城市发展理念。如这一范式强调文明的多元性和包容性：即在城市规划、建设和社会治理中考虑不同社区、群体的需求，容纳不同文化、价值观和伦理体系的共存。也更注重探索、展现城市文明、文化的内涵和要素，包括文化、道德、伦理、社会价值观及城市规划、社会治理、环境保护、公共服务等内容，以更系统和综合的方式理解城市文明建设。

2. 基于中国文明观下的城市发展理念

"文明范式"城市是基于中国文明观，尤其是新文明观提出的城市发展新范式，它是面对以西方资本主义工业文明主导下的城市发展的"诸多城市病"的形势下，提供具有中国智慧、中国文明理念的城市发展方案，打造具有中国气派、中国风格的中国式现代化城市文明新样态的一种探索。这一文明内涵是复数的文明,"文明范式"发展遵循的文明观是党的二十大和全球文明倡议提出的新文明观,是马克思主义和中国传统文明精神理念有机融合的文明观念。包括高质量发展、共同富裕、物质文明和精神文明协调发展、人与自然和谐以及文明的多样性、文明平等和交流互鉴等。其遵循的根本宗旨和核心理念是"人民中心""人民至上",坚持"人民城市人民建、人民城市为人民"。这种理念或文明观念与西方基于资本和个人主义的文化精神理念有着根本的差异。

3. 基于中国城市发展实践经验的总结

"文明范式"城市理论的提出,不仅建立在对全球城市发展宏观趋势的洞察之上,更深深地扎根于中国几十年来的城市文明建设实践经验。自中国启动全国文明城市创建活动以来,各地城市在实践中积累了丰富的经验,形成了多样化的城市治理模式和文明建设路径。这一过程不仅提升了城市的物质文明水平,也推动了精神文明、生态文明和社会文明的整体进步。通过不断探索与改革,中国城市在解决诸如环境保护、社区治理、公共文化建设、公民素质提升等一系列城市发展问题上,逐步形成了一套具有中国特色的城市发展与管理之道。并深刻地改变了中国城市的面貌和内涵,推动了中国城市文明的快速发展。这些实践经验不仅验证了"文明范式"城市理念的有效性和可行性,也为全球城市发展提供了宝贵的参考和借鉴。

"文明范式"城市理念正是从这些实践经验中挖掘和升华出来,可为全球范围内的城市提供一个全面而综合的发展视角,强调在城市发展过程中文明理念和元素的融入,注重以人为本、高质量可持续发展、社会公正以及文化传承繁荣等。注重将城市建设与人的需求、环境的保护、社会的和谐有机结合起来,推动城市实现经济、社会、文化、生态等多方面的协调发展。

4. 持有全球文明交流互鉴的视野

尽管全球仍存在"文明冲突"和"逆全球化"行为,但文明交流互鉴无疑已经成为推动世界发展的重要动力。作为文明的载体和传播节点,城市在推动全球文明交流互鉴中发挥着不可替代的作用。"一带一路"沿线一些节点城市,如西安、北京、上海、宁波、泉州等城市,无论是在历史上,还是当前阶段,它们在促进城市和国家(区域)文化贸易交往、增进文明理解等方面都发挥着重要作用，成为中国与全球其他文明连接的重要网络节点。因此，城市的"文明交流互鉴"本身已构成城市文明的重要部分，也成为"文明范式"城市理论的重要内容。"文明范式"城市强调以开放、包容、互鉴的态度推动城市文明的发展，尤其是在当前中国提出"全球文明倡议"的背景下。在这一视野下，城市不再是孤立的存在，而是全球文明网络中的重要节点。通过加强城市间的交流与合作，推动不同文明间的对话与互鉴，促进城市自身的繁荣发展，可以为全球文明的进步作出积极贡献。

同时，也注重将全球文明交流互鉴的成果融入城市文明的发展中。通过吸收借鉴其他国家和地区的先进经验和做法，结合自身的实际情况和文化传统，推动城市文明实现创新性发展和提升。这种融合与创新的过程，不仅可以丰富城市文明的内涵和特色，也可以为全球文明的发展注入新的活力和动力。在全球文明秩序重构的过程中，"文明范式"城市致力于在构建人类命运共同体的理念框架下，通过加强城市间的互联互通，开展"文明对话"和凝聚"价值共识"，推动不同文明背景下的城市发展模式创新，实现共同发展和繁荣。中国积极推动"一带一路"倡议等国际合作平台，鼓励沿线国家和地区共享城市文明发展成果，共建和平友好、合作共进的国际城市关系，这也为"文明范式"城市的全球视野提供了实践基础和战略支撑。

综上所述，"文明范式"城市是基于中国文明观和中国城市发展经验的城市发展理论。该理论强调以文明为核心视角和框架来认识和引导城市的发展，是一个更为综合包容的理念，着重于文明发展理念和包容性，更加重视城市文化、文明素养的提升。这一理论根植于中国文明观，来源于中国文明城市发展实践经验，将马克思主义和中国传统文明精神有机融合，强调了人民中心的发展宗旨，以人民的需求和利益为导向，形成了具有中国特色的城市发展和治理模式；强调以"城市"为媒介和节点的全球范围内的文明交流互鉴，及其在传播网络中扮演的重要角色。总之，"文明范式"城市理论是一种具有鲜明中国知识色彩的新的城市发展理念，它为中国乃至全球城市的可持续发展提供了新的思路和方向。在未来的城市发展中，我们应该更加注重文明的传承和创新，推动城市实现全面、协调、可持续的发展，为人类社会文明进步作出贡献。

习近平总书记在文化传承发展座谈会上指出，坚定文化自信的首要任务，就是立足中华民族伟大历史实践和当代实践，用中国道理总结好中国经验，把中国经验提升为中国理论，既不盲从各种教条，也不照搬外国理论，实现精神上的独立自主。①"文明范式"城市理论即是对这一"首要任务"的落实和理念遵循，期望能够助推中国城市文明自主知识体系建设，并把文化自信和中华文明特性更好地融入现代城市精神和文明品格中，涵养市民昂扬向上的风貌和理性平和的心态。

需要注意的是，"文明范式"城市理论是基于当前中国城市发展和中国式现代化文明新形态探索的一种理论性总结和提炼，是基于宁波市全国文明城市创建及长期城市文明建设实践进行的理论性思考。对其相关概念、范畴及主体框架内容等的阐述还非常不完善，是一种初步理论探索。距离真正能够成为或称之为一种"理论"，仍需大量的探索思考和实践验证。限于篇幅及本研究所面对的实际问题，对此不再进一步阐述。

第三节 "文明范式"视野中的文明典范之都

文明典范之都是宁波提出的一个很有张力的城市建设定位，从城市建设的"文明范式"看，文明典范之都就是"文明范式"城市的现实实践。相较于一般"文明城市"建设，文明典范之都更能体现"文明范式"城市建设的理念，更能充分表达新范式的内涵。"文明典范之都"作为宁波城市发展的新定位，一方面基于宁波"六连冠"文明城市创建的基础，是在全国文明城市创建基础上"个体"的升华；另一方面，也是对建设中国式现代化文明新样态的具体实践探索，表达的是一个城市在新的历史方位中对自身角色的一种新的更高的认识。"文明典范之都"与"文明城市"既有联系又有区别。

一、文明典范之都与文明城市

"文明典范之都"与"文明城市"在本质内涵上是共通的，都是基于文

---

① 习近平. 在文化传承发展座谈会上的讲话 [J]. 求是，2023（17）：1-7.

明理念对城市的建设，以及对城市文明发展的自觉追求。两者在实际的建设和推动中主要内容具有一致性，均聚焦精神文明和物质文明的协调发展，包含文化、经济、生态、治理等方面。文明典范之都是文明城市建设的进一步推进和升级。

但二者又有明显的不同。第一，二者的定位目标不同。文明城市是作为精神文明创建活动的国家性工程，以及物质文明与精神文明两个文明协调发展落实的实践载体，已成为中国城市文明建设的制度性安排。而文明典范之都则是宁波在文明城市基础上，基于新发展阶段对城市发展或城市文明提出的新的定位和目标。从"文明"到"文明典范"，从"城市"到"之都"都表征了一个城市发展更高地并具有个性化、内涵化的追求。"典范"表达的是可作为学习、仿效或崇拜的榜样，模仿的典型人或事物，这些人或事物具有很高的价值、标准或道德水平。而"都"一般指大都市、都会，通都大邑，一个国家的首都、国都或以盛产某种东西而闻名的具有中心性、代表性的城市。因此，相对于文明城市，"文明典范之都"是对城市文明的更高追求。简言之，即是在城市文明方面建成具有榜样、标杆性质的城市，可以为其他城市提供学习、仿效，乃至标准。

第二，两者面向不同。文明城市作为社会主义精神文明建设的一种制度性安排，主要是面向国内城市发展综合水平或城市文明发展的评比，它对应的是社会主义精神文明建设下精神文明创建活动的重要形式，也是落实物质文明和精神文明协调发展的一种重要举措，具有明确的政治导向和目标。因此，官方将创建文明城市活动称作精神文明创建的龙头工程，及保证中国特色社会主义城市化进程顺利推进的重要途径。

而文明典范之都，作为宁波市城市文明发展提出的个性化目标，则具有更广阔的视野、包容性和灵活性。作为"现代化国际滨海大都市"的重要支撑性目标，它是面向世界、面向全球的一个城市定位，更多的是从城市文明发展层面去讲。比如，文明典范之都建设不仅需要强调城市文化、市民文明素养等文明城市建设的相关内容，还要强调宁波城市文化的国际传播和文明交流互鉴；在强调现代城市文明或文化发展的同时，还注重历史文明演进脉络及在当代的转化。因此，对宁波文明典范之都的建设必须从全球城市文明发展演进的视角来认识，将文明典范之都建设作为全球文明倡议、承载东方文明新形态的城市文明兴起的新范例去思考和建设。

第三，两者相互支撑。在城市文明建设上，"文明城市"是宁波建设文明典范之都的基础，是宁波在中国式现代化背景下提出文明典范之都建设目标、打造城市发展市域样板的底气。而文明典范之都对宁波而言是"文明城市"的升华，也是打造更高城市文明的标志。它是在文明城市创建及已有城市整体发展基础上，落实党的二十大文明新理念，融入习近平文化思想，面向全球打造的中国式现代化的城市文明新样态。换言之，文明典范之都是集中凝聚了中国式现代化文明新样态的"文明城市"和"城市文明"样本。

因此，"文明典范之都"的概念构成，便显示了一种更具视野和想象力的城市文明发展追求。但要达到这种标准，从文明及城市发展等理论来看，作为"文明典范"之"都"，它不仅应具有深厚的历史底蕴，还应具有先进的现代文明；不仅应具有国际的文明交流互鉴，还应具有地方自身的文明化特征。文明典范之都是在时空要素多方面都具有一定典范性或特点的城市文明，在时间维度上体现为历史与现代的传承发展，在空间维度上体现为全球与地方的互动关系。概言之，文明典范之都必须在历史文明、现代文明、地方文明以及国际文明（对外文明交流互鉴）上具有显著的典型性和示范性。

总之，文明典范之都比文明城市具有更大视野。它是面向全球文明和全球城市，是将宁波城市文明作为展示中华文明的新"窗口"和人类文明新样态来认识。因此，其指标在强调历史、地方的同时，更具有开放性、国际性、现代性。而全国文明城市主要面向国内，具有更强的政治性、地方性，指标侧重城市内部治理的现代化，而对历史、国际，甚至地方文明化特色强调不突出。因此，两者在视野、内容、目标上不同，前者囊括后者，后者是前者的基础支撑。

二、作为"文明范式"城市的典型实践

从宁波文明典范之都建设以及全国文明城市创建实践经验，我们提炼出"文明范式"城市这一个理论概念。反过来，当我们以"文明范式"城市理念去观照和思考文明典范之都建设时，意味着，文明典范之都建设实际已成为"文明范式"城市理念的典型实践样本。因此，在"文明范式"城市视野中，它实际是对宁波城市发展进行一种新的思考和探索，是将"文明"作为

城市发展的一种新框架，而不仅仅是以往对城市发展中"文明"方面的强调。在此，文明是城市发展的核心或最高价值原则，融入城市发展的顶层设计，成为市民个体层面日常行为的价值规范。

这一"框架"是将"文明"的内涵和力量充分融入城市发展的各个领域，引领推动城市发展，塑造内涵性的城市魅力。其终极关怀不仅仅是成就城市经济文化和创建城市制度，而是以城市为空间实现和满足城市居民更好的生存和发展权利，实现城市文明与市民权利的良性互动。同时，以"文明"为公共议题和话语，与国际进行交流对话，并在这一过程中，通过不同城市地方知识在国际场域的互动沟通，构建出具体的国际不同城市之间的公共价值原则和议题，从而实现新文明观在城市文明建设中的真正融入。

因此，文明典范之都建设更宏大的目标是打造全球具有中国气派的"文明范式"城市，树立城市发展的新样态、新标杆，在历史、现代、全球、地方等不同维度上体现出城市文明的典范和特色。

| 第四章 |

"文明范式"城市评价指标建构

| 第 | 一 | 节 |
城市发展主要评价指标

对城市发展的量化评价，一直是城市发展研究的一个重要问题，目前国内外已存在多个从不同角度进行城市评价的指标体系，这些指标有的是对城市全面评估的综合性指标，有的则是从某一方面对城市进行评价的单向指标，这些指标体系在不同程度上满足当前在区域、国家及全球层面对城市发展的需要。

一、国际性城市评价指标体系

目前，综合性的有国际影响力的城市评价指标体系已有多个，以下列举部分具有代表性的指标体系。

一是由英国的研究机构全球化与世界城市研究网络（GaWC）编制的全球城市分级排名——《世界城市名册》（The World According to GaWC），自 2000 年起不定期发布。该报告用金融、法律、咨询管理、广告和会计五大"高级生产者服务业机构"在世界各大城市中的办公网络分布为指标。

二是由日本的研究机构森纪念财团城市战略研究所发布的《全球城市实力指数》（Global Power City Index，简称 GPCI 指数）报告，自 2008 年以来每年发布一次。该指数评价指标体系分为 6 个一级指标，26 个二级指标，70 个三级指标。

三是由美国的科尔尼咨询公司（A. T. Kearney）发布的《全球城市指数报告》（Global Cities Index，简称 GCI），自 2008 年开始发布。2015 年，该报告增加了"全球潜力城市指数"，包括《全球城市综合排名》和《全球城市潜力排名》两部分。前者主要是通过衡量五个维度的 27 个指标的得分值，进而评价各城市的当期表现，其应用范围更广些，通常所说的《全球城市指数报告》排名往往是指《全球城市综合排名》。后者是《全球城市潜力排名》，选取全球新兴城市，从商业活动、人的幸福感、创造力、政治事务四个方面，评估其当前表现和未来的发展潜力。

其他从不同维度对城市进行评价的指标体系还包括：《全球创新城市指数》，及由中国社会科学院、联合国人居署联合发布的《全球城市竞争力报告》，经济学人智库的《全球宜居城市评价指标》，全球城市实验室的《全球城市 500 强》，美国洛克菲勒基金会的《韧性城市研究框架》等，详见表 4-1。

表 4-1　部分国际城市评价指标和框架

	评价指标体系	发布机构	主要内容
1	世界城市名册（IHGWC）	全球化与世界级城市研究网络（GaWC）	对全球化与世界城市进行排名和分类，反映城市在全球网络中的连通性和影响力
2	全球城市实力指数（GPCI 指数）	日本森纪念财团城市战略研究所	评估全球主要城市在经济、研发、文化交流、居住、环境和可达性等方面的综合实力
3	全球城市指数（GCI）	美国科尔尼咨询公司（A. T. Kearney）	评估城市的商业活动、人力资本、信息交流、文化体验和政治参与等，衡量城市发展现状和发展前景
4	全球创新城市指数	澳大利亚 2thinknow	衡量城市在创新领域的表现，如科技创新、制度创新、文化创新等
5	全球城市竞争力报告	中国社会科学院、联合国人居署	综合评估全球城市的竞争力，包括经济、社会、环境、治理等多个维度
6	全球宜居城市评价指标	经济学人智库	评估城市的宜居性，包括稳定性、医疗保健、文化和环境、教育、基础设施等方面
7	全球城市 500 强	全球城市实验室（Global City Lab）	基于品牌价值评估全球 500 个城市，反映城市在品牌建设和城市发展中的综合实力

续表

	评价指标体系	发布机构	主要内容
8	韧性城市研究框架	美国洛克菲勒基金会	提供评估城市韧性的框架和方法，指导城市应对各种挑战和危机
9	老年友好城市框架	世界卫生组织（WHO）	评估城市对老年人的友好程度，包括公共服务、住房、交通、社会参与等方面
10	儿童友好城市评价指标体系	联合国儿童基金会（UNICEF）和联合国人居署	评估城市对儿童的友好程度，关注儿童的教育、健康、安全、娱乐等需求
11	2030年可持续发展议程	联合国可持续发展目标（SDGs）	提出17个可持续发展目标，指导全球城市在环境、经济和社会方面的可持续发展
12	全球城市监测框架（UMF）	联合国人居署	提供监测和评估全球城市发展的框架和方法，关注城市的经济、社会和环境表现
13	新城市议程	联合国人居署	为全球城市发展提供指导和建议，促进城市可持续、包容和繁荣

二、国内部分城市评价指标体系

国内出于对城市发展的不同目标需求，也研发了一些城市发展的评价体系，有综合性的，如全国文明城市测评指标体系，也有单向类指标，主要针对城市发展某一方面的评价，如历史文化名城、旅游城市、生态城市、城市国际传播影响力指数等。

《上海指数》：由同济大学与联合国人居署及多国专家学者共同研发。其基于联合国人居署全球城市监测框架（UMF）构建，综合运用定量和定性研究方法，以"以人为本"的方式评估全球城市的可持续发展的进步水平。该指数包括47个核心指标，既关注城市人口、医疗、教育、就业、交通、贸易、能耗等城市发展中的"硬"指标，也关注民众对城市管理的参与意愿、民众对城市治理的满意度等"软指标"。

《全球城市吸引力指标体系》：上海市研发公共服务平台发布，是一个综合性的评估工具，它涵盖了多个关键方面来全面衡量全球城市的吸引力。包括经济实力，如经济规模、增长速度和产业结构；科技创新表现，如科研投入、创新能力和科技产出；人才吸引力，如城市的教育资源、人才政策和生活环境等方面；文化魅力和宜居环境，城市的历史文化底蕴、文化活动和设施以及居住条件、公共服务设施和生态环境等；以国际影响力、国际地位、国际交流和合作情况来展现城市的全球竞争力。

在全球城市竞争力方面，上海发展战略研究所课题组把城市在全球化竞争中需要具备的能力总结为：全球城市吸引力、全球城市创造力和全球城市竞争力。其中，全球城市吸引力是指"在文化积淀、制度氛围、宜居环境以及可预期的增长前景等软硬实力共同作用结果下，形成的对全球资本、信息、人才等各种优质资源的吸附和集聚能力"。全球城市创造力是指"依托其高度发达的综合创新体系，优化乃至变革资源配置方式，产生前沿性、颠覆性的新思想、新事物，进而引领全球政治经济科技文化的时代潮流的能力"。全球城市竞争力是指"将自身经济、产业、创新、文化和治理的发展成效扩散和辐射至全球城市网络，提升整个全球城市网络的发展能级，在此基础上进一步提高自身在全球城市网络中的节点地位和管控功能，同时带动其他各等级节点城市发展的能力"。[①] 因此，在这种背景下，城市的"文明"程度不仅关乎市民的生活福祉，还影响到城市能否在激烈的全球竞争中占有一席之地，避免在世界金融、人才、信息流动的网络中被边缘化。

上海发展战略研究所的研究报告指出，伴随全球经济向"全球创新网络"的升级，全球城市竞争力的评估体系也正在发生变化，评估指标逐渐从经济向科技创新、自然生态、社会环境等多角度拓展。[②] 目前，评价一个城市在全球城市网络中的中心地位的指标主要有三个，包括衡量城市的全球资源配置能力的"世界城市分类"和"创新城市指数"，以及衡量全球城市连通性的"国际交往中心城市指数"。其中"世界城市分类"在前文中已有介绍，此处不再详述。创新城市指数根据以下三个因素对城市进行创新能力评分：文化资产（如设计师、美术馆、体育、博物馆、舞蹈、自然等）、人力基础设施（如交通、大学、商业、风险投资、办公空间、政府、技术等）、网络化市场（地点、技术、军事、相关实体的经济等）。这三个因素也可以理解为衡量创新过程中的文

① 上海发展战略研究所课题组，周振华. 增强上海全球城市吸引力、创造力和竞争力研究 [J].
科学发展，2018（7）：26-37.
② 上海发展战略研究所. 上海发展战略研究所丨谋划"十四五"④全球城市创新战略剖析
[EB/OL].（2019-11-26）[2023-07-28]. https://www.thepaper.cn/newsDetail_forward_5062949.

化和环境条件。即创意产生、创意实施以及最后与他人的沟通。"创新城市指数"每年基于 162 个指标来构建年度创新城市指数排名。指标包括建筑分层、装饰特色、绿色建筑、历史、社区、创新传统、垂直发展、步行城市。[①]

清华大学中国发展规划研究院和德勤中国国际交往中心研究院发布的"国际交往中心城市指数",是世界首个基于城市全球连通性对城市进行评级的指数。其中,"国际交往中心城市"是指"具备联通和服务世界功能、能够集聚国际高端要素、在全球事务中发挥重要影响的全球性或区域性城市,是国际交往动态网络中的关键性节点和枢纽性平台"。[②] 国际交往中心城市通常表现出的特征包括:较强的国际政治影响力、较为发达的经济、良好的世界声誉和极具影响力的城市品牌、优越的自然生态、良好的城市治安、特色鲜明和开放包容的城市文化、国际化的市政基础设施和城市运行管理体系、国际水准的科研机构和世界一流的科技人才、联通国际的交通网络和物流体系、符合国际规则的制度体系和社会规范、开放的政府管理架构和稳定的发展环境。

上述国内外城市不同评价指标为城市发展和比较提供了重要的指导依据,同时也显示城市发展的重要元素和趋势,这些均为本研究"文明范式"城市评价指标体系的制定,提供了重要参考。

第二节
"文明范式"城市指标建构

"文明范式"城市作为体现中国城市文明发展特色的一种理论探索,在具体的落实中还需进一步对其理念进行操作化的界定和设计,这也是推进宁波文明典范之都建设的需要。

如前所述,"文明范式"城市是以文明为核心,基于文明的框架去认识城

---

① 2thinknow. 162 Indicators 2thinknow [EB/OL]. (2009-01-08) [2023-07-31]. https://innovation-cities.com/city-indicators-indicateurs-indicadors-indicatores-indikators-kpis/6365/.

② 德勤中国. 国际交往中心城市指数 2022 [EB/OL]. (2023-03-15) [2023-07-28]. https://www2.deloitte.com/content/dam/Deloitte/cn/Documents/public-sector/deloitte-cn-ps-international-communication-center-city-index-2022-zh-230315.pdf.

市的发展，对文明如何认识和拥有什么样的文明观，决定着对"文明范式"城市的理解和建设。但从理论到实践，还需要进行操作化，定义落实这一理论所体现的理念和精神。"文明范式"城市，所遵循的是党的二十大和全球文明倡议所包含的新文明观，需要以党的二十大精神或体现中国式现代化文明发展观为指导。

因此，我们认为"文明范式"城市中"文明"的核心理念体现在二十大报告中对中国式现代化的阐释，呼应中国式现代化的本质要求。由是，对"文明范式"城市建设在总体上遵循的一个根本性的价值导向原则是：以人民为中心或者人民至上，充分体现"人民城市人民建，人民城市为人民"城市建设文明理念；"文明范式"城市建设还需遵循四个基本的文明发展维度：共同富裕、物质文明和精神文明相协调、人与自然的和谐共生以及国际文明交流互鉴。这四个方面构成"文明范式"城市建设的主体框架。四个方面能够体现"以人为本"的城市人文精神，与"人民中心"和"人民城市人民建，人民城市为人民"的理念，形成呼应，共同构建城市的全面协调发展格局。当然，其具体指标还需要再进行细化。上述内容可以简单概括为"一心四维"，其中，"一心"指人民中心，四维指共同富裕、物质文明和精神文明相协调、人与自然的和谐共生以及国际文明交流互鉴。这一模型，构成对"文明范式"城市可操作化理解的基本维度。

从宁波打造全国文明典范之都的地方实践来看，能够称之为"文明典范"，它不仅应具有深厚的历史底蕴，还应具有先进的现代文明；不仅应具有较高水平的国际文明交流互鉴，还应具有显著的地方自身的文明化特征。因此，"文明典范之都"也是基于时空要素的具有典型性的城市文明。它包括在时间维度上历史与现代的传承发展，在空间维度上全球与地方的互动关系。因此，文明典范之都包括四个方面：历史文明：历史文脉底蕴、文明起源及遗产保护及转化等；现代文明：涉及经济、社会、生态、治理等现代文明要素，以社会主义先进文化为引领，文明典范城市建设为主要体现；国际文明：国际文明交流互鉴，文明的影响与吸收；地方文明：地方自身文明化过程主要特色，包括区域特色人文景观、生活方式及信仰等。这四个方面相互交叉影响，良性循环，形成示范引领，带动城市发展。宁波在四个方面均具有良好的基础和优势，这也是宁波能够作为"文明范式"城市典型样态的条件。

基于上述两个方面的考虑，我们对"文明范式"城市评价指标进行设计建构。其中包括4个一级指标、14个二级指标、86个三级指标，将中国式现代化的新文明形态内涵和区域城市文明的历史—现代、国际—地方等方面结合起来，多维度凸显城市文明发展（见表4-2）。

需要说明的是，尽管"文明范式"城市在理论上是面向全球城市，其评价指标在理论上应该适用于全球城市文明的评价，"一心四维"的基本框架也具有全球普遍性价值。但事实上，因不同文明、国家和城市的文化及具体发展指标差异，做到这一点绝非易事，不仅需要遴选更为具体的全球化指标，而且在数据获取上也不易，非本研究所能解决。因此，目前这一指标体系的设置，主要基于中国城市文明和发展指标数据考虑。同时，也参考全国文明城市创建测评指标体系，但相对简化，更注重基于文明本身内涵的指标框架，以示区别。在本研究中，这一指标框架也作为对宁波文明典范之都建设现状评价的重要依据。

表4-2 "文明范式"城市评价指标体系

一级指标	二级指标	三级指标
共同富裕	物质共富	人均可支配收入
		人均可支配收入占人均地区生产总值比重
		地区人均可支配收入最高最低倍差
		地区人均地区生产总值最高最低倍差
		城乡居民收入倍差
	精神共富	全国最具幸福感城市排名
		每万人拥有公共文化设施面积
		公共图书馆人均藏书量
		博物馆年参观人数
		全民阅读率
		县级以上公共文化场馆移动端服务覆盖率
		获国家级文化精品奖项数
		人均或家庭教育经费支出
		公共文化设施投入资金或公共文化投入资金占比
		双一流大学/专业数量

续表

一级指标	二级指标	三级指标
物质文明与精神文明相协调	高质量发展	地区生产总值增速
		人均地区生产总值
		全社会研发支出占地区生产总值比重
		现代服务业占服务业比重
		全国企业 500 强数量
		战略性新兴产业占地区生产总值比重
		高技术制造业增加值占工业增加值比重
		城市营商环境指数
	文化自信繁荣	鲜明的地方特色文化或文脉
		革命纪念馆、红色文化传承基地数
		中国传统村落数量
		省级以上中华老字号数量
		中国驰名商标数量
		旅游业增加值占地区生产总值比重
		规模以上数字文化产业总产值
		文化产业增加值占地区生产总值比重
		国家文化与科技融合示范基地数量
		红色旅游融合发展示范区（家）数量
		居民教育娱乐文化消费占总消费支出比重
		国家 4A 级以上旅游景区数量
		具有史前人类文明起源遗迹的发掘
		国家级历史街区数量
		历史建筑数量
		各级文保单位数量
		具有历史文化名城或名都称号
	文明素养培育	全国文明单位数量
		全国文明城市称号
		有志愿服务时间记录的志愿者人数占注册志愿者总人数的比例
		严重失信企业占注册商事主体的比例
		严重失信个人占常住人口的比例
		市民文明素养评价得分
		全国道德模范及提名奖获得者人数

续表

一级指标	二级指标	三级指标
物质文明与精神文明相协调	社会保障安全	基本医疗保险参保率
		基本养老保险参保率
		每千人老年人口养老床位数
		每万常住人口全科医生人数
		省对市食品安全评议连续三年考核评级
		每万人刑事案件发案率
	依法治国	重大公共安全事故发生数
		每万人拥有律师数
		每万人持证社会工作专业人才数
		城市道路无障碍设施建设率
	政府廉效	政府工作满意度
		公民个人事项"一证通办"率
		依申请政务服务办件"一网通办"率
		是否形成健全的重大政策事前事后评估制度
人与自然和谐	绿色发展	出租、公交车绿色动力系统车辆占比
		单位地区生产总值能耗或二氧化碳排放量下降率
		城市建成区绿色出行比例
	环境污染防治	全年空气质量优良天数比例
		城市市辖区水质优良比例
		生活垃圾资源化利用率
		建成区绿化覆盖率
		人均公园绿地面积
文明交流互鉴	国际贸易	航空港货邮吞吐量
		跨国公司总部和分部数
		实际利用外资水平
		海关进出口贸易总额
		国家级对外文化贸易基地数
		对外文化贸易总额
	文化交流	举办国际会议（展览、活动）数量
		国际友好城市数量
		国际访客人数/境外旅游人数
		是否是"一带一路"沿线节点城市

续表

一级指标	二级指标	三级指标
文明交流互鉴	国际传播	主要外媒媒体报道量
		海外搜索引擎 Google 影响力
		国际社交媒体 Twitter、Facebook、Youtube 关注度
		城市国际/对外传播机构设置数
		获得世界建筑奖项数
		世界 500 强企业在地设置企业数
		国际会展中心数

| 第五章 |

宁波文明典范之都建设的地方历史文明基础

第 一 节
"文化自觉"与宁波地方历史文明

一、"文化自觉"：为何要梳理地方历史文明

文明之河是流动的，既因应时代情境而变动不居，也有其历史积淀，并参与型塑其未来。梳理华夏文明史，从几千年的乡土社会走向工业社会和信息社会，许多代人生活在较为连续的历史继承性里。而历史既有继承，也有变化，尤其近代以来，中国遭遇"几千年未有之变局"，且现代工业社会正在技术力量的支持下出现了加速变化。① 面对人类星球日益卷入全球化浪潮，既包括经济、技术的全球一体化，还包括文化的全球化，需要思考究竟地方文明的走向如何，人在这其中，作为重要的行动者，又起到何种作用。当下文明典范之都的建设，其理念之一即是对于文明的承继与创新构建。即如社会学者费孝通对文化展开历史性和社会性的思考，并提出："文化如果不为社会所接受就很难保留下来。"其为此提出"文化自觉"，指的是："生活在一定文化中的人对其文化有'自知之明'，明白它的来历，形成的过程，在生活各方面起的作用，也就是它们的意义和所受其他文化的影响及其发展的方

---

① 罗萨. 加速：现代社会中时间结构的改变 [M]. 董璐，译. 北京：北京大学出版社，2015.

向。"① 文化自觉不仅仅是对于传统和现在多元文化知识的数量积累,还是一种面向未来的意识与智慧,② 其意义在于当人类行动者对传统和当下多元文化现状深刻反思,有了"自知之明"之后,能够加强文化转型的自主能力,取得决定适应新环境、新时代之文化选择的自主地位。③

费孝通曾用数学修辞方式给文化自觉绘制一个时空坐标轴,横轴是多元文化的对话、比较与理解,获得高度的文化自觉,从而消除文化之间的误解和偏见,进而达到多元文化的和谐相处、"美美与共"之文化宽容境界;纵轴则是从传统与现在创造性的结合中去创造未来。④ "文化自觉是一个艰巨的过程,首先要认识自己的文化,理解所接触到的多种文化,才有条件在当今多元文化的世界里确立自己的位置,经过自主的适应,和其他文化一起,取长补短,建立一个有共同认可的基本秩序和一套与各种文化能和平共处、各抒所长、联手发展的共处条件。"⑤ 其谈认识"从实求知",认识乡土文化即是为了改造它,以推陈出新。⑥中西文化的相遇,也启发对中国文化能够有更深入的理解,"一方面要承认我们中国文化里边有好东西,进一步用现代科学的方法研究我们的历史,以完成我们'文化自觉'的使命,努力创造现代的中华文化。另一方面了解和认识这世界上其他人的文化,学会解决处理文化接触的问题,为全人类的明天作出贡献。"⑦

正如学者范可评价的,费孝通提出的"文化自觉"理念是全球化语境下日益多元的世界所需要的相处之道,其没有将地球视作是权力角逐的多极世界,而是将之视作人们共同生活的生境。⑧ 并且该理念还倡导一种文明的历史与发展视野,文化自觉要放在历史时空中,明晰其来历、形成过程、特点和发展趋势。这时空坐标轴也是宁波文明典范之都之构建可包含和指向的,基于此而在当前全球化背景下形成指向未来发展的文化自觉,对宁波城市文明在中国乃至全球多元文化中的位置,及其与其他文明之间的关系有更为清醒

---

① 费孝通. 反思·对话·文化自觉 [J]. 北京大学学报 (哲学社会科学版), 1997 (3): 15-22, 158.

②④ 蔡后奇, 洪晓楠. 文化自觉的主体性维度——对文化自觉"时间轴"的哲学反思 [J]. 学术研究, 2014 (3): 18-25.

③⑥⑦ 费孝通. 关于"文化自觉"的一些自白 [J]. 学术研究, 2003 (7): 5-9.

⑤ 费孝通. 对文化的历史性和社会性的思考 [J]. 思想战线, 2004 (2): 1-6.

⑧ 范可. 全球化语境下的文化认同与文化自觉 [J]. 世界民族, 2008 (2): 1-8.

的定位。

追溯宁波的发展史，可将其特点概括为"大起大落，生生不息"，"大起大落"者是一个地方城市的历史命运，而"生生不息"则是几千年来宁波城市精神之体现。在中国城市地图中，宁波作为因港而起、因商而兴的沿海港口城市，以目前考古发现来看，8000 余年前就形成了早期人类文明，兼具海洋文明与农业文明特色；秦王朝时建郡县，迄今 2200 余年，唐玄宗时合而为明州，以之为通海港口，迄今 1200 余年。① 其在宋元时期借助海上贸易而成为国际大都会，发展至鼎盛，明清时期因为王朝"海禁"和封闭政策等而衰退并转型；近代中国重新对外开放后，宁波因受邻近城市上海之崛起的影响，在近代化道路上蹒跚而行，但也形成了其独具特色的宁波帮，为一些城市的发展贡献了重要力量；改革开放后又焕发活力进入新的高速发展期。② 宁波改革开放后的城市发展相应于中国现代城市化的加速发展历程，一方面在高速创造和共享财富，另一方面也在加速扩展性发展中出现了人与自然、人与人关系相关的诸多问题，面临着愈趋严重的资源约束、空气污染、交通拥堵、人口增长、公共空间缺失等挑战。反思现代化进程给人类与环境带来的负面影响，中国正着力于推进城市的可持续发展。③ 其中，中国自 20 世纪八十年代开启的文明城市建设可谓回应当代城市发展的问题与目标指向，探索一种中国特色的可持续城市化新模式。其是以建设文明和谐的社会环境为导向，推进社会经济可持续发展的城市治理新模式，④ 是一个涉及政治、经济、文化、教育、科技、环境等维度的综合概念。⑤ 在整体上，城市文明包含了多维度，如城市的空间文明（具有一定区域规模、人口、经济规模等，同时统筹城乡发展）、形态文明（市民对城市具有一种感官上的认知度和心理感受度）、功能文明（城市可满足人民居住、生活、工作、娱乐等方面的需求）以及素质文明（居民整体综合素质高、社会关系和谐）的考量，追求"城市，让生

① 徐季子. 联结历史文化和现代文明的精神桥梁——《宁波通史》首发式上的发言摘要［J］. 宁波通讯，2010，294（2）：34-35.

② 王瑞成，孔伟. 宁波城市史［M］. 宁波：宁波出版社，2010：1-2.

③ 鲍宗豪. 可持续城市化问题研究［J］. 求是学刊，2006（4）：50-51.

④ 逯进，赵亚楠，苏妍. "文明城市"评选与环境污染治理：一项准自然实验［J］. 财经研究，2020，46（4）：109-124.

⑤ 鲍宗豪. 文明城市论［J］. 河北学刊，2005（4）：5-11.

活更美好"的愿景。①

　　文明创建是一个随时代发展而永无止境的过程，对照理想要求且因应不同阶段情境，文明城市创建任重道远。且城市发展各有其地方与时代境遇，城市文明建设需要基于现在与未来，并回望过去，从历史脉络中找到城市文明之基因，于文化自觉中传承历史文明，培植文化优势，探索宁波特色文化发展之路。为此，本部分致力于梳理宁波的历史文明，从中提炼出文明发展的核心基因与关系机制，以期达成对宁波地方文化的高度自觉，为宁波探索全国文明典范之都的建设提供一些思想线索。

二、时空坐标轴：宁波地方历史文明脉络概述

　　从社会学之行动者网络理论来看社会与文明之形成，物质与精神文化等因素互相连接成网络，又互相影响，参与整个文明的形成发展。自然界是文化实践与发展之土壤，人文地理学的研究显示，"文化与环境的关系是双向同构的关系"，其中地理环境作为形成人类文化复杂关系网络中的重要成分，是人类从事生产的空间和物质——能量前提，② 也是人类日常休闲生活的物质框架和基础，由此地理环境为地域文化类型的构建奠定了物质基础，"邦邑繁落之形成，虽曰人为之要，其所以形成风俗习趋之种种，无不系于地理。知其地之为地，而后地上之一切文明物质举得明其展向之迹"③。有研究者对此的描述颇为生动，"地理环境是文化创造的自然基础，如果把各民族、各国度有声有色的文化表现比喻为一幕接一幕的悲喜剧，那么，这些民族、国度所处的地理环境便是这些戏剧得以演出的舞台与背景。"④ 物质生产方式与生活方式、行为方式、视野交织互构，并一定程度上影响人们的心理素质与性格特征。冯天瑜的研究显示，大河—农业文明之稳定持重，与江河灌溉形成居民稳定的农耕生活有关，海洋—商业文明之外向开拓精神，则是与陆上资生环

---

　　① 鲍宗豪. 文明城市：一种中国特色的可持续城市化新模式 [J]. 马克思主义研究，2011（3）：5-16，159.

　　② 曹诗图. 文化与地理环境 [J]. 人文地理，1994（2）：49-53.

　　③ 转引自王镇宇. 家族与地域之间：宋明之际四明丰氏家族研究 [D]. 上海：华东师范大学，2015：12.

　　④ 冯天瑜，何晓明，周积明. 中华文化史 [M]. 上海：上海人民出版社，1990：20.

境的不足，以及大海为人们的流动生活提供条件有关。还有心理学家研究提出，生活在平川的人机警，住在海边的人坦荡。① 对于宁波历史文明的分析，由此也需把握行动者网络，找到其所处的地理人文时空坐标轴。

宁波位于太平洋西岸之中国海岸线中段，处南北航路之要冲位置，其靠山面海，陆域平坦，三江环抱，土地肥沃，气候宜人，自然条件较好，在农耕经济发育较早的基础上，发展了海洋文化。根据井头山遗址、河姆渡遗址等的考古发现，宁波元祖早在 8000 余年前就已生活于四明大地上。其中，"距今约 8000 年的余姚井头山遗址，是已知我国沿海地区埋深最大的一处遗址，不仅填补浙江之前没有贝丘遗址的空白，而且突破以往对我国沿海地区史前遗址时空框架及其分布规律的认识，典型反映全新世早中期环境变迁与中国古海岸线人类活动起源、发展的明确过程，为全新世早中期海岸环境和海平面上升过程树立精确的时空坐标。"② 其与河姆渡遗址等一起证明宁波是人类文明的重要发祥地，且显示出宁波文明发展的独特性——基于地理环境形成了海洋渔猎经济与农业经济的混合并存，包容了海洋文明与大陆农业文明。

河姆渡文化考古显示，宁波沿海先民早在 7000 年前便能在饮食上充分利用自然生态环境，种植水稻、采集植物果实，并改变单纯依靠自然的状况，通过农业、畜牧业、渔业等的发展，有了相对稳定的食物来源。当时原始农业已进入耜耕生产阶段，发展出以取食为主要内容的综合性经济，农业、畜牧业有一定程度的发展，先民过着较为稳定的定居生活，手工艺方面，木器、陶器、纺织工具等得到较广泛使用。渔业与航海方面，百越先民的航海活动非常活跃，留下的大量文物史迹显示，其从近海航渡到远洋航行。③

秦王朝时建郡县，迄今 2200 余年，唐玄宗时合而为明州，以之为通海港口，迄今 1200 余年。④ 唐玄宗时建明州，并设市舶司于此，经营对外贸易并管外事，这是中国开始对外贸易的始发点之一。在古代"海上丝绸之路"中，

---

① 曹诗图. 文化与地理环境 [J]. 人文地理, 1994（2）: 49-53.

② 方其军. 从渔猎文明向农耕文明过渡　余姚井头山遗址发掘始末 [J]. 宁波通讯, 2020（12）: 62-65.

③ 吴春明. 中国东南与太平洋的史前交通工具 [J]. 南方文物, 2008（2）: 99-108.

④ 徐季子. 联结历史文化和现代文明的精神桥梁——《宁波通史》首发式上的发言摘要 [J]. 宁波通讯, 2010, 294（2）: 34-35.

宁波占据重要历史地位。"海上丝绸之路"泛指东西方通过海洋进行贸易活动的通道。主要泛指亚欧两洲进行贸易的海洋通道，宁波、杭州等港口通往日本、高丽等国的航道，是其不可分割的组成部分。

综合"海上丝绸之路"整体情况、宁波地区东汉晚期造船业、航海技术和丝绸纺织业水平和现存文物遗迹等方面情况，宁波"海上丝绸之路"兴起于东汉晚期至东吴赤乌时代，形成于唐显庆年间。当时鄞县港已成为国际性港口，可视为宁波"海上丝绸之路"形成的主要标志。唐代开元二十六年（738）建立明州、长庆元年（821）州治迁置三江口，建成港口城市明州城且发展成为名港，则是宁波"海上丝绸之路"形成后进一步发展的历史必然。①

宋元以来，华夏文明出现了朝向海洋发展的转向，重视且鼓励海外贸易。宋时原设两浙市舶务于杭州，后移至明州，当时日本、高丽等地来中国从事商务活动都由"市舶务"管理；元改明州为庆元府，仍将其作为海上贸易的重要港口，其商业市场跨出东亚大陆舞台，控制了东南中国海，朝向大洋发展。当时在造船、航海技术、海域范围、航海经验等方面都要比同时代的欧洲先进、丰富。②

明朝因多种原因实行了"海禁"政策，影响到海洋商贸的发展。直接动因是边疆与海疆问题日益严重，明朝初年，因倭寇屡屡侵扰我国东南沿海，洪武二年（1369）明太祖下令禁止国人通藩下海，对外实行朝贡贸易。到了明代中叶，因日本内部因为争夺对明朝的朝贡贸易权导致争斗，发生争贡事件，影响沿海安宁，嘉靖时下令封闭港口，一律不准外船进港，这个过程中，宁波市舶司亦被撤销。官方贸易停止，但交易需求仍然存在，民间商贸活动更显活跃，有"无宁不成市"的说法。③ 至于清初弛"海禁"后，设于宁波的"浙海关"为当时全国四大海关之一。④宁波"海上丝绸之路"得以继续发展。2003 年 8 月，宁波市政府通过了《关于宁波"海上丝绸之路"文化遗存

---

①④ 李英魁. 试论宁波"海上丝绸之路"兴起的历史上限 [J]. 东方博物，2004 (4)：115-119.

②　刘勤，周静. 以海为生：社会学的探析 [M]. 北京：海洋出版社，2015：5.

③　徐季子. 联结历史文化和现代文明的精神桥梁——《宁波通史》首发式上的发言摘要 [J]. 宁波通讯，2010，294 (2)：34-35.

申报世界文化遗产》的决议。①

鸦片战争后，宁波被辟为"五口通商"之一，洋货占领市场，民族工商业经营困难，加上宁波地区自古以来就地少人多，宋代以后，土地与人口的矛盾已经突出显现，到了明清时期则更加凸显，自给自足的小农经济难以满足人们的基本生活需要，催使宁波人向外寻找商机，开拓市场。良好的港口、便利的交通以及发达的商业传统，是宁波人外出经商的重要基础。上海开埠后崛起发展，具有独特的区位优势，促使宁波工商业者竞相去上海谋求生计。他们先聚集于上海，后又从上海向内地和海外开拓。甬商在各地艰难经营，奋力拼搏，同乡间互相帮助，行业逐渐发展壮大，且探索出同乡会、同业会、地方商会等形式，显现出宁波地缘业缘交织关系所形成的群体之力量，形成了近现代著名的"宁波帮"。

宁波帮是有文化特色的商帮，他们有机智灵活、克勤克俭、勇于开拓进取的创业精神；他们重乡情乡谊，有兼爱互利、团结互助的乡帮协作精神；他们有长期商贸活动的经验，逐渐形成讲实际、谋实利、求实惠的务本求实思想。宁波的商贸文化是与当地较早形成的海洋经济分不开的，而海洋经济又与农耕经济同构发展，使得宁波成为中国对外交往的重要口岸、内地与周边邻国海上贸易往来的枢纽，宁波帮则是作为勾连起宁波海洋文化与农耕文化的实践群体，在海陆文明交汇之中发展形成了开拓实干之商贸文化。并且基于海上丝绸之路上全球多元文化的交流碰撞，宁波商贸文化还是全球文明与地方文明相遇碰撞而成，其学习借鉴西方组织模式与商业形态，并基于中国之传统行会形成宁波帮的会馆、公会、商会等组织形式，发展对外贸易、金融等产业，都显现出中外文化的交融。这种海陆交汇、多元相融，自始至终贯穿于宁波商贸文化的发展过程中。而文化如同波普尔所言的"第三世界"②，这种思想的客观内容世界一旦形成，又会作为重要文化因素发挥其力量，商贸文化海洋文化、农耕文化与商贸文化之互相交织，又可谓促使此后宁波经济文化发展的基因。

----

① 李英魁. 试论宁波"海上丝绸之路"兴起的历史上限 [J]. 东方博物，2004（14）：115-119.

② 卡尔·波普尔. 客观知识：一个进化论的研究 [M]. 舒炜光，卓如飞，周柏乔，等译. 上海：上海译文出版社，2015：123.

　　海洋文化与大陆文化对话，宁波还形成了具有区域特色的学术文化，尤其是主张"致良知"的阳明心学与主张"经世致用"的浙东史学，为城市发展提供了文化能量，引导宁波人较早摆脱了自然经济的束缚和传统城市的封闭性，培养城市明利重商、以德兴业、诚信为本、慈善助人的精神。

　　浙东学术文化兴起受政治经济文化之影响，因宋朝，特别是南宋，明州是半壁江山的经济文化重镇，出过不少宰相、尚书、侍郎等高官，也产生了许多名流学者和思想家，南宋由此成为浙东学术文化的开创时期。

　　追溯其脉络，南宋孔孟儒学形成了"理学""心学"两大学派，"四明四先生"舒璘、沈焕、杨简和袁燮倡导心学，心学成了四明地区的文化主流。及至明代，王阳明进一步发展了陆氏心学，后人称为"陆王心学"，是浙东最有代表性的思想派别。王阳明倡导"致良知"和"知行合一"，其发展了心学，同时也促使心学向实学的转化。明代黄宗羲进一步发展了王学，提倡经世致用，在经济思想上提出"工商皆本"。他是民主主义的启蒙思想家。民主革命先驱孙中山先生、谭嗣同等都受其思想影响。

　　浙东学术文化和宁波商贸文化都有过辉煌的历史，两者同时出现在四明大地上，其间存在相辅相成的渊源，互受影响并互相推动型塑。宁波悠久的贸易传统和商业经济环境使得宁波一地较早形成崇商务实的社会氛围。历来善于经商的宁波工商业者都是务本求实、勇于开拓创业的实践家，他们长期形成的务实思想，无形中影响着宁波人的思维方式。浙东学派一个很大的特点就是在学术思想上要求真务实，主张在行为实践上下功夫，这与受宁波商贸文化影响不无关系。同时，浙东学派猛烈抨击儒家传统经济伦理，提出了"新四民""义利并存""工商皆本""国家不可病商以滋弱"等主张，这些经济伦理观念通过讲学、教育等方式传播于社会，推动儒生与当地民众转向商业领域谋求发展。宁波帮的商业智慧也受到浙东文化传统的影响，宁波商人常说"做生意要讲良心""经商要以诚信为本"，且宁波商帮有博大的家国梦想与情怀，不仅在家乡，也在经商所在地举办各种公益活动，推动当地教育、医疗等事业发展。这种商务道德与商业社会责任伦理显示出与浙东文化影响有着的密切关系。宁波商贸文化以务实精神影响浙东文化，浙东文化以诚信、尊德、重义思想影响宁波商人，两者相济相成，使甬帮商人有较高的商业智慧和良好的商业信誉，这被视作是使宁波帮能长期不败不衰的历史原因。①

综合以上，梳理宁波历史文明之脉络，宁波文明是中华文明的重要发祥地，在几千年发展中又因其独特境遇而发展出地方特色鲜明的海洋文明。浙江的海洋文明的形成与发展建立在中原地区移民和沿海土著居民逐渐融合的基础之上，且其群体向海洋的延展更多是由于人文地理环境恶化之后的被动选择，包括中原地区战乱和区域人地矛盾等，前者使得大量北方士族南下移民到浙江沿海，带来当时较为先进的生产技术、农耕文明传统等，后者则是使得大量沿海群体向海洋拓展，从沿海到海岛，再至于海外，沿循海洋贸易航线逐渐向外移民。伴随这一过程，是农耕政权扩展治理范围而逐渐形成海洋文明的过程，故而海洋文明发展受到以农耕思想为主体的国家机器的制约和限制。② 在这个过程中，既依靠陆地发展农耕经济，且与内陆相连通，又靠海为生，与海共舞，海洋在人类实践中扮演了生命之源、交流之途、生死战场、渴望之所或记忆之境。③ 宁波成为了"海上丝绸之路"的重要港口城市，且形成了源远流长且灿烂丰富的海洋民俗文化、信俗文化、海洋景观文化、商贸文化，以及港口文化等，与此同时，亦形成了儒家文化、佛教文化、青瓷文化、方志文化等，从中显示出其地方文明独特的精神特质。

基于丰富史料撰写而成的《宁波通史》综述宁波商贸经济与浙东文化之历史概况，揭示经济与文化之相互影响之历史经验，贯通了宁波海洋文化、商贸文化、浙东学术文化这三大主流文化及其相互影响的脉络。④本著述亦主张这三大主流文化之为宁波历史与地方文化之主要特征，并基于地方史料与相关研究梳理出宁波历史文明脉络，对宁波历史发展中凸显的海洋文化、浙东学术文化，以及以宁波帮为代表的商贸文化进行聚焦探析。视角上将秉持文化自觉的时空坐标轴，既立足宁波地方，又怀全球比较之开阔视野，来对宁波地方历史文明展开探析。

----

①④　徐季子. 联结历史文化和现代文明的精神桥梁——《宁波通史》首发式上的发言摘要 [J].
宁波通讯，2010，294（2）：34-35.

②　刘家沂. 序 [M]//白斌，顾苗央. 浙江海洋文明史话. 杭州：浙江工商大学出版社，2020：序 2.

③　诺尔特. 海洋全球史 [M]. 夏嫱，魏子扬，译. 北京：生活·读书·新知三联书店，2021：1-2.

第二节
海洋文明起源地与历史文化名城

一种文化因有其独特地方实践而具有独特性，同称为海洋文明又各有其地方特色。中国的海洋文明是农耕文明向海洋延展过程中逐渐形成，西方国家的农耕文明则是海洋文明向大陆扩张中逐渐形成，不同形成路径使得不同地方的海洋文明之间具有不同特征。[①] 细致梳理出不同地方其海洋文明历史沿革的面貌，挖掘其中特质与价值，做到文化自觉进而自为，有助于中国海洋文明的发展。对于宁波海洋文明的历史追踪与梳理即具有如是意义。下文力图细致地追踪梳理其如何从海洋文明起源地发展成为"海上丝绸之路"上的历史文化名城，梳理其特性，以此明晰宁波海洋文明的坐标定位，探寻未来发展的线索。

一、8000 年前的海洋文明起源地

在中国海洋文明的发展中，浙江宁波之海洋文明是重要组成部分，其历史悠久，又独具地方特色。

就其历史而言，现有井头山遗址、河姆渡地址等的考古发掘，显示宁波是 8000 年前的海洋文明起源地，是中华文明的重要发祥地之一。

2013 年于浙江宁波余姚市三七市镇地质勘探中发现的井头山遗址是新石器时代遗址，是现今所知中国沿海埋藏最深、年代最早典型的海岸贝丘遗址，[②] 为研究世界史前史提供了珍贵实例。目前的考证显示，井头山遗址的年代在距今 7800—8300 年之间，先民以海洋贝类作为主要生活资源，在出土遗物中，有大量鱼类骨骼、蚌壳等水生动物，其中有咸淡水交汇水域中的鲻鱼、裸顶鲷等，也有生活在深海中的鲨鱼和鲸鱼，说明沿海先民不仅在江海交汇处捕捞，而且还乘舟趁潮到深海捕鱼，为此可推知他们已发明创造了水上交

---

① 刘家沂. 序 [M]//白斌, 顾苗央. 浙江海洋文明史话. 杭州：浙江工商大学出版社, 2020：1.
② 贝丘遗址, 指生活在沿海的人们通过捕捞获取贝类食物, 常年积累遗留下食用过的鱼骨、贝壳等遗物, 从而形成包含大量人工丢弃贝壳的地层堆积的遗址。

通工具和推进工具，能够在江湖河海进行生产活动，并且具有一定的航海能力。①

也就是说，中国浙江沿海曾经生活着一批"滨海狩猎—采集—渔捞者"，这些先民在 8000 年前就已经在探索和利用海洋，余姚、宁波乃至浙江沿海地区是中国海洋文化的重要源头区域。其中少量稻作农业遗存与海洋经济遗存共生的情况则显示其时海洋渔猎经济与农业经济的混合共存。② 这意味着在新石器时代的中华大地上，既有众多内陆文化，也有滨海贝丘文化，这些不同类型的多元文化共同汇聚成中华文明，中华文明在来源上多元、开放且包容。③

井头山遗址为中国海洋文化起源提供了科学例证，将浙江余姚宁波地区的人文历史发源的 8000 年前的海岸故乡一步步"照进现实"，目前还在继续挖掘中，而往南与井头山相距仅 8 公里之处，是与之密切相关的、中华文明史上标注为里程碑的长江流域中下游重要文化源头——河姆渡遗址。④ 河姆渡遗址是一处距今 7000 年的新石器早期文化遗址。在浙江省余姚县河姆渡村的东北。⑤ 业已出土的文物显示出沿海先民在农业、手工、航海、居住方式等方面的文明起源及其特征。

就农业而言，河姆渡遗址考古发现大面积的稻谷堆积层，以及用水牛、鹿类动物肩胛骨制成的耕作农具，以及石器、木器、陶器等工具，证明其时农业已经脱离原始的"火耕"阶段，进入了较为先进的用耒耜耕种的"耜耕"农业阶段。⑥

就饮食而言，河姆渡遗址出土的大量稻谷、植物果实及子叶、渔猎工具、动植物遗骸表明河姆渡先民存在稻作、家畜驯养、采集、渔猎等多种食物来源。河姆渡人饮食结构的最大特点是充分利用优越的自然生态环境，先民既

---

①　杨成鉴. 河姆渡遗址文化与越族先民 [J]. 宁波大学学报（人文科学版），1994（2）：1-8.

②　孙国平，王珏. 寻觅更早的文化之源 [N]. 人民日报，2021-10-04（7）.

③　童杰，龚缨晏. 井头山遗址在世界史前史研究中的意义 [J]. 浙江社会科学，2022（5）：137-141，160.

④　陈醉. 余姚井头山遗址二期发掘启动　寻找 8000 年前的海岸故乡 [EB/OL]. 浙江日报，（2022-10-08）[2023-07-23]. http://wwj.zj.gov.cn/art/2022/10/8/art_1639077_59019681.html.

⑤　陈延杭. 河姆渡舟船技术浅析 [J]. 海交史研究，1997（2）：38-48.

⑥　邵九华. 河姆渡遗址主要考古成果 [J]. 浙江学刊，1994（4）：130.

种植水稻，也采集植物茎叶、果实等改善饮食。据考古发现，可供河姆渡人利用的植物包括种植水稻、采集植物，包括香蒲、葫芦、杨梅、胡桃、山核桃、莲、南酸枣、桑、芡实、菱角、芦苇等。渔猎业也是河姆渡人获取肉食的主要手段，河姆渡遗址出土了 61 种动物遗骨，包括水生动物、野生食草动物、家畜等。[①] 先民在渔猎动物的同时也驯养家畜。这些显示出河姆渡文化的经济是一种以取食为主要内容的综合型经济，农业和畜牧业已有一定程度的发展，已改变了过去单纯依赖自然的状况，使人们有了相对稳定的食物来源。简言之，优越的自然环境，丰富的野生动植物资源，一方面它是河姆渡人食物的重要来源，另一方面，优越的外部条件也制约着河姆渡先民的内在发展动力，影响了农业、畜牧业的发展，从而形成了种植、饲养与采集、渔猎互相补充和依存的局面。[②]

就居住方式而言，河姆渡遗址中的第四文化层（距今约 7000 年）出土上千件木制建筑构件和器物，学者们据此推测出河姆渡先民居住于干栏式建筑内。建筑基座的架空高度约为 1 米，构件之间均以榫卯结构连接，制作工艺精湛。干栏式建筑的作用包括居住、防洪、防潮、抵御凶猛动物（如鳄鱼等）的进攻。它是原始巢居的继承和发展，也是中国干栏式建筑的源头。干栏式建筑作为长江流域及其以南特有的建筑样式（不同于北方史前文化的半地穴式建筑），意味着先民过着较为稳定的定居生活，也证实了该区域史前文化独立发展，未受黄河流域史前文化影响，继而可作为中华文明起源多元说的又一有力证据。

就手工技艺而言，河姆渡遗址出土了 6000 余件手工艺品，按其制作材料可分为骨器、陶器、木器、石器、玉器等，按其用途可分为斧、凿、耜、镞、锥、矛、匕、釜、罐、哨、装饰品等，具有明显的专业化分工。[③] 大量纺织缝纫用具（纺轮、梭形器、机刀等）的出土表明河姆渡先民已掌握一定的纺织技术。[④] 装饰品常用捏塑、雕刻等手法制作，捏塑的形状多为猪、羊、鱼等动

---

① 帕蒂古丽. 河姆渡稻作文化研究综述 [J]. 宁波通讯，2009 (6)：34-36.

② 卢小明. 河姆渡人饮食考察 [J]. 农业考古，2000 (3)：225-227.

③ 河姆渡遗址考古队. 浙江河姆渡遗址第二期发掘的主要收获 [J]. 文物，1980 (5)：1-15, 98-99.

④ 浙江省文物考古研究所. 河姆渡：新石器时代遗址考古发掘报告 [M]. 北京：文物出版社，2003：376.

物及釜、盘、杯等生活用品，雕刻的图案多为鸟、猪、圈纹、稻穗、植物叶片等，线条细腻、错落有致，风格讲究对称，追求柔和的曲线美，清淡素雅且不尚色彩，形成了其独特的地方文化风格。

就航海而言，河姆渡遗址的发现证明早在新石器时代先民的海洋航行、航洋捕捞等海上活动相当频繁，距今 7000 年的河姆渡文化里一部分海洋经济遗存，如不同造型的木质船桨，独木舟模型器，金枪鱼、鲨鱼、石斑鱼、鲨鱼、鲸鱼等海鱼骨头，显示出河姆渡文化的血脉里流淌着近万年的海洋文化基因。[①] 具体而言，生产工具有石斧、石凿，其"干栏式"建筑遗迹，梁柱间用榫卯结合，地板用企口板密拼，具有相当成熟的木构技术。尤其是在遗址中发现了船桨，还有船型陶器，大量鱼骨，说明原始居民以捕捞为业，已掌握了远海操作的能力，可捕到深水中的海洋生物鲸鱼、鲨鱼以及喜在滨海口岸附近生活的鲻鱼和裸顶鲷等。同时先民们已会剖制木板，创造了梭形独木舟和尖底海船，是后来古越人创造平底船和尖底船的基型，为远程航行创造了条件。我国先民不仅能在沿海航行，而且还在沿太平洋西岸诸岛国航行，甚至远航抵达南美洲。其创造的船型，以及沿海开发技能，也在漫长的历史时期中，为海上交通，以及相伴随的经济、文化、技术交流与往来等作出了巨大贡献。[②]

学界与社会正以河姆渡遗址发掘命名了浙江沿海的早期文明，即河姆渡文化，不过目前发掘证实的河姆渡文化早期遗址只是河姆渡文化中最灿烂的一个焦点，后续发现的包括田螺山遗址、鲻山遗址、傅家山等近 30 处遗址都是河姆渡文化的重要组成部分，新近发现的井头山遗址被视作是河姆渡文明的重要来源，延伸了浙江乃至整个中国沿海地区原有的历史轴线与发展脉络。可见，河姆渡文化比河姆渡遗址内涵更丰富，外延更广泛，[③] 有待继续挖掘。而当下考古研究显示，河姆渡文化具有鲜明、独特的文化内涵，其分布在中国东南沿海，面向海洋，是环太平洋文化圈中的重要环节，是宁绍平原区域

---

① 孙国平，王永磊. 从井头山遗址看宁波地理环境与海洋文化的关系 [J]. 宁波通讯，2020（18）：62-67.

② 陈延杭. 河姆渡舟船技术浅析 [J]. 海交史研究，1997（2）：38-48.

③ 杨燚锋，孙亮. "名城名都" 视阈下的河姆渡文化发展策略研究 [J]. 宁波通讯，2018（1）：70-71.

世界级的文化现象。经由海陆等图景的传播，河姆渡人从山海相连的自然停泊点出发，历险海洋，成就了西太平洋的百越文化的传播。河姆渡文化对中国乃至东亚史前文化均产生了重要影响。河姆渡文化的有段石锛工具及稻作农业，北上传播至朝鲜、日本等地，南下传播至中国台湾地区、菲律宾等地，促进了东亚文明的诞生和发展；河姆渡先民创造了中国最早的干栏式建筑、漆器、舟楫、水井等工具和构筑物；河姆渡的海洋活动扩大了生活资料来源，开启了中国海洋经济篇章，也给浙东地区留下了独特的海洋意识和开拓冒险精神，近代浙江商帮的迅速崛起与这种精神不无相关；河姆渡文化清淡素雅、不尚色彩的艺术风格是中国绘画南方流派的一大源头，其鸟图腾崇拜也是中国崇鸟意识的源头。

河姆渡文化年代久远、内涵丰富、特征鲜明，它的发现再次驳斥了学界以往认知中将远古江南视作蛮夷之地的观念，有力证明了长江流域也生长着远古的文明，是中华文明的起源中心之一，为中华文明起源多元说提供了又一有力证据。[①] 而河姆渡文化的原始寄泊点是宁波国际港口的原始雏形，是宁波"海上丝绸之路"上的重要"活化石"，是宁波作为东方文明之都的标志性文化符号之一。

二、"海上丝绸之路"上的历史文化名城

地球七大洲因海而相连通，并在航海技术发展与航海贸易往来中形成了"海上丝绸之路"，即全球国家与地方通过海洋进行商贸与文化交流的通道。[②] 中国沿海港口，包括登州、泉州、广州、明州等，都是通道中重要海口，发展出辉煌的海上交通贸易史，这一条 2000 余年前逐渐形成的海上丝绸之路将中国与世界连接起来，促进了中外文化的交流，丰富了中国文明的内涵，也推动了世界文明的进程。

追溯历史，《艺文类聚》中有"周成王时，于越献舟"[③] 的记载。这一时

---

① 马仁锋，朱保羽，白斌. 河姆渡文化的知识生产：学者群、知识域与学术谱系 [J]. 地域文化研究，2020（5）：22-32，153.

② 郑松才，吴颖，陈海燕，等. 略论象山在宁波海上丝绸之路史上的重要历史地位 [J]. 浙江纺织服装职业技术学院学报，2014，13（4）：53-59.

③ 高利华. 越文化孕育的自然环境及其文化特色 [J]. 绍兴文理学院学报（哲学社会科学版），2007（5）：23-28.

期，宁波平原还是一个较大的海湾，围绕海湾的几个河口，集聚了早期浙东商团与慕名而来的海外商人，在商周之时形成了几个较为著名的原始贸易集市：鄮、鄞与句章。

从秦到两汉魏晋，江浙沿海的海上交通水平大幅提升。中国与东海诸国之间一衣带水，海路交往十分方便，在慈溪达蓬山流传有秦始皇为求长生不老丹派徐福率领童男童女船员百工数千人东渡日本的故事。据日本古史记载，西汉时中国的罗织物和罗织技术已传到日本；3 世纪中国丝织提花技术和刻版印花技术传入日本，宁波是可能是这些技术东传的重要始发地。[①] 越窑青瓷在两晋时期便开始向朝鲜半岛、日本列岛等地输出。随着南线航路不断延展，浙东地区民众的地理视野不断拓宽，也使青瓷等商品自然刻上了海外文化的印记。在宁波，出土的汉晋堆塑青瓷上，有大量高鼻、深目、虬髯的西亚人形象。海外舶来品和印度佛教已通过海路传至宁波地区，建于三国时的慈溪五磊寺，创始者是印度高僧那罗延。

宁波"海上丝绸之路"兴起于东汉晚期至东吴赤乌时代，形成于唐显庆年间。据考证，显庆四年（659），日本第四次遣唐使团在越州鄮县港口登陆，也就是说此时的鄮县港已成为了国际性港口。这是宁波"海上丝绸之路"的具有划时代意义的大事，可将其视为宁波"海上丝绸之路"形成的主要标志。

在海上丝绸之路的历史上，一方面，宁波是中国大运河最南端的出口，又是大陆海岸线中点，南北洋流的交汇处，加之中国南方湾多海深以尖底船为主，北方岸直滩多以平底船为主，形成了帆船时代的换船港；另一方面，青瓷、丝绸、绿茶这三项宁波特色的产品贸易，拉动农业生产商品化，使宁波成为独特的海洋商业城市。可以说，宁波上林湖沿湖几十里炉窑遍布，是中国最早的手工产业集群地之一。最终因为贸易的推动，加上唐朝重视港口建设，为发展海外贸易和各国友好往来，实行开放政策，使得宁波"海上丝绸之路"得到长足发展。一个标记是宁波从越文化中脱壳而出，在盛唐开元二十六年（738）设立州治，因州治在四明山口的小溪，故称"明州"。至821 年，正式建成为港口城市明州城，且在迅速发展后与交州（现越南地）、

---

① 黄文杰. 万里丝路与宁波海洋文化 [J]. 宁波通讯，2015（8）：12-21.

广州、扬州一起成为唐代的四大名港。① 这一时期明州港是深水良港，其地理位置优越，加上海流和季风配合，形成了一条从朝鲜半岛南端至明州港，或者经日本列岛到明州的自然航线"南路航线"。且当"海上丝绸之路"发展到一定阶段后，以大唐、新罗、日本三国为主体形成了东亚贸易圈，唐朝明州港便是该贸易圈的重要贸易港。不仅进行越窑青瓷、典籍、茶叶、丝绸等商品贸易，也成为文化交流的重要通道。明州港自此成为浙东政治、经济、军事、文化的重心。如就佛教文化而言，当时老城区就有唐国宁寺、东津禅院等 13 处寺庙，市郊天童寺、阿育王寺等也是全国著名的寺院。②

唐中期前，对外主通道是陆上丝绸之路，之后因为战乱等原因，中国经济重心南移，海路取代陆路成为中外贸易交流主通道，成为宋元时期范围覆盖大半个地球的人类历史活动和东西方文化经济交流的重要载体。因在隋唐时海上通道运送的主要大宗货物是丝绸，后人将这条连接东西方的海道称作"海上丝绸之路"；及至宋元时期，瓷器逐渐成为出口的主要货物，又有了"海上陶瓷之路"之称。因为港口的地理便利因素，宁波港贸易主要集中在东海航线，即与日本和朝鲜半岛的客商展开交往。

南宋时期，宁波港口是都城杭州的外港，其时政府实行全方位开放，鼓励民间海外贸易，推动与周边诸国经济文化的进一步交往，特设置市舶司以促进通商贸易的繁荣、推行友好的"航海外交"，科学技术的输出、佛教文化的传播，加上当时航海知识的积累与航海技术的成熟等，宁波港繁荣兴盛达到极致。其时，福建、广州商船均到宁波经营港口贸易，江夏街来远亭畔帆船林立，出现了载重五百吨以上的"神舟"等巨型船只，朝廷设有市舶司、环富亭受理报关等事项，丰厚的市舶税是南宋财政的重要支撑。外国的香料、金银等源源不断输入港口，儒家文化、禅宗思想、观音与妈祖信仰、中医学理、四大发明等中华精华，也随着大批手工业产品输送至沿线国家，推动了东海文化圈的形成。这使得宁波从商贸港口升级为海洋与大陆文化交汇的结点城市，展现出"书藏古今，港通天下"的开阔气度。③

---

① 林士民，沈建国. 万里丝路——宁波与海上丝绸之路 [M]. 宁波：宁波出版社，2002：71.

② 林浩. 关于宁波"海上丝绸之路"各个时期特点的探讨 [J]. 东方博物，2005 (2)：60-65.

③ 黄文杰. 万里丝路与宁波海洋文化 [J]. 宁波通讯，2015 (8)：12-21.

元朝统一全国后，改明州为庆元府，宁波仍然是海上贸易的重要港口，同时上海、澉浦等地市舶司归庆元市舶提举司管辖。北路航线得到恢复，山东、江苏等地商船也陆续进入宁波，南、北商人依托明州港地域优势定居宁波，与当地人合作开设商行，打造船只，贩运南北货物，形成从事沿海商业活动的南北商业船帮组织，号称"南号"和"北号"。①

总结而言，宋元两代，宁波是中国最成熟的商业城市之一，也是当时世界上最重要的城市之一。日本等国遣唐使团频繁登陆，民间贸易繁荣兴旺；城市中，有外国人集聚的街巷，如波斯巷；有招待使者的行馆，如高丽使馆。从和义门遗址、江厦码头发掘出来的大量青瓷、沉船，以及鼓楼旁发现的元代永丰库遗址，都见证了海上丝绸之路的繁荣。

比较唐宋元时期对海洋商贸的鼓励，明代实行了"海禁"政策，明朝初年，因倭寇屡屡在沿海侵扰，洪武二年（1369）明太祖下令禁止通藩下海，但尚只禁中国船只出海，不禁外国船只进港。及至明代中叶，东洋船来中国贸易发生"争贡事件"，即在嘉靖二年（1523），日本大内氏、细川氏争夺对明朝的朝贡贸易权而出现争斗，大内氏追杀细川氏贸易使团，并焚掠宁波，导致明朝备倭都指挥刘锦、千户张镗战死，影响浙江沿海的安宁。"争贡事件"发生之后，明朝政府决定废除福建、浙江市舶司，仅留广东市舶司一处与外国贸易。②

清初弛"海禁"后，宁波"海上丝绸之路"又逐渐恢复，康熙二十四年（1685）设于宁波的"浙海关"为当时全国四大海关之一。③"海禁"开放后从1796到1850年，宁波南北号商业船帮进入鼎盛时期，时商号总数不下67家，约有大小海船400艘，分别建有"安澜""庆安"两会馆，馆内供奉天后神龛，会馆也成为船商们讨论商情的议事场所。太平天国时期，通往镇江以上的长江航运受阻。宁波成为上海与内地川、鄂、皖、赣等省的重要物资中转集散地，面对清廷无力顾及沿海海盗的局面，由宁波商帮集资七万两白银

①　李学兰. 中国商人团体习惯法研究［M］. 北京：中国社会科学出版社，2010：118.

②　戚文闯. 宁波"争贡"事件与中日海上走私贸易［J］. 浙江海洋大学学报（人文科学版），2017，34（6）：7-12.

③　李英魁. 试论宁波"海上丝绸之路"兴起的历史上限［J］. 东方博物，2004（4）：115-119.

从外国轮船公司购得火轮一艘，较之上海商人购买外国轮船的历史早了30年。①

　　其时，宁波与日本的通商贸易获得很大发展，长崎港是日本锁国时期唯一的通商口岸。据统计，公元1685年至1688年，开往日本长崎的中国商船中，宁波商船占19%。《唐船方日记并配铜帐》还详细记载了宁波商船活动的情况。大批商人、工匠赴日，把宁波的建筑技术也移植到了长崎。一些宁波人为中日文化交流做出了重要贡献，如宁波慈溪人吴锦堂清末在日本大阪、神户定居经商，以海运创业，成为中日通商贸易的友好使者。宁波余姚人朱舜水自1659年流寓日本，在长崎、江户讲学达22年，被水户藩主德川光国尊为国师；其积极传播中国传统文化，倡导"实理实学"，为日本江户时代儒学的传播与文教事业的发展作出了重要贡献。②

　　鸦片战争后，宁波被列为首批开埠的通商口岸，伴随中外贸易发展，新式近代资本主义商业形式引入和萌生。宁波近代资本主义商业首先由外国洋行直接引进，开埠后各国先后在宁波设立洋行办事机构，1864年在宁波开设的公司（洋行）达24家，1890年增至28家，经营鸦片、棉织品，还发展轮船、金融、保险等各行业。19世纪六七十年代，宁波银钱业、典当业、粮食业、鱼业、药业、南北货诸业繁荣，仅药行街上就集中50余家药行，药业职工达500人以上，宁波成为当时全国中药转运中心。中日甲午战争后官僚实业逐渐衰弱，宁波民营工商业实力日渐增强，产生了通久源绵纸公司、浙江火柴厂、通利源榨油厂与和丰纱厂等一批近代民族工商企业。新式工商企业的产生和发展使宁波港获得新的经济增长点，港口贸易总额较前有了很大增长。③

　　中华人民共和国成立与改革开放以来，宁波港口继续发展，现今的宁波舟山港作为超级港口，外通五大洲四大洋、内接中国大陆腹地，是中国对外开放的一类口岸。目前，宁波舟山港水路、公路、铁路和管道等多种运输方式齐备，成为国内运输方式最完备的港口之一，其通过300多条国际海运航

①　李学兰. 中国商人团体习惯法研究［M］. 北京：中国社会科学出版社，2010：118.
②　林浩. 关于宁波"海上丝绸之路"各个时期特点的探讨［J］. 东方博物，2005（2）：60-65.
③　胡新建. 宁波商会组织发展变迁史研究［M］. 杭州：浙江大学出版社，2016：43.

线网络，连接世界 200 余个国家和地区的 600 余个港口，成为连通全球货物贸易的枢纽中心。① 并且，宁波舟山港还综合利用现代智能大数据技术，依托港口优势及我国与"一带一路"合作伙伴共建的海陆空交通基础设施项目、石油天然气能源管道项目、信息高速公路项目、公共卫生项目等基础设施项目，创办宁波航运交易所，利用航运大数据中心，创新研发海上丝路指数、国际集装箱运价挂钩产品等信息服务产品，作为市场预测、价格谈判和协议结算的重要依据。在航运商品贸易之外，宁波还与"一带一路"沿线国家合作，将发展空间从经贸拓展到教育、科技、旅游、医疗等多元领域。②

宁波被称作古代"海上丝绸之路"的活化石，其"海上丝绸之路"开通于东汉晚期，发展于唐代，至宋元时期臻于鼎盛，进入明清时期，因"海禁"政策而衰微。有研究者探讨宁波在"海上丝绸之路"中的地位，认为其历经先秦、汉唐、宋元、明清，延续几千年而经久不衰，作为东西方贸易重镇和文化交流窗口，是历史悠久的千年古港。③ 而在千年发展过程中，宁波形成了独特的海洋文化、商贸文化、儒家文化、宗教文化、藏书文化、青瓷文化等，被评为国家历史文化名城。

正如费孝通所言，"生活在一定文化中的人对其文化有'自知之明'，明白它的来历、形成的过程，所具有的特色和它的发展的趋向，自知之明是为了加强对文化转型的自主能力，取得决定适应新环境、新时代文化选择的自主地位。"④ 回看中华传统文明，从宁波海洋文明的坐标定位与历史梳理可见，海洋文明与大陆文明一直处于交汇同构之中，并成就了历史悠久的宁波城市文明，宁波的未来发展同样要以此为重要的线索。

"21 世纪海上丝绸之路"战略，为宁波的转型提升创造了机会。而如何挖掘文化自觉之智慧，充分认识宁波地方特色海洋文明之价值变得尤为重要。⑤

---

① 周鸣鸿."一带一路"十周年，央视系列报道重磅聚焦宁波 [EB/OL]. (2023-10-08) [2024-07-13]. https://h5. nj. nbtv. cn/news. html?articleId=40073042.

② 时婷婷. 宁波 300 条航线延续丝路繁华 [EB/OL]. 上游新闻，(2023-10-16) [2023-11-10]. https://www. cqcb. com/shishijingwei/2023-09-25/5382882_pc. html.

③ 林浩. 关于宁波"海上丝绸之路"各个时期特点的探讨 [J]. 东方博物，2005 (2)：60-65.

④ 费孝通. 关于"文化自觉"的一些自白 [J]. 学术研究，2003 (7)：5-9.

⑤ 黄文杰. 万里丝路与宁波海洋文化 [J]. 宁波通讯，2015 (8)：12-21.

第三节

多方相融、经世致用的浙东学术文化

宁波地处浙东，其地域性文化的历史发展基本和江浙文化的发展相契合。在先秦时期，宁波属于越文化圈，在相当长的历史时期内，相较中原文化、齐鲁文化而言，一直处于儒家学术文化贫瘠状态。伴随宋朝经济文化重心南迁，宁波不仅海洋商贸发展兴盛，其社会文化也渐趋繁荣。宁波学术文化逐渐兴起，特别是南宋时期，明州是半壁江山的经济文化重镇，出现了许多名流学者和思想家，南宋可谓浙东学术文化的开创时期。孔孟儒学发展到南宋，形成了以朱熹为代表的"理学"和以陆九渊为代表的"心学"两大学派，由于"四明四先生"倡导心学，心学成了四明地区的文化主流，强调养心是人之大本，尊德性是立身之道，认为百姓日用即是道，"德贵在行"，重视道德的实践精神。到了明代，王阳明进一步发展了陆氏心学，后人称其为"陆王心学"，是浙东极具代表性的思想派别。其倡导的"知行合一""致良知"影响深远，也是对当时盛行的程朱理学重理轻行思想之反拨，有助于文化的反思与多元发展。

发展到清代，以黄宗羲为首的学者们发扬该派学术优长，打破门户之见，贵专家之学，尤其重视史学，提倡"言性命者必究于史"[①] 的研究精神，反对在"人事"之外别"义理"，成为富于近代人文主义精神的学派。[②] 在王阳明学说的基础上，黄宗羲关注当时宁波商贸务实之风气，提倡"经世致用""工商皆本"，其认为要传孔子之道，必须切实笃行。元明时期，浙东学派之学风，包括经史汇通、经世致用、关切时政、明理躬行、崇尚节义、不守门户、兼容并蓄等，亦有延续和发扬。[③]

要言之，浙东学术的主题可主要归纳为三项：即实学主题、心学主题、

---

① 章学诚. 章学诚遗书 [M]. 北京：文物出版社，1985：15.
② 陶水木，徐海松，王心喜，等. 浙江地方史 [M]. 杭州：浙江人民出版社，2012：184.
③ 杨太辛. 浙东学派的涵义及浙东学术精神 [J]. 浙江社会科学，1996（1）：90-95.

史学主题,三大主题又有不可分割之联系。① 其精神特征强调博纳兼容、不囿门户、经世致用等。② 浙东学术互动于社会文化土壤,来源于社会生活,又作用于日常实践。究竟浙东学术文化如何因缘发展而成,其又如何运作并对社会日常生活发挥什么影响,是下文将具体阐述的两个方面。

一、多方交汇传承发展而成的浙东学术

一种学术形态的文化有其传统与发展因素之网。即如黑格尔所言,"我们在现世界所具有的自觉的理性,并不是一下子得来的,也不只是从现在的基础上生长起来的,而是本质上原来就具有的一种遗产"③。究竟宁波浙东学术文化其缘起以及发展中的相关行动者因素是什么,又以什么样的机制运作,本书对这一方面的分析基于两方面的考究,即学术流派的要义演变梳理与区域性的文化比较。

其一,学术流派的要义演变梳理。有学者指出:"'学统'在明清之际有两种用法,一种是指理学内部的学术传承谱系",另外一个意思是"功能性的学术概念,是与道德、政治等领域相对应的学术范畴,即儒家思想作为某种知识系统传衍、发展和演变的体系。"④ 浙东学术研究由来较早,史上有多位学者对该派的学术名称与学术特征给予适时总结。对浙东学术的源流溯考,著名学者章学诚梳理得较为完善,其将源头追溯至南宋著名理学家陆九渊,认为"浙东之学虽出婺源,然自三袁之流,多宗江西陆氏"⑤。章学诚在《文史通义》一书中首先提出"浙东学术"之概念,认为浙东学术渊源于宋代大儒朱熹和陆九渊,并进一步指出浙东学术的特点是"言性命者必究于史""史学所以经世",浙东学术系统是"梨洲黄氏出蕺山刘氏之门,而开万氏兄弟经史之学,以至全氏祖望辈尚存其意,宗陆而不悖于朱者也"。⑥

① 方同义,陈正良. 试论浙东学术的精神特质和民间影响——兼述浙东、湖湘、岭南地域文化的异同 [J]. 浙江社会科学,2015 (8):100-106,160.
② 周生杰. 陈训慈与二十世纪浙东学术更新 [J]. 中国矿业大学学报(社会科学版),2022,24 (2):156-172.
③ 黑格尔. 哲学史讲演录(第1卷)[M]. 贺麟,王太庆,译. 北京:商务印书馆,1959:8.
④ 鱼宏亮. 知识与救世:明清之际经世之学研究 [M]. 北京:北京大学出版社,2008:201.
⑤ 章学诚. 文史通义校注(上)[M]. 北京:中华书局,1985:523.
⑥ 章学诚. 文史通义新编新注 [M]. 杭州:浙江古籍出版社,2005:121.

陈训慈对浙东学术之影响有深入周详的论述:"吾浙自宋以降,大儒蔚起,治性命之学者尤盛。北宋庆历五先生,讲学先于濂洛,永嘉九先生则广程子之教。南渡以后,在宁波有淳熙四先生与同谷三先生,在温州有郑、薛、陈、叶,在金华有吕、唐、陈诸先生,其他各邑儒哲辈出,治学者笃于践履。学风相沿,入人者深,迄于晚明,而笃生姚江王阳明先生。姚江倡知行合一之教,用使浙省学者益敦践履行谊。黄梨洲承王学之余波,既戒学者以'以书明心',尤以躬行开导风气。故清代浙江学者,大抵律己甚严,持躬凛然,清风亮节,蔚为风气。"①

近代时期,浙东学术发展再次走到新的节点,陈训慈作为重要代表传承发扬浙东学术,在学术为现实服务方面用力甚多。他生于晚清民国之际,在东西方文化交流加剧的时代,同当时一大群远见卓识的思想家一起睁眼看世界,反省几千年来固有体制的弊端,寻求国运衰微的根源,逐渐认识到普通民众素质低下才是落后挨打的关键,而改变这一落后局面的办法是塑造新民、改造国民性进而改良社会。陈训慈从理论和实践两方面不断更新浙东学术,多方开拓,使这一学术流派与现实需要紧密联系起来。具体而言,其继续黄宗羲的学术主张,吸收西方学术理论成果,身体力行,结合中国社会现实,扩大了浙东学术的内涵;他改变浙东学术长期以来以史学为主的研究状况,把近代图书馆学、社会教育学等学科引入浙东学术范畴,扩充了这一学派的研究内涵,切实把浙东学术改造为经世致用之学,把学术建设的实践延伸到广大民众中间,致力于将学术服务大众,学术观念与现实需要相结合。②

吴光梳理了从朱熹到黄宗羲、全祖望、章学诚有关"浙学""浙东学派""浙东学术""浙东之学"的论述,着重讨论了"浙学"的内涵,并讨论了浙学的基本精神等问题。其认为,"浙学"有狭义、中义与广义之分。狭义的"浙学"是指发端于北宋、形成于南宋永嘉、永康地区的浙东事功之学;中义的"浙学"是指渊源于东汉、形成于两宋、转型于明代、发扬光大于清代的浙东经史之学;广义的"浙学"即"大浙学",指的是渊源于古越、兴盛于

---

① 陈训慈. 浙江学风与浙江大学 [C]//浙江图书馆. 陈训慈百年诞辰纪念文集. 北京: 北京图书馆出版社, 2006: 520.

② 周生杰. 陈训慈与二十世纪浙东学术更新 [J]. 中国矿业大学学报(社会科学版), 2022, 24 (2): 156-172.

宋元明清而延续至当代的浙江学术思想与人文精神传统。"大浙学"是狭义、中义"浙学"的外延，但其主流仍然是南宋以来的浙东经史之学。"浙学"的基本精神是"求实、批判、兼容、创新"，而王充的"实事疾妄"、叶适的"崇义养利"、黄宗羲的"经世应务"、蔡元培的"兼容并包"思想则是浙学精神的典型体现。①

章学诚认为，浙东学术是专家之学，其中的重要特征就是能开风气之先，救弊补偏。也就是说，开放包容是浙东学术一大精神特质。考诸浙东学术历史，可以说，这种特质贯穿其演变发展之全过程。王应麟是南宋后期的大学者，他的许多工作，在中国文献学的发展中具有开拓之功，是前人没有做过的，堪称乾嘉考据学的鼻祖。阳明先生创建致良知之学是为了救正当时的学术之弊。他指出，学术为天下之公器，学术的珍贵在于"得之于心"的独特创造，这种创造高于一切既定的权威。黎洲先生秉承心学的精神，竭力倡导"殊途百虑之学"，强调学者需"自得""学有宗旨"。所谓"学有宗旨"就是学者的"工夫所致"的得力处，从而形成自己的学术特色，也就是最可宝贵的创造创新。②

浙东学术又强调兼容并蓄、和齐同光。如黄宗羲强调治学要善于做到"会众合一"，章学诚的"道并行而不悖"之说，都是这种精神的体现。近代教育家蔡元培一再强调学术上要坚持"兼容并包""思想自由"的方针，不仅是继承与发扬了"浙学"传统，亦成了北京大学的优良校风与学风。③

要言之，浙东学术文化底蕴是中华文化主流之儒学文化南流之结果，晋朝已经出现文化中心南移，五代时期再次出现南移，而到了南宋王朝安于江南，则是完成了文化中心的彻底南移，也形成了宋明时期浙东学术文化之繁荣。④ 这一过程中，浙东学术文化还与江西等地的文化，以及传入浙东的佛教文化等相互影响。

浙东之学，其核心体现为下学上达的"寓一贯之旨于多学而识"的实学。南宋浙东学派重在下学上达，能由器及道，由事及理，由一隅之见上升为道

---

①③ 吴光. 简论"浙学"的内涵及其基本精神 [J]. 浙江社会科学，2004（6）：147-156，146.

② 方同义，陈正良. 试论浙东学术的精神特质和民间影响——兼述浙东、湖湘、岭南地域文化的异同 [J]. 浙江社会科学，2015（8）：100-106，160.

④ 潘起造. 浙东学术的地域文化渊源及其文化精神 [J]. 浙江社会科学，2006（4）：105-110.

之全量。明清浙东学术则是由上达而下学,"言性命者必究于史"。王阳明的良知之学是心学的高峰;黄宗羲则是从"盈天地皆心"的王学宗旨出发,"以书明心",综合诸家,落实于"经术经世";章学诚宗陆王而不悖程朱,寓一贯于多学而识,切于人伦日用和典章制度,提倡"史学经世"和"学术经世"。由下学而上达,由上达而下学,经过多次反复,浙东之学成为"宏阔不为迂,切近而不为陋"的经世致用之学。①

其二,区域性的文化比较,从比较中突出特征和影响。杨念群在比较了湖湘和江浙士人的儒家道统观后指出:"明末清初儒学宗师对心学广义'道统'的解构大致沿两条路径而行,一条路径是以江浙学人的思维和行为为背景","江浙学人在清初受到了王权的残酷迫害,从而疏离了政统的运作氛围,不少人步入了非正途的幕僚生涯或以著书隐居的方式流动于科举网络之外,从表面上看,这似乎采取的是一种对传统广义'道统'的认同态度,实际上,江浙学人以研习学术为疏离'政统'的手段,恰恰是起着淡化广义'道统'形而上玄虚色彩的作用。江浙学人恢复两汉经师的学术崇祀地位则不妨说是斩断广义'道统'直接传承脉络的象征行为"。②

有研究者将浙东学术文化与湖湘文化和岭南文化相比较,发现,同是注重"务实理性",但是比较湖湘文化之厚重的政治—伦理文化色彩,浙东学术文化更为注重经济民生,这在黄宗羲的《明夷待访录》中就可见一斑。其批判封建专制制度不合理,是从维护个人的经济财产权益说起的,其主张"工商皆本"的立论依据,就是看是否"切于民用"。这篇著作中,讲财计、讲田制、讲货币、讲税收,那些关乎国计民生的内容占据了相当大的篇幅。③ 既是回应当地的工商发展,也勉励了工商业,形成了良性互动。浙江在市场经济上的成功也凸显出其历史与传统的意义。

而与岭南文化相比较,浙东文化凸显出追求思想"自得"的特点。且明清以来浙东经济社会的发展,还使得浙东学术之"经世务实"精神渗入了适

---

① 杨太辛. 浙东学术精神的传递途径和传承机制 [J]. 浙江社会科学, 2005 (3): 24-31, 110.
② 杨念群. 儒学地域化的近代形态——三大知识群体互动的比较研究 [M]. 北京: 三联书店, 1997: 178-179.
③ 潘起造. 浙东学术的地域文化渊源及其文化精神 [J]. 浙江社会科学, 2006 (4): 105-110.

应商品经济发展的思想诉求。① 濒江临海，交通之利，自古发达的商业贸易，能够见识到多地的文化，既开阔了视野，也形成了开放包容的浙东文化特质。浙东学术本身之发展，考察其路径，还通过国学、乡学、私学、家学等养成了一大学术群体，既传承学派，作用于国政，又通过私塾普及于民间，而有潜移默化之影响。

通过区域性的文化比较可以发现，在与不同地理环境的互动中，不同的社会组织与生产方式由此建立，思想与精神的相似与差异也由此产生。将浙东学术文化置于全国多地区域性文化之中，其与湖湘文化、岭南文化都表现出经世致用、勇于创新等特点，既是因着自然环境、物质基础等存在相似之处，也是因着生产方式、文化、思想等的传播、模仿。与此同时，因为不同区域之自然环境、物质基础又有其差异，这些差异参与型塑出社会组织、生产方式，以及地域学术文化之间的差别。由此来理解不同文化的异同，如有研究者所言，对浙东学术文化产生重大影响的不仅在于儒学文化南下之历史传承，还包括了浙东之特定地域环境，浙东临海而谋生存，发展出了开阔的海洋文化，悠久的古越文化亦贯穿其中，而博雅见长的浙西文化（江南文化）则是毗邻参照，以及特定时期的繁荣的商品经济，浙东学术既传承了儒学文化之思想传统，又吸收了本土文化特色，形成独特的学术风格。②

二、以经世致用之学融入社会生活日常

从系统与行动者网络互动的视角来看，有活力与创造力的文化流派，其精神特质与发展与地方民众的实际生活构成息息相通的连续性整体，如此才能是有活力和发展的。而浙东学术文化与当地人们日常社会生活之间有着密切的互动关系。

陈训慈曾在分析浙江发展的内外条件的基础上提出，在浙江发展史上，造就经济发达文明发展的社会状态的，有一个历史基因，就是人文因素，他

---

①② 潘起造. 浙东学术的地域文化渊源及其文化精神 [J]. 浙江社会科学, 2006 (4)：105-110.

将其命名为"浙江学风"。①

浙东之学规模宏阔博大，内容切近实际，其学术经世的丰富资源，可以给后人提供因时因事选择使用的巨大空间。如浙东之学曾为陈子龙、魏源的明清两代《经世文编》提供了理论依据；为康梁变法提供了启蒙思想；为胡适、钱穆提供了科学方法的本土资源；为蔡元培提供了"兼容并包"的思想源泉。至于为当代的市场经济和改革开放，则是提供了"工商皆本"的功利观念和"义利统一"的事功精神。② 也推动了宁波帮这一近现代著名商帮之形成，以及宁波城市之经济文化高速发展。

浙东学术精神之培育与发展遍布不同社会层级的网络。体现为礼敬文化界的先贤、整理乡邦文献、设置义庄、办义学、修订族谱家法、制定乡规民约、普遍的藏书读书活动、重视教育、广建书院私塾以及县学等教育机构、爱好交流等。③

有研究关注考察鄞县文化世家和明清浙东地域性文化的互动，以万氏家族为例，阐述万氏学人的文人生活与家乡紧密相连，既受到家乡普遍文化的熏陶，还积极参与家乡的文化活动和交流，证明地域性文化对文化世家的独特影响和文化世家对地域性文化的促成作用。④ 如浙东学者万斯同关心整理乡里先贤文献，提出，"仿一家之法，著为一书，采实录之明文，搜私家之故牒，旁及于诸公之文集，核其实而辨其讹，考其详而削其滥，使善无微而不显，人无隐而不彰，此实不朽之盛事而亦先贤之有待于后人者也"。⑤ 甬上李邺嗣也倾尽心思编选了《甬上耆旧诗》，万斯同和万经叔侄则从事过雍正《宁波府志》的编修工作。

就其致用而化于民俗，浙东不少学者通过设置义庄、办义学、修订族谱家法、制定乡规民约来传播理念、培育民德。如南宋绍熙元年（1190），四明史氏置田五顷、屋十五楹，延沈焕主其事。史弥远说："是田之设，非止济人

---

① 王效良. 近代图书馆事业的耕耘者——陈训慈先生 [C]//陈训慈百年诞辰纪念文集. 北京：北京图书馆出版社，2006：632.

② 杨太辛. 浙东学术精神的传递途径和传承机制 [J]. 浙江社会科学，2005（3）：24-31，110.

③④ 邢万全. 士风和世俗 [D]. 宁波：宁波大学，2009：摘要.

⑤ 万斯同. 石园文集八卷 [C]//《续修四库全书》编纂委员会编. 续修四库全书（集部·别集类第 1415 册）. 上海：上海古籍出版社，2002：509.

之急，而以崇廉耻之风。将使从官者清白自持，为士者专意学业。继自今，富者乐施，贫者安分；与者不以为恩，受者不以为幸。"又如范氏义庄，限于族人。张其昀先生说："四明义田庄，自宋至元，历百八十年不废。"① 四明的注重乡谊、乐善好施之风，延及新中国成立前的四明公所，以及今之善款居全国之首的宁波慈善总会。②

宁波是浙东学术形成、产生、传承并产生巨大影响力的核心地区，在学术文化与当地社会生活的互动中，形成了地方人文氛围，并化于日常生活实践之中。其生产生活实践与浙东学术的内在精神表现出密切关联，可主要归纳为如下三个方面。

其一，尊教崇学、藏书育人。

浙东学术的发展演进与教育紧密相关，成功的教育培养了人才，也奠定了宁波藏书育人、成为文献名邦的基础，为宁波文化的可持续发展提供了动力。浙东学术流派中的许多思想家是名扬天下的教育家。如"庆历五先生"以教学为终身职业，其中楼郁主持县学和郡学凡 30 余年，被宁波地区的老百姓亲切地称为"楼先生"。杨简的心学思想十分精深，同时也是卓有成就的大教育家。王阳明集思想家、政治家、军事家于一身，其教育成就也十分突出，将讲学、兴办教育看成是昌明学术、转变风气、立政治民之根本；阳明心学风靡天下，除了其学说能慑服人心，还与其重视心学教学息息相关。百年育人而得以移风易俗，由于一代代浙东学术思想大家的不懈努力，四明地区成为教育的沃土，形成了百年传承的尊教崇学之传统。

宁波当时既有官学之兴盛，还有书院学者们自立门户的学术文化传播模式。书院教育对学术渊源做出梳理，汇聚学术源流，产生学术研究的集束效应，以致学理愈阐愈明，在一定时期出现人才荟萃、名家辈出之现象；书院在教育方式上采用学生自学为主，教师讲解为辅，自由讨论、互相辩难的教学方式激发人的学习主体性，更易培养出具有思想创造力的人才。③

---

① 张其昀. 宋代四明之学风（下）[J]. 史学杂志，1929，1（4）：3-4.
② 杨太辛. 浙东学术精神的传递途径和传承机制 [J]. 浙江社会科学，2005（3）：24-31，110.
③ 金林祥. 甬上证人书院与清代浙东学派 [J]. 清史研究，1994（2）：73-77，93.

崇学传统还体现在宁波的藏书文化上。书籍，是"诵读之资，学问之本"，① 鄞县学者藏书的习俗由来已久，历代藏书家真可谓层出不穷。明末清初，鄞县的私家藏书在浙江乃至全国都有其特殊的地位。著名的有范氏天一阁、陈氏云在楼、陆氏南轩书屋、万斯同寒松斋、全祖望双韭山房等。著名的明史专家吴晗曾经对浙江的藏书做过系统考察，数据显示，从上古直到明清，得两浙藏书家 399 人，其中杭县 105 人，海宁 38 人，绍兴和鄞县并列第三位，均为 27 人。明清时期的宁波府下辖的几个县也都有众多的藏书家，如余姚有 9 家，慈溪有 5 家，镇海有 2 家，象山 1 家。②

宁波人形成了藏书风气，尊教崇学，以耕读传家为荣，以书香门第为尚，推崇知书达理，即使家庭并不富裕的普通人家，也要送子弟上学堂念书；宁波商人外出经商发迹后，也很乐意帮助家乡发展教育事业；宁波的地方官员对教育也大力支持，历史上做得最好的就是王安石和史浩。这种深厚的崇学传统，使四明地区人才辈出，现代宁波更是著名的"院士之乡"。

其二，经世致用、勉力工商。

浙东学术三大主题的一个重要特点即是实学，即实事实功、实践实效之学，归根结底乃求实之学。浙东学术流派对于实学的倡导，则落实于关注国族社会之实际，注重经济民生，"事关民生国命者，必穷源溯本，讨论其所以然"③，由此就政治、经济、教育、哲学等都有开拓创造，并结合社会民生提出了一系列经济观点。

王阳明是浙东学派中"经世致用"的典范，其明确反对行业歧视，否定了儒家经济伦理的理论核心等级制思想，指出士、农、工、商只是社会分工不同即"异业"而已，但在至关重要的"道"的面前，则完全处于平等的地位，更不复有高下之分，皆为社会之所需。且在他看来，"士"之好"利"尤过于商贾，远不如经商的方麟"天质之美而默然有契"，故应彻底破除社会上"荣宦游而耻工贾"的世俗风尚，提倡"四民异业而同道"的

---

① 刘尚恒. 略论中国藏书文化 [C]// 黄建国，高跃新. 中国古代藏书楼研究. 北京：中华书局，1999：27.

② 吴晗. 江浙藏书家史略 [M]. 北京：中华书局，1981：序言 3-4.

③ 韩永学，裘宁敏. 浙东学派学术思想综述——浙商创新学术思想根源 [C]// 吕福新. 浙商创新——从模仿到自主. 北京：中国发展出版社，2008：103.

经济伦理。①

黄宗羲则是从国家经济政策的角度强调"切于民用""工商皆本",反对传统的"重本抑末"之说。其批判封建专制制度之不合理,维护个人的经济财产权益,讲财计、讲田制、讲货币、讲税收,议论国计民生。学术上其主张,"学必原本于经术而后不为蹈虚,必证明于史籍而后足以应务"。②

浙东学派这些思想家的这些论述,既是四明地区人民现实的生产生活实践的观念反映,亦是对他们重视工商、勉力工商的精神支持。戴光中认为,明清时期浙东学术与宁波商帮之间,有相辅相成的内在渊源。浙东学派猛烈抨击儒家传统经济伦理,提出了"新四民""工商皆本""国家不可病商以滋弱"等主张,而孕育这一经济伦理观的社会基础,正是宁波悠久的贸易传统和崇商敬贾的社会风尚;而理论的提炼与成型,在讲学、教育等的方式下传播于社会,成为民众的精神基础,又反过来推动儒生弃书服贾,使"宁波帮"发展壮大,成为中国十大商帮之一。③

其三,家国情怀、向善之风。

浙东学术的发展与浓厚的家国情怀分不开。所谓"家国情怀",说的是人们对自己的家乡和国家的深厚挚爱与眷恋。一代代浙东学人尊敬本乡本土的先贤,敬慕其人格,深研其学问,从而发扬光大,使学脉代代相传,学术的地域色彩得到良好的凸显和保持。这在一些文献里得到充分体现,如全祖望的《鲒埼亭集》里充满了对家乡山水的不尽眷恋,对抗清英烈的崇敬褒扬,对先辈学问的搜罗承继。朱之瑜到日本后自号"舜水",意为"舜水者敝邑之水名也",以表示永远不忘故土之情。

这种家国情怀为宁波老百姓共同信仰与遵循,形成优秀的传统,其中表现突出的是宁波帮商人群体。宁波帮在外形成了深刻厚重的同乡情缘,珍惜乡亲乡情,互帮互助,既得以在有限环境中凭借同乡资源获得更大发展空间,又通过互帮互助推动家乡发展,如宁波商人捐赠公益以创建学校兴办医院、扶危济困、奖教助学等,为家乡发展作出了重要贡献。

---

①③　戴光中. 明清浙东学术与宁波商帮发展 [J]. 宁波大学学报（人文科学版）, 2003（4）: 45-49.

②　潘起造. 浙东学术的地域文化渊源及其文化精神 [J]. 浙江社会科学, 2006（4）: 105-110.

宁波自古有义乡之称，"甬俗好义，振古称之，地方救济之事仰市井而成"①。近现代宁波慈善事业相当发达，是地方社会的重要活动领域，以孤儿院、慈善医院、水龙会为代表的慈善机构大批产生，发展成为慈善事业的主体力量，还有以市民公会、中华基督教青年会、奉化剡社为代表的公益型慈善组织也活动遍布宁波城乡各地，这些慈善行动增强了社会凝聚力，成为地方社会发展与进步的重要动力。② 及至当代，宁波是有名的"爱心之乡"、慈善事业发达之城。据不完全统计，2000 年至 2011 年，宁波市慈善组织接收捐赠款物累计超过 30 亿元。③ 2022 年，宁波市慈善总会募集善款 1.103 亿元，连续 3 年募集超亿元。④ 近年来，宁波慈善善款募集屡创新高，"资金+物资+服务+赋能"的慈善立体帮扶模式日益完善，义工服务不断提升；还创新地推出"慈善+社工"慈善平台。⑤ 且宁波当代慈善业还发展出慈善信托等形式，用于扶贫济困、扶老、救孤、恤病、助残、优抚、教育、科学、文化、卫生、体育、环保等公益活动。⑥

梳理浙东学术之发展，既有不同地域的交汇与发展，也有各地之特色，并且与其地理之自然、经济、文化等交织而成。其汇集了四明、绍兴、金华、永康等地，又与江西等地碰撞。浙东学术主张的提炼与广为传播受益于宁波当地悠久的商贸文化传统，以及海洋文化中形成的致用务实、开放包容、开拓进取之地方精神，同时也在学术文化与当地人们日常社会生活之间的多方互动中获得源源不断的生命力。以务实理性为主干的浙东学术的内在精神特质扎根互动于民间日常生活，从而对地域经济社会发展产生重要影响，形成尊教崇学、藏书育人、经世致用、勉力工商、家国情怀、向善之风，同时又基于多元文化的交流传播，以浙东学术文化的精神气质辐射扩展到整个中国。

---

①② 李慧英，孙善根. 宁波帮与宁波慈善事业 [J]. 宁波职业技术学院学报，2009，13（4）：31-34.

③ 方同义，陈正良. 试论浙东学术的精神特质和民间影响——兼述浙东、湖湘、岭南地域文化的异同 [J]. 浙江社会科学，2015（8）：100-106，160.

④ 吴向正，高鹏，李哲. 慈善，为爱心城市宁波增光添彩 [N]. 宁波日报，2023-02-10（4）.

⑤ 王思勤. 七星级慈善城市：宁波 [J]. 社会与公益，2022（1）：60-62.

⑥ 张逸龙，徐敏. 宁波慈善信托崛起势正劲 [J]. 宁波通讯，2023（5）：53-55.

第四节

海陆交汇、开拓实干的地方商贸文化

在宁波的地方特色文明中，商贸文化是其重要部分，也是中国商业文化史上的独特篇章。由于地理条件与社会环境、文化等因素影响，宁波自文明发展之初就逐渐兴起了海洋经济，很早就是中国对外交往的重要口岸、内地与周边邻国海上贸易往来的枢纽，成为古代海上丝绸之路的重要城市。进入近代，随着明清资本主义经济的发展、商贸的全球化，以及社会思潮上浙东学派突破传统儒家思想，主张"义利并存""工商皆本"，为宁波崇商风尚提供了思想基础，宁波商贸文化更是因应时势，发展成宁波的地方特色文化，深刻影响到宁波的发展。

近代宁波商贸文化的结晶与代表是宁波帮。自明末清初形成以来，宁波帮在中国多个商帮中后来居上，且以雄厚的经济实力、杰出的经营才能和深厚的商业文化积淀称雄中国工商界达半个多世纪。[①] 这一群体被识别出来并予以命名，有"中国第一商帮"之称。其分散于世界 50 余个国家，不仅活跃于世界经济舞台上，也不乏政界人士、工商巨头、科技名人、社团领袖和社会名流。[②] 本部分力图从其实践与发展脉络中梳理出一些重要因素，以宁波帮为切入点来论述如何勾连海洋文化与农耕文化，形成特定精神特质，并化于宁波民众日常生活之中。

一、"宁波帮"的诞生及其发展

"宁波帮"是一个内涵随时代变迁而变化的动态范畴。有研究者梳理认为，从开始提出"宁波帮"之词迄今，其大致经历了专指宁波籍商人、埠外

---

① 孙善根. 中华商业文化的奇葩——论宁波商贸文化精神 [J]. 宁波通讯，2001 (9)：43.

② 史永. 起底"宁波帮" 记邓小平号召全世界"宁波帮"建设宁波 [J]. 宁波通讯，2021，556 (13)：53-54.

宁波籍商人为主体的宁波人、泛称在外宁波籍人士及其后裔三个阶段。① 而每一次界定的变化都与宁波帮的动态发展境况紧密关联。剖析"宁波帮"内涵界定，并阐述其立体关联的社会因素与处境，即可一窥宁波帮发展脉络。

"宁波帮"的提法在 20 世纪 30 年代已见诸文字。以研究中国商业而闻名的日本学者根岸佶先生的《上海四明公所》一文，以及我国学者徐蔚南先生的《上海四明公所研究》一文，均正式提到了"宁波帮"，对其表述不谋而合，认为"宁波帮"包括颇广，是指前宁波府所管辖的鄞县、镇海县、慈溪县、奉化县、象山县、定海县、石浦县这 7 个县的商民。② 这一提法后被普遍接受，且沿用至今。故而"宁波帮"起初是他人对宁波籍商人在开展商事活动，并逐渐形成和发展起来的聚合体的一种群称（群体称谓）。③宁波帮的兴起有其漫长的历史积累，并在近代因逢特定时代处境而发展，蔚然成为一大商帮。

宁波地处中国大陆海岸线中部，海上交通便捷发达，早在秦代以前已有近海岛屿上的鱼贩、盐商和滨海地区的商贩来此集贸，唐宋即为中国重要的对外贸易海岸，当时宁波商人已经相当活跃。明清时期，宁波商人的足迹遍及半个中国，在各地贸易中异军突起，其从事行业主要有民信业、药材业、成衣业、南货业、沙船业等。④

明中叶以降，随着商品经济发展、商品流通范围不断扩大，不少商业发达的地区出现了以长途贩运为业、结帮经商的地域商人群体——俗称商帮，即"以地域为中心，以血缘、乡谊为纽带，以'相亲相助'为宗旨，以会馆、公所为其在异乡的联络、计议之所的一种既'亲密'而又松散的自发形成的商人群体"。⑤ 日常交往中，这些商帮常以地域冠名。如上海开埠以前，有不少浙江人纷至从事工商业，被称为"浙江帮"，以区别于他地客商。当时，与浙江帮并称的还有晋帮、徽帮、洞庭帮、粤帮、川帮、江右帮等。对宁波而言，明代以前，宁波商人在内地商业活动相对滞后，而明代以后，受到各地

---

　　①③　陈厥祥，余雪华，卢美芬. 试论"宁波帮"与宁波同乡会组织［J］. 宁波大学学报（人文科学版），2000（3）：60-65.

　　②　上海通社. 上海研究资料续集［C］. 上海：上海书店，1984：290.

　　④　孙善根. 宁波帮史略［M］. 宁波：宁波出版社，2015：11.

　　⑤　张海鹏，张海瀛. 中国十大商帮［M］. 合肥：黄山书社，1993：前言 2.

商品经济发展和封建王朝海禁政策等的影响，宁波人外出经商者数量剧增，且商业活动重心由沿海与与海外贸易转向内地，其足迹渐渐遍及全国，"无宁不成市""无宁不成镇"的说法不胫而走。① 上海、天津、汉口、北京以及长江中下游之江浙各地成为其主要活动地区。

这个过程中，起初，宁波人的商业活动并不闻名，处于有"商"无"帮"的始发阶段，与龙游帮、绍兴帮一样，只是浙江帮的一个组成部分或一个分支。后由于地域相连、文化习俗相近、经营特色雷同，关系密切，宁波商人与绍兴商人被人合称为"宁绍帮"。随着从业人员的增多、经营实力的增强，宁波商人逐渐崭露头角，后来者居上，为世人瞩目，因而被从浙江帮中分离而独称为"宁波帮"，享有"无宁（波）不成市"的美誉，与"龙游帮"双峰并峙。

清朝康熙二十三年（1684）开放海禁后，宁波埠际贸易迅速发展起来，宁波商帮势力不断加强，相继在北京、天津、汉口、上海、杭州以及辽宁、江苏、福建、广东等地的商业重镇建立会馆。② 鸦片战争后，宁波帮凭借自身特殊的有利条件，包括通商港口之便利、宁波商人原本在钱庄上的优势，以及与西方人打交道时宁波商人善于学习掌握西方人的经营管理技能，将商业和金融业结合，发挥人才、行业、资金、货源等方面优势，迅速介入新兴的对外贸易领域，逐渐形成了以买办商人和进出口商人为代表的宁波帮新式商人群体。清末民初时的上海，方（介堂）氏家族、李（也亭）氏家族、严信厚、王铭槐、叶澄衷、朱葆三、虞洽卿等一大批新一代宁波商人脱颖而出，造就了香港、上海、天津的城市的诸多产业亮点，宁波帮遂以新兴的近代商人群体跻身于全国著名商帮之列。③ 他们以"会所""同乡会""商会"为组织形式，内接外联，活跃在近代社会的经济舞台上。④

据《鄞县通志》记载，其时宁波商人在我国国内的活动地域主要有上海、汉口、南京、杭州、北京、天津、吴县（苏州）、常熟、临海、兰溪、严州（建德）、温州、长兴、无锡、盛泽、扬州、怀宁、芜湖、南昌、江陵（沙

----

① 孙善根. 宁波帮史略 [M]. 宁波：宁波出版社，2015：15.
② 苏勇军. 浙东海洋文化研究 [M]. 杭州：浙江大学出版社，2011：188.
③ 苏勇军. 浙东海洋文化研究 [M]. 杭州：浙江大学出版社，2011：189.
④ 吕洪霞. "宁波帮"家族企业制度创新研究 [M]. 杭州：浙江大学出版社，2011：21.

市)、应城、长沙、巴县 (重庆)、厦门、汕头、青岛、烟台、郑州、大连、沈阳等地。特别在北京、上海、汉口、天津、重庆、沙市、苏州、杭州、温州等通都大邑，"宁波帮"势力尤为雄厚，不少"宁波帮"商人成为当地商业巨子，他们或是垄断行业，或是操纵商团，成为当时经济社会举足轻重的力量。在诸多领域，宁波帮独占鳌头，包括近代上海的钱庄、银行、贸易、航运等。进入 20 世纪，宁波商帮成为来沪经商最有手腕和力量的帮口之一。① 近代上海著名企业家穆藕初曾言："中国经济中心在于上海，但上海如何能有今日呢？不必说，是完全宁波人的力量。所以上海已非上海人的上海，而成为宁波人的上海。"②

　　1934 年浙江兴业银行一份调查报告统计显示，"全国商业资本以上海居首位；上海商业资本以银行居首位；银行资本以宁波人居首位。"③ 帕克斯·M. 小科布尔④的研究显示，宁波帮在当时上海商业活动中起到重要作用，以宁波人为中心的扩大了的浙江财团控制着上海商界，控制了上海的大部分钱庄、棉布和棉纱厂、大部分的报关行，主要的船运公司和大多数开设在上海的煤款公司，还能够支配上海的大多数企业家团体，如总商会、上海银行公会、钱业公会。德国地质学家利希霍芬曾在其著作《中国——亲身旅行和据此所作的研究成果》中提出，浙江人在上海的势力很大，"然而势力更大的是买卖人，尤其是商业中的宁波人，完全可以和犹太人媲美"⑤。

　　鸦片战争后，宁波商帮的发展经历了两次重大转变，第一个转变是经营方向的转变，宁波商人通过介入买办和进出口贸易而卷入国际贸易；第二个转变是投资方向的转变，大量资金投入到近代金融、工商和交通运输业中。通过这两个转变，宁波商帮到 20 世纪初转变为一个近代资本主义工商业集团，并以其为中心形成了江浙财团，对中国城市近代化事业做出了重大贡献，

　　① 吴拯寰. 旧上海商业中的帮口 [C]//上海市文史馆，上海市人民政府参事室文史资料工作委员会. 上海地方史资料 (三). 上海：上海社会科学院出版社，1984：102.
　　② 何瑞芝. 全国宁波旅外同乡团体概况 [J]. 宁波旅沪同乡会月刊，1935 (145)：1-5.
　　③ 遂辑. "宁波帮"中的银行家 [C]//王遂今. 宁波帮企业家的崛起 (浙江文史资料选辑第30辑). 杭州：浙江人民出版社，1989：246.
　　④ 帕克斯·M. 小科布尔. 上海资本家与国民政府：1927—1937 [M]. 蔡静仪，译. 北京：世界图书出版公司，2015：10-11.
　　⑤ 苏勇军. 浙东海洋文化研究 [M]. 杭州：浙江大学出版社，2011：187.

产生了深远的影响。①

　　这一阶段"宁波帮"专指宁波籍商人。不过，随着外出谋生的宁波人进一步增多，宁波人又有"团结自治，爱国爱乡"之传统，其每到外地发展，常会组织团体，建造会所，兴办教育、慈善等事务，以方便同乡。这些组织在吸纳成员时不仅仅以业缘相聚，还以地缘互相认同。如上海四明公所这一宁波同乡会组织就在其章程中规定，凡是宁波同乡人，即可以加入成为会员。故而这个时期，"宁波帮"实际上突破了业缘关系，而扩展纳入以地缘而互相认同，发展成为意指埠外宁波籍商人为主体的宁波人，纳入了不是商人的宁波人。

　　埠外宁波人在近代经过百年创业，形成了一个有强大经济实力和管理人才队伍的宁波帮，分散在全球 50 余个国家和地区，包含有工商巨头、政界人士、文化教育和科技名人、社团领袖、社会名流等。随着埠外宁波人力量的壮大，其引起了一些社会精英的关注，并推动引起了人们对宁波帮的研究兴趣，"宁波帮"的内涵也相应发生变化，演变成为泛称在外宁波籍人士及其后裔。1916 年 8 月，孙中山先生在甬城演讲时提到宁波帮，其认为宁波开风气之先。在中国乃至欧洲，多甬商足迹，能力与影响之大首屈一指。随后其提出发动宁波人建设家乡的号召："宁波人实业非不发达，然其发达者多在外埠。鄙见发展实业，内地应为优先。试观外人，其商业发展于外地者，莫不谋母地之发展，盖根本固而后枝叶自茂也。宁波人对工商业之经营，经验丰富，而甬江有此良港，运输便利，不独可运销国内沿海各埠，且可直接运输于外洋，若能悉心研究，努力经营，加以扩充，则母地实业既日臻发达，而甬人之经营于外者，自无不随母地之发展而益形发展矣。"②

　　邓小平则是在与宁波帮代表包玉刚会见后多次提出，"把全世界的'宁波帮'都动员起来，建设宁波"③。分析这些话语，可以看到，宁波帮的外延大大地扩展了。尤其是邓小平的号召体现出对发动宁波帮的广泛性要求：一是范围

　　① 张守广. 从传统商帮到江浙团的支柱——宁波商帮研究 [D]. 南京：南京大学，1994：摘要.
　　② 王遂今. 宁波帮企业家的崛起（浙江文史资料选辑第 30 辑）[C]. 杭州：浙江人民出版社，1989：39.
　　③ 史永. 起底"宁波帮"　记邓小平号召全世界"宁波帮"建设宁波 [J]. 宁波通讯，2021（13）：53-54.

上，要把世界各地，包括台湾地区在内的宁波帮都动员起来；二是阶层上，把宁波帮中各个阶层、不同政治信仰的人，包括在台宁波籍上层人士和大实业家都动员起来。而"把全世界的'宁波帮'都动员起来"也成为宁波建设工作的重要战略思想，2018—2020年，宁波连续三年举办全球"宁波帮·帮宁波"发展大会，召唤全世界"宁波帮"加快回归，为家乡建设发展注入新动力。① 故而如有研究者提出的，"宁波帮"在这里应是指除在宁波本地以外，散居于世界各地的原宁波府属和现宁波市属各县（市、区）籍人士及其后裔。②

"宁波帮"的界定外延经历了较明显的拓展三阶段，显现出宁波帮其力量与影响的形成与扩展，而宁波帮的核心主体始终是开展商贸活动的宁波籍商人聚合体。

二、以宁波帮为代表的宁波商贸文化之精神特质

宁波帮在创造巨大物质财富的同时，也形成了自己独特的精神风范和文化性格——宁波帮精神。即如有研究者所指出的，尽管宁波帮精神没有严密的理论体系和文字表述形式，但其体现在具体实践中，一些观念形态与行为规范得到了这一群体成员的普遍认同。③ 下文综合过往研究以及相应文献将宁波帮精神特质归纳为如下五个方面。

1. 文化心态：经世致用、兼容并蓄

宁波帮声名虽是形成于近代，却有漫长的历史积累，其扎根于中国传统社会，受地方文明影响，包括长期海洋贸易带来的多元文化兼容、浙东"宏阔不为迂，切近而不为陋"的经世致用之学，形成兼容并蓄的开放文化心态，当其遭遇西方现代文明，而能灵活务实吸收外来文化为我所用，获得多元文化的滋养与支持，得以在新旧交替、中外混杂的近代中国社会发展崛起，在众多传统商帮中脱颖而出。

① 史永. 起底"宁波帮" 记邓小平号召全世界"宁波帮"建设宁波 [J]. 宁波通讯，2021（13）：53-54.
② 陈厥祥，余雪华，卢美芬. 试论"宁波帮"与宁波同乡会组织 [J]. 宁波大学学报（人文科学版），2000（3）：60-65.
③ 张跃，孙善根. 论宁波帮精神——宁波帮精神的一种历史诠释 [J]. 宁波职业技术学院学报，2008，12（4）：45-49.

及至近代国族社会文化等遭遇巨变，宁波商人身处宁波、上海等当时中国对外开放的前沿地带，随着外商企业、洋货等的进入，宁波帮企业家领风气之先，率先投身买办业与对外贸易业，不仅积累了大量货币财富，更得以深入接触西方文明，了解与掌握西方资本主义经营方式、商业理念等。在上海，宁波人创办了中国第一家日用化工厂、第一家保险公司、第二家房地产公司，拍摄了第一部电影等。

许多宁波帮人士被视作具有传统美德的现代企业家，"对于学识务求其新，而道德务存其旧"，他们在兼容并蓄中探索形成了"不中不西，亦中亦西"的商业文化模式。在学习借鉴西方科学技术和管理办法的同时，继承发扬艰苦创业、克勤克俭的中华民族传统美德，吸收以人为本的传统人本思想，成功地将传统家族同乡关系运用于近代工商活动中。如近代服装界斐声中外的海派西服"培罗蒙"就是红帮裁缝手艺加上美国流行款式而风靡上海滩的。[①] 宁波帮所依赖的公所、商会等组织则是融合了中国传统家族、同乡关系结构与西方组织方式理念。

正如法国著名中国近代史专家白吉尔所指出的，他们"并没有与传统断绝关系，而是把它用来为新的目标，即近代化的目的服务。工业化前驱者的革新精神，是与勤劳、节俭和对家庭的忠心等旧道德实践结合在一起的"[②]。

2. 开拓精神：向外开拓、勇于闯荡

中国中原传统文化强调重土难迁，安守家业，与之相对，宁波有谚语，"要想富，走险路""要窜头，海三湾"，即勉励人要发迹就要走远路、闯世界。这一地域精神传统的形成与宁波地理条件有关，农业用地资源不足使宁波发展农业文明先天不足，而海洋文明的形成则促推了当地人向外发展开拓生存发展空间。

自唐宋以来，宁波便是中国对外贸易的重要港口，许多宁波人前往日本、高丽等地经商，以海商闻名遐迩。明清时期宁波人外出经商已蔚成风气。清代光绪年间《鄞县志·风俗》称甬人"四出营生，商旅遍于天下，如杭州、

①　张跃，孙善根. 论宁波帮精神——宁波帮精神的一种历史诠释 [J]. 宁波职业技术学院学报，2008, 12 (4)：45-49.

②　M.C.白吉尔，董果良. 近代中国企业主的类型 [J]. 社会科学战线，1985 (4)：163-173.

绍兴、苏州、上海、吴城、汉口、牛庄、胶州、闽、广诸路，贸易甚多。或岁一归，或数岁一归……甚至东洋日本、南洋吕宋、西洋苏门答腊、锡兰诸国，亦措资结队而往，开设廛肆，有娶妇长子孙者"①。

进入近代，外出创业更成为几代宁波人的人生抉择。五口通商后，上海取代宁波而迅速崛起，发展成为全国最大的工商城市与远东贸易中心。既是为解决严峻的挑战，也是要拓展更大生存空间，大批宁波人告别家园，纷纷前往一水之隔的上海谋生创业，原来偏处一隅的宁波人得以跻身全国经济中心。据数据统计，清末民初时"沪上宁绍两府同乡约有三四十万人"②。

在上海立足后，众多宁波商人以上海为依托，向全国各地拓展，并参与至国际性的经济舞台上一展雄长。19 世纪末和 20 世纪中叶，由于国内动荡不安的社会环境，许多宁波商人漂洋过海，前往日本和欧美及港台等地创业，出现大规模的海外创业高潮，形成海外以及港澳台宁波帮。

据不完全统计，目前海外宁波籍人士共有 73 000 余人，加上他们的后裔，达 30 余万人，分布在世界 64 个国家和地区，从南美巴西到西非尼日利亚，从北欧港口城市汉堡到太平洋岛屿夏威夷，他们拥有遍布世界的商业管理销售网和大批掌握现代化科技、生产工艺和管理知识的专业人才。③

3. 创业精神：勤勉实干、勇于创新

创业既需脚踏实地勤勉实干，又要敢于冒险勇于创新，这在宁波帮的商业实践中表现突出。

宁波商人重实干与经验资源积累，许多是白手起家，一步一个脚印，经日积月累成就自己的事业。如影业之王邵逸夫熟悉剪辑、摄影、化妆、剧本、导演等电影制片的每一个环节。在 20 世纪 70 年代，其一年会观摩几百部影片。香港民生药行董事长姚云龙长期钻研本行业业务，熟悉各种药材的性能和效用，对业务精益求精，最终由"识别药材的能手"发展为著名的"药材大王"。④ 上海钱业领袖秦润卿出身贫寒，14 岁来到上海，从钱庄学徒起步，

① 苏勇军. 浙东海洋文化研究 [M]. 杭州：浙江大学出版社，2011：192.
② 虞和平. 清末以后城市同乡组织形态的现代化——以宁波旅沪同乡组织为中心 [J]. 中国经济史研究，1998 (3)：73-86.
③ 苏勇军. 浙东海洋文化研究 [M]. 杭州：浙江大学出版社，2011：99.
④ 沈雨梧. 论海外宁波帮企业家的素质 [J]. 宁波经济，1996 (3)：18-20.

凭借工作之兢兢业业勤勉认真，后担任福源钱庄经理，又因其才能出众、善于经营受到同业拥戴，连任七届钱业公会会长，作为上海钱业领军人物长达半个世纪之久。①

创业还需要敢于冒险勇于创新，宁波帮近代之所以崛起与其冒险创新特质息息相关。据《鄞县通志》，"甬人具有冒险性，都习海善航，以是与西人接触较早"②，而近现代其率先接触资本主义经营方式，并敢于创新，展开经营领域的变化与经营方法的创新，成为近代新兴商业行业的开拓者。

19世纪60年代以前，宁波商人主要经营药材业、沙船业、海味业、钱庄业等传统行业。西风东渐时期，宁波帮一方面充分发挥自身优势，将传统优势行业近代化，如钱庄业向近代银行业转化、沙船业向近代轮船业演变。另一方面，宁波帮开拓涉足新兴行业，包括五金颜料业、洋布业、日用洋货业在内的进出口贸易，钟表眼镜业、西药业、房地产业、保险业、证券业等。近代上海乃至全国商界的诸多桂冠为宁波商人获得，如第一个浙江买办、第一家华人银行、一个华人商会、第一个钱业团体、第一家汽车出租公司。③

这些"第一"显示出吃第一个螃蟹的勇气与创新精神。开拓创新是企业家的重要特征，也是宁波帮能成就大业的重要法宝。森次勋在《上海财阀之鸟瞰》中提出，宁波帮是近代新兴商业行业的开拓者，"输入贸易方面，金属、燃料、棉布、砂糖、机械、杂货等外国输入品之经营，数十年来为宁波人绝对独占，逐渐有增长之势"④。

4. 商业道德：诚信为本、以德兴业

商业道德是宁波帮崛起的重要因素之一。近代宁波商人在商业经营中强调以德立业，以德兴业。提倡义内求财，以义取利。⑤ 诚实守信，又以慈善将获利回馈家国，成就商业之"义"。

近代宁波人开设的钱庄以信用卓著而闻名于世，人称"信用钱庄"，商业

---

① 杨轶清. 钱业领袖秦润卿 [J]. 浙江经济，2013 (18)：58.

② 苏勇军. 浙东海洋文化研究 [M]. 杭州：浙江大学出版社，2011：192.

③ 孙善根. 宁波帮史略 [M]. 宁波：宁波出版社，2015：19.

④ 吕洪霞. "宁波帮"家族企业制度创新研究 [M]. 杭州：浙江大学出版社，2011：15.

⑤ 张跃，孙善根. 论宁波帮精神——宁波帮精神的一种历史诠释 [J]. 宁波职业技术学院学报，2008，12 (4)：45-49.

买卖多凭信用放账，大大方便了商业流通，众多客商乐于与宁波商人交易，我国近代民信局几乎为宁波人所独占。潘子豪在《中国钱庄概要》中提到，民信局"为宁波之专业，资本甚大，信用亦佳，凡一经民信局保险之信札，内中银钱汇票，倘有遗失等情，一概由该局赔偿"。又据《宁波金融志》所记载："长期以来，宁波钱庄业握经济之枢纽，居社会最重要之地位……有'信用码头''多单码头'之称。"①

对于以诚信为核心的传统商业道德价值，许多海外宁波帮企业家深信不疑，将其视作办好企业的必要条件。已故船王包玉刚将信用视作经营之本，其曾言："在商业道德这上头，还是老传统好。要有信誉，要有信用才行。"② 美国旧金山企业家王泰生创业数十年，恪守信用信义，开办的珠宝、中餐等企业，力图做到"货真价实，童叟无欺，信誉至上"，其回顾自己事业之路时说："我没有什么秘诀，靠的就是一个'信'字。"③

以德兴业，还体现在宁波商人的慈善行为上，以获利回馈家国，成就商业之"义"。宁波帮形成以及发挥影响力的重要组织形式宁波同乡同业组织，正是因宁波商人以德兴业，展开慈善而得以有效运转，并回馈于家乡与社会。

以慈城金融实业家秦润卿为例，其通过自己的勤勉勤俭与诚信等创业成功成为商界名流后支持公益事业，在教育、图书、周济困窘等各方面都留下美名。其自1915年就开始捐资办学，先后与他人一起兴建了普迪学校、普迪二校、慈溪县立中学、钱业公学等。1938年其家乡因水涝旱荒，存粮将罄、米价飞涨，秦润卿与钱业同乡采购稻米数千石接助乡民。其还自1931年起在家乡创办藏书楼"抹云楼"，购置多种中外古今书籍，动员成立图书保管委员会，从事图书的保管、收藏及借阅，以保存文献弘扬文化。对此，《宁波市教育志》曰："秦润卿自奉俭约，但关怀桑梓，热心社会公益事业，在捐资兴学上贡献尤大。"④

---

① 苏勇军. 浙东海洋文化研究 [M]. 杭州：浙江大学出版社，2011：194.
② 张跃，孙善根. 论宁波帮精神——宁波帮精神的一种历史诠释 [J]. 宁波职业技术学院学报，2008，12 (4)：45-49.
③ 沈雨梧. 论海外宁波帮企业家的素质 [J]. 宁波经济，1996 (3)：18-20.
④ 陈梅龙. 秦润卿与上海钱庄业 [J]. 民国档案，1997 (3)：115-121.

5. 合作精神：注重团体、强调联合

近代宁波帮形成的重要标志即各种团体组织的出现，起初以家族血缘为核心，继而以各地同乡会为纽带，后来以各行业团体与各地商会为后盾发展。注重团体、强调联合是其基本特点。

农业耕地之局促，海洋文明之促推，许多宁波人在外创业谋生，亲邻同乡是重要的关系资本，由此也形成了亲邻相帮、同乡扶助之风。《鄞县通志》提及甬人"团结自治之力，素著闻于寰宇"①。在创业过程中，近代宁波人借助家族同乡关系，相互扶持，获得事业机会与空间，增强了抵御风险的能力。如上海开埠后大批涌入的宁波人较多通过同乡关系找到职业。"在一个相当时期内，四明公所成为宁波人至上海进入商界的一个主要途径。"② 象山旅沪同乡会筹办以来，其联合互助活动包括：举行聚餐以联同乡情谊，发给通行证明书，便利乡人往返，又募集水灾捐助，协助家乡米荒救济等。③

近代社会，政治经济等皆逢剧变而不稳定，民族企业发展艰难。在1911年的"宁绍轮船公司风波"中，英商太古公司降价倾轧，使宁绍公司陷入困境。为此虞洽卿等人通过宁波旅沪同乡会发动同乡联合行动，相约不乘载外轮，并组织航业维持会，集资达10余万元，迫使英商妥协，宁绍公司还得以扩大。宁绍公司成了"以华商名义，使用大型轮船，面对外国侵略者强大竞争压力，在一条航线上坚持下来，取得胜利的第一家民族轮船企业"④。而在外国银行和洋行的排斥倾轧下，实力并不雄厚的四明银行能多次化险为夷，旅沪宁波同乡的团结互助发挥了重要作用。对此，《上海县志》说：四明银行"兑现、提存，赖以平定者，俱甬商之力"⑤。

宁波商人的群体意识并不局限于家族同乡的范围，还兼容拓展至行业，

---

① 王逐今. 宁波帮企业家的崛起（浙江文史资料选辑第30辑）[C]. 杭州：浙江人民出版社，1989：13.

② 曼. 宁波帮和上海的金融势力 [C]//张仲礼. 中国近代经济史论著选译. 上海：上海社会科学院出版社，1987：444.

③ 董启俊. 宁波旅沪同乡会 [C]//政协宁波市委员会文史资料研究委员会. 宁波文史资料第五辑. 宁波：政协宁波市委员会文史资料研究委员会，1987：29-33.

④ 樊百川. 中国轮船航运业的兴起 [M]. 北京：中国社会科学出版社，2007：305.

⑤ 张跃，孙善根. 论宁波帮精神——宁波精神的一种历史诠释 [J]. 宁波职业技术学院学报，2008，12（4）：45-49.

通过行业与商会组织，团结联合分散的个体，维护工商业者的合法权益。在宁波商人比较活跃的地方如上海、汉口、天津等，宁波商人往往在这些组织中扮演重要角色，注重充分挖掘关系资源网络的用途，运用社团力量，进行自主化治理，将个体利益组织化，增大共同利益。

这种团队协作精神是宁波帮崛起的重要支撑，也是现代城市文明之组织核心基础。即如芒福德探讨城市文明时提炼出的，城市的重要功能在于汇聚资源，团队协作。① 并且对于政治经济等各个领域之民主运作而言也是如此。而这对于现代文明典范之都的建设而言，亦是重要的推动力与黏合剂。

从如上对宁波商贸文化之结晶宁波帮的研究发现，宁波帮可谓勾连起宁波海洋文化与农耕文化的一种实践及其形成的群体，在海陆文明交汇之中发展形成了开拓实干之商贸文化。宁波帮之崛起与发展之历史脉络，又如何因应时代变迁而体现出内涵特质之变与不变，是宁波城市独特之处的体现。其崛起是地理环境、各地商品经济发展和封建王朝海禁政策等的影响，而其发展和兴盛还是建立在海洋文化与农耕文化结合的基础之上。自此前宁波海洋文明历史追溯即可以发现，宁波港作为重要贸易港连通八方，带来文化的交汇与多元发展，而细致分析近现代宁波帮成功的重要因素，包含了立足于中国传统文化与社会结构的同时，效仿和借鉴西方文明，发展国内前沿产业。中国文化结构与西方之"器具""理念"兼容并蓄，融入了宁波帮的商业实践中，并显现出其重要的生产力和创造力释放作用。

由此可见，宁波商贸文化是海洋文明与大陆文明两者的融合，并且还是全球文明与地方文明碰撞而形成，这种海陆交汇、多元相融，自始至终贯穿于宁波商贸文化的发展中，并使得宁波商贸文化的创造者与行动者表现出独特的地方精神特质。这种精神特质也成为宁波城市精神的重要构成，参与并影响宁波未来的文明发展。

① 刘易斯·芒福德. 城市发展史——起源、演变与前景 [M]. 宋俊岭，宋一然，译. 上海：上海三联书店，2018：526-527.

第六章

宁波文明典范之都建设的现代文明基础

城市从无到有、从简单到复杂、从低级到高级的发展过程印证了城市本身即文明，是人类文明的优秀成果。[①] 城市不但是文明出现的标记，也是文明最重要的载体，文明的演变往往在城市结构、功能和空间分布中体现。正因如此，对城市文明和文明城市的探究，是理解中国历史和人类文明史的重要一环。[②] 本部分从宁波经济的高质量发展、生态宜居、精神文明建设、社会治理等方面分析评价宁波现代化发展状况，梳理出宁波文明典范之都建设的现代文明基础要素。

第一节
文明典范之都之现代文明

文明城市包含现代化城市的要求，是城市现代化水平的重要标志。[③] 文明典范之都建设，是城市经济建设、政治建设、文化建设、社会建设和生态文明建设"五位一体"总体布局的文明，是城市物的文明、人的文明和制度文明的综合体现，实质也是彰显中国式现代化的过程。

城市文明建设关系到全体社会成员公共利益的实现，需要社会成员共同参与，其成效理应由公众满意度作为衡量标准。公众满意评价既可以防止城

---

① 金家厚. 城市文明的衡量维度与发展取向——以上海市为例 [J]. 城市问题，2010（10）：23-28.

② 薛凤旋. 中国城市文明史 [M]. 北京：九州出版社，2022：8.

③ 郭艳飞. 中国文明城市建设报告 [M]. 北京：中国时代经济出版社，2009：26.

市文明建设异化成为某些政府或领导个人价值偏好或政绩追求的衣钵，也可以及时发现城市文明建设中公众最关注的问题或最不满意的方面，真正体现城市文明建设的"共享共建"终极价值目标。① 总之，公众满意评价是城市文明建设系统不可或缺的组成部分，它既是城市文明建设的出发点，也是目标地，是城市文明建设的成效衡量指标和决策依据。②

本节对文明典范之都建设的现代文明考量，将围绕高质量发展、生态良好、文明有礼、政府廉效、社会和谐、共同富裕六个方面，既有城市官方统计数据等客观指标，又有被访者满意度感知的主观指标，此外还结合典型案例和经验做法，意在全方位构建并展示宁波作为文明典范之都的现代文明发展现状。

一、高质量发展——富裕之城

中国式现代化是全体人民共同富裕的现代化。物质富足是社会主义现代化的根本要求，需不断厚植现代化的物质基础，不断夯实人民幸福生活的物质条件，同时坚持把实现人民对美好生活的向往作为现代化建设的出发点和落脚点，着力促进全体人民共同富裕，坚决防止两极分化。

当前，中国经济已由高速增长阶段转向高质量发展阶段。高质量发展阶段所秉持的发展理念是创新、协调、绿色、开放、共享，着力提升质量和效益，建设现代化经济体系。③ 王青和刘亚男围绕创新、协调、绿色、开放、共享 5 个维度建构了 25 项指标，以考察六大都市圈的经济高质量发展水平，认为宁波都市圈的经济高质量水平年均增速处于第三位，仅次于合肥都市圈和南京都市圈，宁波都市圈内部差距均值最低，一体化发展水平比较高。④

（一）经济高质量发展的宁波实践

宁波地处东南沿海，北临杭州湾，处于"一带一路"、长江经济带、长三角一体化发展的枢纽节点，国家区域重大战略在宁波交汇叠加，为宁波经济

---

① 尤建新，邵鲁宁，杨淼. 公众满意理念及公众满意度评价 [J]. 上海管理科学，2004（2）：59-61.
② 魏红征. 城镇化背景下城市文明建设探析 [J]. 广西社会科学，2013（12）：162-166.
③ 胡畔. 中国经济高质量发展：一个文献述评 [J]. 山西财经大学学报，2023，45（7）：43-53.
④ 王青，刘亚男. 长三角六大都市圈经济高质量发展的区域差距及动态演进 [J]. 南通大学学报（社会科学版），2022，38（3）：39-49.

发展带来前所未有的历史发展机遇。具体而言，宁波在经济发展方面具有良好的资源禀赋：在制度禀赋方面，宁波属于计划单列市，具有较大的经济与财政管理自主权限，以甬商为代表的宁波商业群体，与世界各国贸易往来频繁，形成了以信任为纽带的地区社会资本。在自然禀赋方面，宁波地理位置优越，交通便利，海陆空基础设施发达，宁波舟山港是全球货物吞吐量第一大港，跻身全球航运中心城市综合实力十强，是重要的海铁联运港和汽车滚装码头，港口优势强有力地助力宁波进出口贸易发展。此外，宁波还拥有栎社国际机场以及宁波绕城高速、杭甬高速、杭州湾跨海大桥等多条交通要道。在要素禀赋方面，2022 年宁波供地总量 2263.23 公顷，总人口 961.8 万，全市人口净迁入 35 157 人，净迁移率为 5.67‰，现有产业工人 350 余万人；[①] 截至 2023 年 6 月底，全市有技能劳动者 213.53 万，高技能人才 72.31 万，高技能人才占技能劳动者比重 33.86%[②]。

　　2022 年宁波实现地区生产总值为 15 704.3 亿元（位列浙江省第二名），其中三产增加值为 7908.84 亿元（位列浙江省第二名）。[③] 2018—2022 年宁波经济高质量发展和共同富裕指标现状见表 6-1 和 6-2。

表 6-1　宁波高质量发展指标数据（2018—2022 年）

指标	2018 年	2019 年	2020 年	2021 年	2022 年
地区生产总值（亿元）	1193.14	12 035.11	12 599.22	14 594.92	15 704.30
人均地区生产总值（万元）	12.42	13.08	13.47	15.51	16.39
全社会研发支出占地区生产总值比重（%）	2.57	2.70	2.86	2.76	2.94
全国企业 500 强数量（家）	9	9	15	16	9
战略性新兴产业占规模以上工业增加值比重（%）	26.20	8.70	7.40	14.50	5.80

　　① 宁波市人民政府网. 人口状况 ［EB/OL］.（2022-12-31）［2023-07-25］. https://www. ningbo. gov. cn/col/col1229099788/index. html.
　　② 宁波晚报. @350 万产业工人宁波这份产改赋能 "大礼包" 请接收！［EB/OL］.（2023-07-20）［2024-04-10］. http://daily. cnnb. com. cn/nbwb/html/2023-07/20/content_1368380. htm.
　　③ 宁波市统计局. 宁波统计年鉴 2023 ［EB/OL］.（2023-01-18）［2024-03-06］. https://zjjc-mspublic. oss-cn-hangzhou-zwynet-d01-a. internet. cloud. zj. gov. cn/jcmsfiles/jcms1/web3426/site/nbtjj/tjnj1/20232/newindexce. htm.

续表

指标	2018 年	2019 年	2020 年	2021 年	2022 年
高技术制造业增加值占规模以上工业增加值比重（%）	62.30	7.40	6.90	16.10	6.30
城市营商环境指数全国排名	8.00	10.00	6.00	7.00	5.00

数据来源：根据宁波市统计局《宁波统计年鉴》（2019—2023）相关数据整理。

表 6-2 宁波共同富裕指标数据（2018—2022 年）

指标	2018 年	2019 年	2020 年	2021 年	2022 年
人均可支配收入（元/人）	52 402	56 982	59 952	65 436	63 848
人均可支配收入占人均地区生产总值比重（%）	40	40	39	43	42
地区人均可支配收入最高最低倍差	/	1.19	1.22	1.25	/
地区人均地区生产总值最高最低倍差	/	2.66	2.53	2.47	/
城乡居民收入倍差	1.79	1.77	1.74	1.72	1.69
全国最具幸福感城市排名	2	3	3	3	3

数据来源：根据宁波市统计局《宁波统计年鉴》（2019—2023）及报告数据整理。

1. 民营经济和制造业基础

具有相当工业基础、产业结构以制造业为主的宁波民营经济是宁波经济活跃发展的重要部分，也是宁波城市发展的基本依靠力量。作为中国重要的先进制造基地，"宁波制造"在中国制造业版图中占据重要一席。自 2016 年工信部启动全国范围内的制造业单项冠军遴选，宁波积极打造单项冠军之城，2022 年新增国家级单项冠军企业 20 家，累计达 83 家，居全国各城市首位，且连续 5 年保持全国第一；新增专精特新"小巨人"企业 101 家，累计 283 家，① 居全国城市第 4 位，仅次于北上深；"专"与"精"成为宁波国家级专精特新"小巨人"企业高质量发展的基石。2022 年，宁波市经信局对 384 家制造业专精特新企业的数据分析显示，主导产品市场占有率全球第一的企业有 110 家，占比为 28.65%；市场占有率全国第一的企业有 262 家，占比

---

① 殷聪. 第四批国家级专精特新"小巨人"名单出炉 宁波 101 家企业入选 [N]. 宁波日报，2022-08-10（1）.

为 68.23%。① 宁波市经信局也曾对第三批国家级专精特新 "小巨人" 企业进行调研，结果发现 182 家企业中仅有 15 家企业深耕细分行业短于 10 年，这些专精特新企业中大多数是细分领域的冠军。② 此外，宁波还是拥有 11 个 "全国唯一" 的特色产业之都。全市拥有工业主体企业 13.5 万家，其中规模以上工业企业 10 099 家。2022 年工业总产值超 10 亿元的企业达到 292 家，培育超千亿企业（集团）4 家，优质企业梯队不断壮大。③

根据宁波市发展规划，宁波要高水平建设全球智造创新之都，从 "制造" 迈向 "智" 造，从 "制造大市" 向 "制造强市" 跨越。在《宁波打造全球智造创新之都行动纲要（2022—2026 年）》提出，力争到 2025 年，宁波市国家级制造业单项冠军企业要达到 100 家，专精特新 "小巨人" 企业要达到 600 家；力争到 2026 年，全市工业增加值突破 1 万亿元，多个重点领域实现零的突破，制造业高质量发展全国领先；力争到 2035 年，全面实现产业基础高级化和产业链现代化，建成以数字经济为引领的现代产业体系，打造成全球领先的先进制造业基地和产业科技创新基地，基本建成全球智造创新之都。④

2. 数字经济与创新文化

经济高质量发展实现途径包括以创新驱动为动力导向、以数字经济为助推力量等方式。⑤ 创新驱动是经济高质量发展的重要模式，也是建设现代化经济体系的战略支撑的重要手段。浙江创新驱动水平较高的县市主要分布在杭州市区、宁波市区。宁波拥有便利交通、多元文化、高效管理、开放环境等

---

① 宁波发布. 连续 4 年! 宁波全国第一 [EB/OL]. (2021-11-15) [2024-03-06]. https://mp.weix-in.qq.com/s? _biz = MzAwOTAwMzMwNA = = &mid = 2653163761&idx = 2&sn = cb982be02c6673117cb9237efa5e7 946&chksm = 80b6f8b6b7c171a022e567d40e0c78a90ea6aa7dd1d10835e4c07ad9956dc6767186417d8d91&scene = 27.

② 邹倜然，殷聪. 宁波以专精特新 "小巨人" 打造全球智造创新之都　让 "小巨人" 成长为 "真巨人" [EB/OL]. (2022-09-20) [2024-03-06]. https://www.cnii.com.cn/dfgx/202209/t202209 20_415255.html.

③ 宁波市经济和信息化局. 对标一流　智造创新，宁波制造走深走实高质量发展之路. [EB/OL]. (2023-05-18) [2024-03-06]. http://jxj.ningbo.gov.cn/art/2023/5/18/art_1229561617_5893 6943.html.

④ 宁波：单项冠军之城，从 "制造大市" 迈向 "智造之都"! [EB/OL]. (2023-05-24) [2024-04-10]. https://business.sohu.com/a/678521751_121117478.

⑤ 邹升平，高笑妍. 经济高质量发展的研究进路与深化拓展 [J]. 宁夏社会科学，2023 (3)：82-92.

创新所需要的条件，创造了浓厚的创新氛围，创新能力持续深化。① 国家自主创新示范区、甬江科创区、甬江实验室加快建设，拥有中国科学院宁波材料所、中国兵器科学研究院宁波分院等产业技术研究院 71 家。成功创建国家级石墨烯制造业创新中心，累计攻克 600 余项关键技术壁垒和"卡脖子"难题。从浙江省整体空间格局来看，数字经济增长呈现以杭州和宁波为核心的"双核心"空间格局现象。②

"R&D 经费"（全社会研究与试验发展经费）是反映地区创新投入水平的重要指标之一，也是城市未来经济竞争力的决定性因素。宁波 2020 年 R&D 经费为 354 亿元（居全国第 12 位），研发投入增速为 9.26%，研发强度为 2.85%。③ 据宁波市统计局公布的数据，从 2016 年开始，宁波研发强度持续提升，且提升速度越来越快——2017 年提升 0.08 个百分点；2018 年提升 0.11 个百分点；2019 年提升 0.13 个百分点；2020 年提升 0.15 个百分点。2020 年，在国家创新型城市建设评价中，宁波居第 15 位，比上年提高 4 个位次；宁波国家高新区首次跻身全国前 15 位，比上年提高 3 个位次。④ 据《宁波市加大全社会研发投入专项行动方案（2022—2026 年）》显示，到 2026 年，宁波市力争 R&D 经费占地区生产总值比重达到 3.75%，R&D 经费年均增速达到 20%。R&D 经费总量、研发费用过亿元的企业数量力争实现"双倍增"，力争培育研发投入超亿元企业 100 家以上。⑤

近年来，宁波大力推动制造业数字化、智能化转型，加快构建以数字经济为核心的现代化产业体系，数字经济正成为宁波经济增长的重要引擎之一。2021 年，宁波数字经济核心产业营收达到 4300 亿元，近五年核心产业增加值

① 齐昕，郭东杰. 经济创新驱动水平测度及空间分布格局——基于浙江县域样本的研究 [J]. 商业经济与管理，2021（3）：85-96.

② 陈修颖，苗振龙. 数字经济增长动力与区域收入的空间分布规律 [J]. 地理学报，2021，76（8）：1882-1894.

③ 吴正彬. 谁是中国创新之都？研发投入强度，宁波持续提升 [N]. 东南商报，2021-11-18（A06）.

④ 中国宁波网. 上升四位！全国创新型城市排名发布 宁波位列第十五 [EB/OL].（2020-12-27）[2024-03-07]. http://news.cnnb.com.cn/system/2020/12/27/030215868.shtml.

⑤ 人民网. 宁波全社会研发投入再加码 力争 2026 年实现 R&D 经费总量倍增 [EB/OL].（2022-11-06）[2024-03-01]. http://zj.people.com.cn/n2/2022/1106/c186327-40183512.html.

平均增速超 18%。① 2022 年，宁波数字经济核心产业增加值为 1119 亿元，近五年年均增速达 16.4%，超过地区生产总值年均增速 7.5 个百分点；宁波数字经济核心制造业增加值达 710.6 亿元，占数字经济核心产业增加值的 63.5%。② 宁波市第十四次党代会提出："要超常规发展数字经济"，以数字化改革为引领，全力实施数字经济超常规高质量发展行动——到 2026 年底，数字经济核心产业营业收入、数字经济增加值分别超万亿元，基本建成全国数字经济高质量发展标杆城市，助力打造具有全球影响力、智造引领力、创新驱动力、生态吸引力、示范带动力的全球智造创新之都。③

3. 港城外贸经济

宁波是中国古代通过海上对外交往的主要港口，作为"海上丝绸之路"的始发港之一，宁波处于环太平洋国际运输主航道上，处在"一带一路"交汇处，是连接"丝绸之路经济带"和"21 世纪海上丝绸之路"的枢纽，是亚太地区的重要门户，对外直接面向东南亚以及整个环太平洋地区，是中国沿海向美洲、大洋洲、南美洲等地区港口远洋运输辐射的理想集散地。宁波港与舟山港合并之后，宁波舟山港共有 19 个港区组成，是中国超大型巨轮进出最多的港口，也是世界上少有的深水良港，国际竞争力大大加强。④ 宁波建设开放大市，与全球 223 个国家和地区直接开展贸易往来，⑤ 成为全国第六座"外贸万亿之城"，⑥ 是中国与中东欧国家合作的桥头堡。

2021 年，宁波舟山港成为继上海港、新加坡港之后，全球第三个 3000 万级集装箱大港。⑦ 2022 年，全年宁波舟山港完成货物吞吐量 12.6 亿吨，比上

① 宋婧. 数字与智能共振　宁波唱响数字经济"奏鸣曲" [N]. 中国电子报，2022-09-06（8）.

② 邓婕. 浙江宁波：跑出数字经济高质量发展加速度 [N]. 经济参考报，2023-10-12（004）.

③ 郭倩，袁小康. 宁波：数字化转型发展走深向实 [N]. 经济参考报，2022-09-01（4）.

④ 中国经济周刊. 宁波舟山港，辐射腹地、融入大局 [EB/OL]. （2022-08-26）[2024-03-10]. https://www.chinaports.com/portlspnews/12246.

⑤ 郁进东. 宁波加快建设"一带一路"枢纽城市　前 5 月对沿线国家进出口额增长 11.9% [N]. 经济日报，2023-07-12（1）.

⑥ 中国宁波网. 宁波成为全国第 6 座"外贸万亿之城"　外贸"高光时刻"能否持续？[EB/OL]. （2021-12-13）[2024-03-07]. http://www.cnnb.com.cn/nbzfxwfbh/system/2021/12/13/030312527.shtml.

⑦ 中国宁波网. 首破 3000 万标准箱！宁波舟山港成全球第三个 3000 万级集装箱大港 [EB/OL]. （2021-12-16）[2024-02-07]. http://news.cnnb.com.cn/system/2021/12/16/030313430.shtml.

年增长 3.0%，连续 14 年蝉联世界首位"。全年宁波舟山港完成集装箱吞吐量 3335.1 万标箱，增长 7.3%，全球第三大集装箱港的地位进一步巩固。① 2022 年全年全市批准外商投资项目数 410 个；合同利用外资 57.5 亿美元；实际利用外资 37.3 亿美元，增长 13.8%，累计实际利用外资达 679.4 亿美元。累计有 72 家境外世界 500 强企业来甬投资 156 个项目（包含分支机构），投资总额 254.2 亿美元。2022 年全年全市完成国际服务贸易进出口额 1717.5 亿元，其中出口额 1148.7 亿元，进口额 568.9 亿元，比上年分别增长 22.5%、21.3% 和 25.1%。②

（二）经济高质量发展的个体感知

通过对 950 名受访者的问卷调查，可知，调查对象对宁波经济发展水平表示"非常满意"的占比 54%，"比较满意"的占比 26.1%；对宁波总体营商环境表示"非常满意"的占比 51.7%，"比较满意"的占比 28.7%；对自身收入水平表示"非常满意"的占 44.1%，"比较满意"的占比 24.1%；对以上三者评价非常不满意的均在 3% 以内（详见表 6-3），整体上对宁波经济发展表现出较高的满意度。

表 6-3　被访者（N=950）对宁波城市经济发展的满意度评价

评价内容	评价等级	频次	有效百分比（%）
经济发展水平	非常满意	513	54
	比较满意	248	26.1
	一般	110	11.6
	不太满意	64	6.7
	非常不满意	15	1.6

---

① 中国宁波网. 宁波成为全国第 6 座"外贸万亿之城"外贸"高光时刻"能否持续？［EB/OL］.（2021-12-13）［2024-03-07］. http://www.cnnb.com.cn/nbzfxwfbh/system/2021/12/13/030312527.shtml.

② 宁波市统计局. 2022 年宁波市国民经济和社会发展统计公报［EB/OL］.（2023-02-28）［2024-03-10］. http://tjj.ningbo.gov.cn/art/2023/2/28/art_1229042910_58918053.html.

续表

评价内容	评价等级	频次	有效百分比（%）
总体营商环境	非常满意	491	51.7
	比较满意	273	28.7
	一般	99	10.5
	不太满意	61	6.4
	非常不满意	26	2.7
自身收入水平	非常满意	419	44.1
	比较满意	229	24.1
	一般	176	18.5
	不太满意	108	11.4
	非常不满意	18	1.9

（三）经济高质量发展背后的商业文明

1. 根植血脉的商贸文化

中西方城市文明虽有不同发展轨迹，但城市文明的发端均以商业文明为标志。古代城市的简单功能除了军事防御，便是商品交换。宁波毗邻东海，自古"帆船成排、桅杆成林"，是一座海商文化历史名城，商贸文化根植于宁波血脉，也是这座城市的灵魂所在。7000 年前河姆渡先民们刳木为舟、剡木为楫，实现较长距离航海。唐宋，明州设州，宁波成为港口和造船业最发达的地区之一。明代宁波成为"海上丝绸之路"重要港口，明初至清顺治末的"海禁"政策，明州港一度萧条，但"海禁"解除后明州港回复新生。鸦片战争以后，宁波成为五口通商港口之一。宁波人在中国近代金融、航运、外贸、民族工业等方面，都居于领先地位。改革开放以后，宁波港发展日新月异，成为中国超大型巨轮进出最多的港口，世界上少有的深水良港。特殊的区位优势和长期的历史积淀，熔铸成宁波"海通四方、商贸中外"的海商文化。

宁波的商贸文化是受到浙东学术、海洋陆地文明交汇影响的文化。明清浙东学术文化不仅是宁波历史文化的核心，其精神更是宁波传统人文精神的基本内核。这些精神作为宁波人的群体心理特征影响决定着历史的宁波，也深深植根在宁波商帮的心中,成为"宁波商帮精神"的基本构成。① "宁波帮"根植于海洋文化之源,走上了工业文明之路,不仅做好了全国市场,而且敢于走向世界。②

2. 规范有序的现代营商环境

宁波商帮文化精神内涵丰富,包括立德立业、以德为本、诚实守信、以义取利、团结互助、风雨同舟、艰苦奋斗、勤俭节约、爱国爱乡、乐善好施等方面,其中一诺千金的信用是重中之重,秉承"非诚信不得食于贾"的古训,在沪上经营钱庄业、民信业时就奉行"重然诺,尚信义"的诚信原则。在20世纪二三十年代,宁波知名的药行街曾经开满了大大小小的药铺,一度成为中国药材业的中心。在服装行业,宁波红帮裁缝的发展过程中,"货真价实、一诺千金"同样也是其重要的生存和兴盛之道。

中国经济进入新发展阶段,持续优化和改善营商环境是构建新发展格局、促进经济高质量发展的着力点。广泛开展"诚实守信"宣传教育活动、信用知识普及行动、"最美诚信人"评选活动,发挥诚信人物、诚信企业的典型示范作用,大力营造讲诚信、重信用的浓厚氛围。制定诚信"红黑榜"制度,建立了1000余万自然人、47万法人和57万个体工商户的公共信用档案。积极探索政府、个人、社会的诚信机制,逐步建立健全社会信用体系,为经济社会发展营造良好的法治环境。同时,积极探索在城市开办企业、办理施工许可证、获得电力、登记财产、获得信贷、保护少数投资者、纳税、跨境贸易、执行合同和办理破产等营商环境指标,以促进经济高质量发展。③ 宁波经济发展软环境优良,入选中国营商环境标杆城市,是首批全国法治政府建设示范市。从"宁波帮"到新甬商,"信用"二字一直以来是宁波人行走的金名片。为了规范社会信用管理,保护信用主体合法权益,加强社会信用体系建设,提高全社会诚信意识和信用水平,《宁波市社会信用条例》于2023年7月1日起施行。这是宁波市第一部关于社会信用建设的地方性法规,意味着

---

① 庄丹华. "宁波商帮精神"的历史文化探源 [J]. 浙江工商职业技术学院学报,2009,8 (2):29-31.

② 屠光启. 传承"宁波帮"精神 弘扬宁波商帮文化 [J]. 宁波通讯,2010 (12):36-37.

③ 杨巧,蒋勇. 营商环境对经济高质量发展的影响——来自跨国面板数据的证据 [J]. 国际商务研究,2023,44 (4):17-29.

宁波社会信用体系建设迈入了规范化、法治化的新阶段。鼓励市场主体在进行生产经营、交易谈判等经济活动中参考使用信用信息，对信用状况良好的信用主体采取给予优惠或者便利、增加交易机会等降低市场交易成本的措施。鼓励金融机构对信用状况良好的信用主体在融资授信、费率利率、贷款偿还等方面给予优惠或者便利。《宁波市社会信用条例》的出台，不仅是筑牢信用应用的底线，也给信用主体注入"强心剂"，更给营商环境优化提升、城市蓬勃发展提供了强劲动力。[1]

在 950 名受访者眼中，和商业文明相关的宁波特色文化，选择"港口文化"占全部勾选次数的比例为 13.8%，在所有样本中，有 61.5% 的市民觉得港口是最有代表性的宁波文化特色；选择"商帮文化"占全部勾选次数的比例为 11.6%，在所有样本中，有 51.7% 的市民觉得商帮是最有代表性的宁波文化特色；选择阳明文化占全部勾选次数的比例为 9.9%，在所有样本中，有 44.3% 的市民觉得阳明是最有代表性的宁波文化特色；选择"海丝文化"占全部勾选次数的比例为 8.9%，在所有样本中，有 39.5% 的市民觉得海丝是最有代表性的宁波文化特色（详见表 6-4）。

表 6-4　被访者（N=950）对宁波文化特色的评价

宁波文化特色	响应个案数	响应百分比	个案百分比
河姆渡	614	14.5%	64.7%
佛教文化	493	11.6%	51.9%
院士之乡	460	10.9%	48.5%
港口文化	584	13.8%	61.5%
藏书文化	442	10.4%	46.6%
商帮文化	491	11.6%	51.7%
海丝文化	375	8.9%	39.5%
阳明文化	420	9.9%	44.3%
慈孝文化	338	8.0%	35.6%
其他	16	0.4%	1.7%

---

[1]　伍慧，陆颖雯. 这个《条例》，将为"信用宁波"带来什么？[N]. 宁波日报，2023-06-28（A2）.

二、生态良好——宜居之城

刘易斯·芒福德《城市发展史——起源、演变与前景》中描述了18、19世纪工业革命后的城市环境问题，被称为"焦炭城"的西方城市面临严重的人口膨胀、环境污染、恶疾丛生的糟糕状况，芒福德指责它违反了人类生命最基本的生理水平要求。[①] 随着经济不断发展，人类对生态环境越加重视，绿色发展、可持续发展成为共识。党的二十大报告提出，中国式现代化是人与自然和谐共生的现代化。坚持可持续发展，坚持节约优先、保护优先、自然恢复为主的方针，像保护眼睛一样保护自然和生态环境，坚定不移走生产发展、生活富裕、生态良好的文明发展道路，实现中华民族永续发展。中国式现代化展现出一系列具有中国特色的生态图景：促进人与自然和谐共生是中国式现代化的鲜明特征；满足人民日益增长的美好生态需要是中国式现代化的根本目的；坚持绿色低碳发展是实现中国式现代化的创新途径；统筹推进"五位一体"总体布局是中国式现代化的重要抓手。[②]

(一) 生态文明的宁波实践

生态文明建设主要包括资源利用、环境治理、环境治理、生态保护等维度。[③] 有研究以珠三角城市群的9个城市为研究对象，围绕生态制度、生态环境、生态空间、生态经济、生态生活和生态文化六大领域，构建生态文明建设水平综合评价指标体系，并以此评价珠三角城市群生态文明建设水平。[④] 生态文明的宁波实践主要体现如下：

1. 提升生态环境品质

为深入贯彻"绿水青山就是金山银山"理念，宁波市狠抓生态环境建设，城乡面貌焕然一新，绿色低碳生活成为新风尚。截至2022年底，宁波市累计

---

① 刘易斯·芒福德. 城市发展史——起源、演变与前景 [M]. 宋俊岭，宋一然，译. 上海：上海三联书店，2018：477.

② 何玉芳，李戈. 习近平生态文明思想视域下中国式现代化的生态图景 [J]. 城市与环境研究，2023 (2)：22-34.

③ 万媛媛，苏海洋，刘娟. 生态文明建设和经济高质量发展的区域协调评价 [J]. 统计与决策，2020，36 (22)：66-70.

④ 王一超，朱璐平，周丽旋，等. 珠三角城市群生态文明建设水平评价与展望 [J]. 环境保护，2023，51 (7)：53-58.

建成国家级生态文明建设示范县（区）6 个、省级生态文明建设示范县（区）10 个、国家级"两山"实践创新基地 2 个。①

坚持良好生态环境是最普惠的民生福祉。宁波研究制定了《宁波市全域"无废城市"建设实施方案（2022—2025 年）》，以工业固体废物、农业固体废物、生活垃圾、建筑垃圾、危险废物等五大类固体废物全过程管理和固体废物数字化监管为具体工作方向，科学谋划 6 个方面的工作任务和 19 项具体举措。② 2022 年宁波市成功入选全国"十四五"时期"无废城市"建设名单，"无废城市"建设进入加速时期。

坚决打好污染防治攻坚战，推进"清新空气示范区"建设。2022 年全年中心城区空气质量优良天数比率为 89%，在全国 168 个重点城市排名第 17，比上年上升 3 位。全年全市污水处理量 8.4 亿吨，污水处理率为 99%。全市地表水市控以上断面水质优良率为 93.6%，提高 5.4 个百分点，水环境功能区达标率为 100%，提高 1.2 个百分点。县级及以上饮用水源地水质常年保持100%达标率。③ 城镇垃圾分类无害化处理率 100%，生活垃圾资源化利用率100%（见表 6-5）。

表 6-5　宁波生态良好指标数据

指标		2019 年	2020 年	2021 年	2022 年
生态良好	生活垃圾资源化利用率（%）	100	100	100	100
	全年空气质量优良天数比例（%）	87.10	92.50	95.90	93.70
	城市市辖区水质优良比例（%）	83.80	86.30	87.50	93.60
	建成区绿化覆盖率（%）	41.63	42.23	43.29	43.49
	人均公园绿地面积（平方米）	13.76	13.95	14.54	14.60

在"四车一体"公共交通体系中，市区绿色出行分担率达到 65%。公交

---

① 宁波市统计局. 2023 年宁波市国民经济和社会发展统计公报［EB/OL］.（2024-03-06）［2024-02-10］. http://tjj.ningbo.gov.cn/art/2024/3/6/art_1229042825_58919751.html.

② 宁波市生态环境局. 宁波市全域"无废城市"建设实施方案（2022—2025 年）［EB/OL］.（2022-12-16）［2024-02-01］. http://sthjj.ningbo.gov.cn/art/2022/12/16/art_1229051372_58908858.html.

③ 宁波市统计局. 2022 年宁波市国民经济和社会发展统计公报［EB/OL］.（2023-02-28）［2024-02-07］. http://tjj.ningbo.gov.cn/art/2023/2/28/art_1229042910_58918053.html.

线路超过 1200 条，线路总长度 2.2 万公里，清洁能源和新能源公交占比 71.6%。① "十四五"期间，全市公交车新能源化率将达到 75%，主城区绿色出行比率达到 80%，新能源营运车辆保有量达到 1.5 万辆。单位周转量碳排放量下降率为 5%，以加快宁波智慧、绿色、韧性城市建设。②

此外，开展专项行动，优化生态，广泛开展以"清洁家园、守护健康"为主题的爱国卫生运动；高标准推进生活垃圾分类治理攻坚行动，巩固垃圾分类先行示范优势。健全生态环境治理法规标准体系，完善环境污染问题发现、风险动态预警和应急处置机制，持续推进城市减污降碳。2021 年森林覆盖率 48%，省森林城市实现县域全覆盖，③ 建成国家森林城市、园林城市、环保模范城市，获批全国唯一的全域国土空间综合整治试点，耕地保护、生态修复、生态多样性保护工作不断加强，成为国家级生态文明建设先行示范区。

2. 建设全域美丽宁波

建设美丽中国是人与自然和谐共生、实现中国式现代化建设的必由之路，也是中国共产党不遗余力的目标追求。④ 统筹推进美丽系列建设，推进美丽城镇、美丽乡村建设，建设全域秀美的大花园，开展城乡"精特亮"创建，建成精品线路 200 条、特色街区 200 个、亮点工程 100 个。⑤

在城镇，以改善城市人居环境为重点，提高机械化作业，深入推进城市精细化管理，以打造"最干净城市"为目标，追求最高城市容貌标准，大力推进"席地可坐"示范区域创建和城市品牌，以重要商圈、广场公园、旅游景区为重点，做到主次干道、商业大街无积存垃圾、纸屑、烟蒂、污物，路面"呈本色"，首批 20 个示范区创建成效明显，让市民可以席地而坐享受城

----

① 胡海达. 以史为鉴　远观未来　高水平推进交通强市建设 [EB/OL]. (2022-01-06) [2024-02-07]. http://www.cnnb.com.cn/ll/system/2022/01/06/030319513.shtml.

② 宁波市人民政府办公厅. 宁波市人民政府办公厅关于印发宁波市综合交通发展"十四五"规划的通知 [EB/OL]. (2022-03-10) [2024-02-07]. https://www.ningbo.gov.cn/art/2022/3/10/art_1229547954_3948645.html.

③ 徐展新. "浙"十年·宁波精彩蝶变　在高质量发展中加快建设现代化滨海大都市 [N]. 宁波日报，2022-08-23 (A04).

④ 谭倩. 中国式现代化的生态文明向度：科学理据、价值蕴含及其话语构建 [J]. 南京社会科学，2023 (7)：46-54，77.

⑤ 编者. 2021 年全国文明城市创建工作培训班交流发言材料摘编 (一) [N]. 人民日报，2021-10-27 (10).

市公共环境。大力推进城市重大基础设施建设及重点区块品质提升工程，积极塑造时尚大气美观城市形象。开展"创意点亮城市角落"行动，300个老旧小区、背街小巷完成微创意、微改造、微提升，将原来的卫生死角变成富有艺术品位的城市景观，打造推窗见绿、开门是景的美好家园。全域启动美丽城镇建设，推进住宅小区环境综合整治，打造干净整洁有序社区，营造洁美环境。实施"最干净城市"三年行动，"洁净"成为文明城市的底色。[①]

对城乡接合部、城中村等部位集中提升，确保城市干净、整洁、有序；针对社区治理、农贸市场管理等六大类民生领域问题，持续推进"四周边两部位""五整顿两提升"集中整治行动，着力打通城市建设管理中的难点、堵点问题，有力维护城市环境秩序，塑造整体大气、细节精致的城市形象。改造提升农贸市场271家，居民买菜更舒心、吃得更放心。在乡村，实施农村人居环境整治提升五年行动，建设美丽乡村，推进厕所革命，治理农村污水、黑臭水体及面源污染，健全农村生活垃圾收运处置体系，市辖区内90%以上行政村垃圾得到治理，农村自来水普及率≥88%，农村环境干净整洁、管理规范有序、无明显脏乱差现象、无露天焚烧秸秆落叶现象。[②]

3. 优秀案例：滕头村——践行"两山"理念，坚持生态立村

滕头村，位于浙江省宁波市奉化区，地处萧江平原，坐落于剡溪与剡江交界处南畔。过去，滕头村穷得出名，当时有民谣"田不平，路不平，亩产只有二百零，有囡不嫁滕头村"。自20世纪70年代以来，滕头人发扬"一犁耕到头"的精神，与时俱进，开拓创新，经过几代人努力把一个贫穷落后的旧滕头建设成了生产发展、生活富裕、生态良好的社会主义现代化新农村，成为9亿中国农民梦寐以求和美家园的典型样本、全球关注的生态文明建设的生动范例、人类践行绿色发展理念的前沿引领。

"生态就是生活，空气就是人气，水质就是品质。"这是滕头村发展的理念性总结。改革开放后，当许多农村都在为"环保和温饱谁优先"而纠结的时候，滕头村就坚定地高举起"生态立村"的大旗。1993年，滕头村成立了全国第一家村级环保委员会——滕头环境资源保护委员会，对进入该村的工

---

①②　见宁波市文明办2022年12月工作总结材料。

业企业进行环境保护方面的审核，在项目选择上，不为眼前利益所动，考虑到可能带来的环境污染，对村里引进的经济合作项目行使一票否决权。近年来，又以"全境生态、全域生态、全民生态和全程生态"为理念，实施"蓝天、碧水、宁静、绿地、靓城"生态保护工程，优化城镇生态环境，保护好绿色家园。

2010 年，滕头村与溪口镇组成的"宁波溪口—滕头旅游景区"成为中国国家 5A 级旅游景区。目前，滕头村已有七大支柱产业，分别是服装产业、园林苗圃产业、新材料、滕信公司、高科技产业、旅游产业以及村民自主创业的产业，走出了一条"既要金山银山，更要绿水青山"之路。该村曾获得国家首批 5A 级旅游景区（2001）、全国文明村、全国先进基层党组织等 70 多项国家级荣誉；入选上海世博会城市最佳实践区（2010），成为唯一入选城市最佳实践区的乡村案例；被联合国环境开发署授予"全球五百佳"环境保护单位称号。2007 年，联合国授予滕头村"世界十佳和谐乡村"荣誉时，评委会对滕头村的评语是："一个有鲜明特色，在环境、工业化和科技普及上综合发展的中国村庄。"① 联合国副秘书长伊丽莎白女士说："世上很少有这样美丽、整洁的村庄。"②

（二）生态文明宁波实践的受众满意度

以人为本，要求认真审视人的真实需要以克服虚假需要，"顺应人民群众对良好生态环境的期待"，秉持"良好的生态环境是最公平的公共产品，是最普惠的民生福祉"的生态民生观，不断满足人民日益增长的优美生态需要，激发人民的主体能动性和实践创造性。③ 人民群众既是中国开展生态文明建设的目标指向和价值旨归，是践行生态文明建设最为广泛的力量依靠来源，④ 也是评判生态文明建设成效的重要力量。

本次调查中，被访者对宁波城市市容卫生、城乡生态环境、城乡居住环

---

① 游祖勇. 乡村产业振兴典范世界十佳和谐乡村、浙江奉化滕头村振兴故事（二）[J]. 当代县域经济, 2021（3）: 70-73.
② 浙江省林业局. 滕头村：和谐发展正在这里实现 [EB/OL]. (2011-08-23) [2024-03-07]. http://lyj.zj.gov.cn/art/2011/8/23/art_1277846_4830999.html.
③ 邹晓燕. 文明范式变革与社会主义生态文明新形态 [J]. 中州学刊, 2023（1）: 18-25.
④ 文学禹. 中国式现代化视域下生态文明建设研究 [J]. 湖南社会科学, 2023（2）: 16-21.

境评价为"非常满意"的比例分别为51.9%、53.4%和56.6%；评价为"比较满意"的分别为28.6%、26.8%和29.9%；评价为"非常不满意"的比例分别为2.8%、2.7%和3.3%（详见表6-6）。

表6-6　被访者（N=950）对宁波宜居环境的满意度评价

评价内容	评价等级	频次	有效百分比（%）
城市市容卫生	非常满意	493	51.9
	比较满意	272	28.6
	一般	81	8.5
	不太满意	74	7.8
	非常不满意	30	3.2
城乡生态环境	非常满意	507	53.4
	比较满意	255	26.8
	一般	81	8.5
	不太满意	81	8.5
	非常不满意	26	2.8
城乡居住环境	非常满意	537	56.6
	比较满意	284	29.9
	一般	80	8.4
	不太满意	40	4.2
	非常不满意	19	0.9

三、文明有礼——爱心之城

中国式现代化是物质文明和精神文明相协调的现代化。物质富足、精神富有是社会主义现代化的根本要求。物质贫困不是社会主义，精神贫乏也不是社会主义。我们在不断厚植现代化的物质基础，不断夯实人民幸福生活的物质条件的同时，应大力发展社会主义先进文化，加强理想信念教育，传承中华文明，促进物的全面丰富和人的全面发展。

（一）浙江有礼·宁波示范

"城市，让生活更美好"，文明典范之都创建过程中最重要的一环，即普通市民的文化获得、文化参与、文化享受与文化发展机会，以及在此浸润之下的市民文化素养和文明行为。

2021 年，浙江提出培育"浙江有礼"省域品牌，努力让每一位浙江人成为文明的代言人，也让每一位浙江人成为文明素质提升的受益者，让"浙江有礼"成为共同富裕的鲜明标识。宁波深入实施"浙江有礼·宁波示范"，加快建设文化大市、文化强市，公共文化设施不断完善；实施公民道德建设工程，深化尚德甬城弘扬行动，大力培树宣传道德模范、最美系列、好人系列等先进典型；深化文明风尚，大力倡导绿色办公、绿色出行、绿色消费，推进"公筷公勺"行动，让文明健康绿色生活方式成为人们日常生活习惯；开展市民文明素质养成行动，广泛开展有礼宣传，开设有礼讲堂，打造有礼品牌，倡导有礼代言，推进数智赋礼；坚持整体推进、建立工作清单、强化工作保障，推动市民思想道德素质、科学文化素质、身心健康素质显著提升。2022 年宁波市委办公厅、市政府办公厅印发《宁波打造全国文明典范之都行动纲要（2022—2026 年）》，该纲要创新性提出，宁波要全力打响"四大品牌"，其中之一便是打造"在宁波，看见文明中国"城市风尚品牌，擦亮"文明典范宁波城""文明有礼宁波人"金名片。①

（二）市民文体素养

1. 人文艺术素养

（1）居民综合阅读率

居民综合阅读率是反映一个国家或地区居民综合阅读素养的最基本指标。宁波着力建设"书香宁波"城市品牌，除公共图书馆、书店外，着力系统推进城乡公共阅读服务圈建设，以建设书香小镇、城市书房、农家书屋、职工书屋为抓手，形成多维度、多层次全民阅读空间。全市提升建成 100 家示范性农家书屋 2.0 版，推出了 64 家特色城市书房，1 家 24 小时城市书房，4 家 24 小时数字阅读城市书房，建成 2000 余家职工书屋，其中全国级书屋 81 家、省级 731 家。散落在城市角落的筑香书馆、岭读书房、立早书斋等一批公益

---

① 张昊. 打造全国文明典范之都　宁波锚定五大目标［EB/OL］.（2022-11-04）［2024-03-01］. https://www.ningbo.gov.cn/art/2022/11/4/art_1229099763_59434730.html.

型城市书房，已经成为城市阅读新阵地和亮丽的城市文化风景线。① 2021 年推出的宁波市数字阅读公共空间推广计划"阅读驿站·云听宁波"，成为该年度全市全民阅读实现数字化升级的重要抓手。宁波日报报业集团与中央广播电视总台开展云听合作，在全市公共场所、空间布局推出了 70 个公益性数字阅读驿站，这也是中央广播电视总台云听在全国首个落地的公共阅读项目，取得了较好的应用效果。宁波还积极推动公共阅读资源数据库建设。2021 年度，宁波网络图书馆发布正式数据库 38 个，试用数据库 22 个，全年点击次数 5773 万次，下载量 143 万次。2020 年 4 月，浙江书展永久落户宁波，这无疑是宁波推动阅读品牌落地的重大标志性举措。已连续举办七届的浙江书展业已成为浙江省一年一度的重要文化盛会和全国一流水平的特色书展，对书香宁波建设和提升宁波文化影响力起到了重要作用。② 此外，2020 年 4 月 1日，《宁波市全民阅读促进条例》开始实施，宁波成为浙江省第一个以立法形式促进全民阅读的城市，在全国也属走在前列。③

据《2021 年宁波市居民阅读调查报告》显示，2021 年宁波市成年居民综合阅读率为 91.8%，较 2020 年宁波的 91.2% 提高了 0.6 个百分点，远高于2020 年全国平均水平（81.3%），在全国主要城市中，该项数据也处于领先地位；2021 年成年居民人均纸质图书阅读量为 5.36 本（较 2020 年宁波的 5.25本多 0.11 本，较 2020 年全国的 4.70 本多 0.66 本），人均电子书阅读量为3.66 本，成年居民的数字化阅读方式的接触率为 87.2%（较上一年的 86.5%又增长了 0.7 个百分点）。2021 年，宁波市有近三成（32.2%）的成年居民有听书习惯，较 2020 年全国平均水平（31.6%）高 0.6 个百分点。④

（2）艺术素养

2016 年开始，宁波市率先在全国范围内提出并实施以"一人一艺"为主要目标的宁波市全民艺术普及工程，以人民群众的文化艺术需求为导向，创新性提出全民艺术知识普及、欣赏普及、技能普及、活动普及 4 项主要任务，

①② 顾嘉懿. 解构"书香宁波"背后的密码［N］. 宁波晚报，2022-04-23（A04）.

③ 宁波市人民政府. 宁波市全民阅读促进条例［EB/OL］.（2019-12-13）［2024-03-01］. https://www.ningbo.gov.cn/art/2021/8/17/art_1229560977_1660864.html.

④ 人民网. 2021 年宁波成年居民综合阅读率达 91.8%［EB/OL］.（2022-04-23）［2024-03-04］. http://zj.people.com.cn/n2/2022/0423/c186327-35237020.html.

以及中小学生艺术普及、特殊群体扶持两项专项任务，着力构建全民艺术普及"4+2"内容体系，并逐步形成政府主导、公益性文化单位发挥骨干作用、社会艺术组织和培训机构积极响应、全市人民群众踊跃参与的运行机制和生态体系。目前，宁波市建有"一人一艺"社会联盟344家、空间联盟36家、艺术普及点34个、普及基地2个、"一人一艺"新空间24家，市本级每年举办各类培训活动1.5万多课时，培训市民近50万人次。开发的云平台、App、微信端等注册用户量累计已达65万人，访问量达1500万人次。① 2020年12月，宁波市被文化和旅游部全国公共文化发展中心授予全国首个"全民艺术普及推广示范中心"。2020年，经第三方测评，宁波市"一人一艺"全民艺术普及综合参与率达到82.93%。② 2022年开始，宁波市每年安排资金450万元用于建设"一人一艺"新空间和"15分钟品质文化生活圈"打造。2022年，浙江省公布"群星奖"获奖名单，宁波市6件佳作位列其中，涵盖音乐、舞蹈、戏剧、曲艺全部四大艺术门类，获奖数量及覆盖门类均为全省第一，这正是宁波全民艺术普及多年积累的成果。③

　　2. 全民健身素养

　　据《2022年浙江省全民健身活动状况调查报告》显示，宁波人最爱锻炼——对比各市经常参加体育锻炼的人口比例，宁波以32.27%位居全省第一，随后是杭州31.24%，湖州31.16%。2022年浙江人均体育消费达到2834.8元，其中宁波人均3016.93元，仅次于杭州的3054.78元。大多数宁波人有着较为合理的运动习惯，锻炼30—60分钟的人数比例，宁波男性为48.1%，女性为49.0%；中等强度锻炼人数比例，宁波男性为48.6%，女性为51.4%。浙江城乡居民对全民健身的满意度平均得分81.09分（满分100分），其中宁波得分为83.44分，位于湖州（84.52分）和杭州（83.83分）之后。关于体育文化氛围感知度，宁波以74.32分（满分100分）位居

　　①③　中华人民共和国文化和旅游部. 浙江宁波："一人一艺"助力艺术普及［EB/OL］. （2023-02-03）［2024-03-07］. https://www.mct.gov.cn/preview/whzx/qgwhxxlb/zj/202302/t20230203_938902.htm.

　　②　澎湃. 2021年度文化和旅游领域改革创新十佳案例（二）［EB/OL］. （2023-02-03）［2024-03-07］. https://www.thepaper.cn/newsDetail_forward_21787333.

全省第一位。① 又据宁波市统计局于 2019 年、2020 年和 2022 年分别组织开展的宁波市公园健身设施及公共体育场馆对外开放情况调查（三次调查共获得成功样本 6899 个）显示，对于宁波市先后出台的《宁波市全民健身实施计划（2021—2025 年）》等政策意见，以及推进体育健身设施进公园等措施，公众支持率高达 99.5%，比 2020 年增长 0.6 个百分点，超九成公众对公园健身设施表示满意（2022 年满意率 92.2%，分别比 2020 年和 2019 年提高0.3 和 1.4 个百分点）；不同年龄段健身参与度存在差异，40 岁及以上中老年人群健身参与度普遍较高，均超过 80.0%，其中，60—69 周岁人群"几乎天天健身""经常健身"的比例近五成，为 47.3%；户外健身为公众健身首选，2022 年宁波市公众去公园、附近学校体育场地等户外场所健身的比例近五成。②

同时，宁波还是一座奥运冠军之城。1922 年，宁波奉化人王正廷当选为国际奥委会会员，他是"中国奥运的先行者"，最早提出中国要加入国际奥林匹克大家庭，最早倡导组织远东运动会，最早创建中华体育协进会，最早促成中国体育健儿参加奥运会比赛，最早推荐中国人担任国际奥委会委员，最早正式提案中国政府申办奥运会。③ 宁波人沈嗣良写成的《中国的国际体育》《两届奥林匹克运动会的报告》等书，成为研究中国近代体育史的重要文献。中国第一批被国际组织认可的国际级裁判舒鸿是宁波人。中华人民共和国重返奥运大家庭以及北京申奥成功的功臣，是担任了中国奥委会秘书长 12 年之久的宁波余姚人。直至 2020 东京奥运会，宁波赢得了"一城五金"，荣登全国地方城市奥运金牌榜首位。④

3. 科学素养

宁波市政府办公厅印发《宁波市全民科学素质行动规划纲要实施方案（2021—2025 年）》，明确宁波市"十四五"期间公民科学素质建设的指导思

① 浙江省体育局. 2022 年浙江省全民健身活动状况调查报告（2022-03-30）［2024-03-01］. https://tyj.zj.gov.cn/art/2023/3/30/art_1229251254_5087090.html.

②④ 俞永均，李丽. 调查现实——户外健身成为宁波市民健身首选［N］. 宁波日报，2022-12-15（A11）.

③ 浙江在线. 奥林匹克五环下的宁波身影硬核前行"甬"不止步［EB/OL］.（2022-09-23）［2024-03-10］. https://zjtyol.zjol.com.cn/zjrd/202209/t20220923_24839267_ext.shtml.

想、工作目标、重点任务、工作分工和保障措施等，开启了全市科学素质建设新征程。到 2025 年，全市公民具备科学素质的比例超过 20%，各区域、各人群科学素质发展不均衡明显改善，科普设施建设、科普公共服务均等化水平显著提升，科学素质建设长效协同机制不断完善，"科学普及与科技创新同等重要"的制度安排基本形成，全民参与科学素质建设的积极性、主动性进一步提高，科普价值引领作用进一步显现，崇尚创新的社会氛围日益浓厚。在"十四五"时期，宁波着力聚焦青少年、农民、产业工人、老年人、领导干部和公务员五大重点人群实施科学素质提升行动，重点实施科学文化繁荣引领工程、科技资源科普化工程等六大重点工程，构建主体多元、手段多样、供给优质、机制有效的科学素质建设体系。该实施方案还提出以实施六大重点工程，构建主体多元、手段多样、供给优质、机制有效的科学素质建设体系。

（三）市民文明行为

城市文明是城市社会整体的进步，是"物"的文明、"人"的文明和"制度"的文明三位一体、良性互动、协调发展的过程。市民整体的文明需要、文明素质和文明实践决定着城市文明的发展，并最终通过市民自身的文明行为将它们表现出来。随着城市社会公共生活的凸现，市民在公共生活空间里的行为越来越引起社会的关注和重视。如公共卫生习惯、公共秩序意识、公共交往礼仪、公共观赏规范和公共参与行动等，典型地反映市民的文明素养，直观地标示现代城市文明发展的水平。[①] 城市文明由生活于城市中的人创造。无论是文明家庭、文明社区、文明单位、文明城区还是文明城市都是由市民组成并通过他们的行为来体现。[②] 在某种意义上城市对文明的追求以满足所有市民不断变化升级的需求为其内在逻辑。归根结底城市文明是"人"的文明，市民作为城市文明的主体是城市文明的创造者、体现者和享用者。

宁波陆续制定出台文明行为促进条例、公筷使用规定、垃圾分类管理条例、非机动车管理条例、养犬管理条例等；深化"文明宁波"打造行动，探

---

①②　金家厚. 城市文明的衡量维度与发展取向——以上海市为例 [J]. 城市问题, 2010 (10): 23-28.

索推进礼让斑马线、聚餐用公筷、绿色消费、带走半瓶水等文明宁波系列行动，是全国制止餐饮浪费工作完成较好的五个城市之一；大力开展婚丧礼俗整治、天一信用分等文明实践活动。深化拓展新时代文明实践中心建设，推动实践点（基地）向红色阵地、公共文化设施、景区景点、窗口单位、非公企业组织等拓展，打造"15分钟文明实践圈"。此外，高标准高水平推进城乡融合发展，打造全域化、高水平文明之城。坚持城乡一体，以城促乡，大力实施乡风文明提升行动，打造了"婚丧移风易俗""乡村德治20条""农民诚信指数"等一批德治品牌，让"办酒不铺张、垃圾不落地、河道不洗衣、车辆不乱停、庭院不乱堆、公共场所不吸烟"的乡村新风尚蔚然成风。加强农村思想道德建设，运用积分制、道德评议会、红白理事会、村规民约等方式开展移风易俗、破除陈规陋习；深化文明户、文明村、文明镇（乡）创建，县级以上文明村镇占比大于等于60%。

在市民文明行为层面，本研究主要对公共场所吸烟行为、电子设备使用行为、自觉排队行为、交通规则遵守行为等方面进行调研。研究发现，调查对象对宁波"市民礼让遵守交通规则"给与好评（非常满意和比较满意）的占比为86.8%，处于第一梯队（大于85%）好评；其次，处于第二梯队好评行为（大于75%）的文明行为包括，"社区文明养宠行为"，占比79%，"生活垃圾分类投放行为"，占比78.5%，"公共场所吸烟行为"，占比77.8%，"市民光盘行动"，占比76%，"公共场所遵守排队秩序"，占比75.4%；最后，处于第三梯队好评（大于70%）的则为"公共场所电子设备声音外放"，占比70%。从另一个层面来看，调查对象对市民文明行为"非常不满意"的评价依次是公共场所遵守排队秩序（4.8%），公共场所吸烟行为（2.1%），生活垃圾分类投放行为（1.5%），社区文明养宠行为（1.4%），礼让遵守交通规则（0.9%）和市民光盘行动（0.8%）。由此可见，宁波市民文明行为在礼让遵守交通规则方面最为突出，但在公共场所遵守排队秩序和电子设备声音外放方面表现欠佳（见表6-7）。

表6-7　被访者（N=950）对宁波市民文明行为的满意度评价

评价内容	评价等级	频次	有效百分比（%）
礼让遵守交通规则	非常满意	538	56.6
	比较满意	287	30.2
	一般	92	9.8
	不太满意	24	2.5
	非常不满意	9	0.9
公共场所吸烟行为	非常满意	470	49.5
	比较满意	269	28.3
	一般	135	14.2
	不太满意	56	5.9
	非常不满意	20	2.1
公共场所电子设备声音外放	非常满意	450	47.4
	比较满意	215	22.6
	一般	140	14.7
	不太满意	93	9.8
	非常不满意	52	5.5
公共场所遵守排队秩序	非常满意	480	50.5
	比较满意	237	24.9
	一般	103	10.8
	不太满意	84	8.8
	非常不满意	46	4.8
市民光盘行动	非常满意	470	49.5
	比较满意	252	26.5
	一般	144	15.2
	不太满意	76	8.0
	非常不满意	8	0.8

续表

评价内容	评价等级	频次	有效百分比（%）
生活垃圾分类投放行为	非常满意	479	50.4
	比较满意	267	28.1
	一般	151	15.9
	不太满意	39	4.1
	非常不满意	14	1.5
社区文明养宠行为	非常满意	466	49.1
	比较满意	284	29.9
	一般	134	14.1
	不太满意	53	5.6
	非常不满意	13	1.4

社区是聚落的基本单元，城市社区也是城市社会管理的基本单元。社区在人居环境、教育、医疗和文化等方面的服务能力，是城市竞争力和城市发展水平的重要参考指标。因此，社区文明是城市建设的前沿阵地和微小载体。宁波扎实地开展社区教育、社区服务、社区文化、社区卫生、社区综合治理等各项文明社区创建活动，在创建过程中重视加强家庭、家教、家风建设，开展传承好家风好家训活动，在重要传统节日和时间节点组织家庭文明建设活动；建立健全文明家庭推选、关爱、管理机制，各类媒体广泛宣传文明家庭先进事迹。

中国优秀传统文化所传承的讲信修睦、亲仁善邻是中华文明的智慧结晶。在本次调查中，调查对象总体对宁波社区家庭家风给与好评（非常满意和比较满意），占比为 85.1%，对社区邻里关系给予好评（非常满意和比较满意），占比为 76%（见表 6-8）。

表 6-8 被访者（*N*=950）对宁波社区文明建设的满意度评价

评价内容	评价等级	频次	有效百分比（%）
社区家庭家风	非常满意	480	50.5
	比较满意	329	34.6
	一般	119	12.6
	不太满意	17	1.8
	非常不满意	5	0.5
社区邻里关系	非常满意	470	49.5
	比较满意	252	26.5
	一般	129	13.6
	不太满意	84	8.8
	非常不满意	15	1.6

（四）志愿服务　爱心慈善

1. 志愿服务与城市文明

党的二十大报告提出，"实施公民道德建设工程""完善志愿服务制度和工作体系"。[①] 志愿服务既是新时期精神文明建设的重要抓手，又是文明实践的基本形式，是推进中国式现代化的重要力量，可以凭借其优势在中国式现代化建设中彰显独特的伦理价值。在新的时代背景下，要富有成效地推进公民道德建设，需要重视志愿服务工作，通过广泛开展各种形式的志愿服务活动来营造"我为人人，人人为我"的社会风气和积极健康向上的文明风尚。[②]

习近平总书记也指出，"志愿服务是社会文明进步的重要标志"[③]。志愿服务行动通过引领文明城市、文明社区、文明村镇、文明家庭、文明校园等文明创建活动，聚民心、兴文明、鼓士气，着力夯实公民道德建设基础工程，

---

① 新华社. 习近平：高举中国特色社会主义伟大旗帜　为全面建设社会主义现代化国家而团结奋斗——在中国共产党第二十次全国代表大会上的报告 [EB/OL]. （2022-10-25）[2024-03-08]. https://www.gov.cn/xinwen/2022-10/25/content_5721685.htm.

② 彭柏林. 基于中国式现代化的志愿服务伦理价值分析 [J]. 湖湘论坛，2023，36（1）：25-33.

③ 新华社. 习近平致中国志愿服务联合会第二届会员代表大会的贺信 [EB/OL]. （2019-07-24）[2024-03-04]. http://jhsjk.people.cn/article/31253861.

充分发挥道德建设的柔性作用，把新时代精神文明建设高质量发展引向深入。志愿服务是新时代精神文明的集中凝聚，是人们参与精神文明创建的有效途径。大力普及志愿理念、弘扬志愿精神，号召更多的人加入志愿服务行列，对深入推进精神文明建设具有重要的意义。①

2. 志愿服务的宁波实践

扎实推进志愿服务制度化、规范化和常态化。组建宁波市志愿服务联合会，加强对全市志愿服务组织的引领、促进和服务交流。加强乡镇（街道）、村（社区）和公共场所等基层志愿服务站点建设。加强文明实践志愿服务队伍建设，县级志愿服务总队配置理论政策宣讲、文化文艺服务等志愿服务队伍，完善文明实践志愿服务注册登记、培训管理、褒奖激励、物质保障、技术支持等规章制度，为注册志愿者提供必要保险，维护志愿者合法权益。扎实推进志愿服务制度化常态化，形成了一盘棋统筹运作、一站式服务管理、一体化保障支持、一揽子制度规范的"淘宝式"志愿服务工作体系。

提高志愿服务吸引力、活跃度和渗透率。打造精准对接群众需求的文明实践志愿服务项目，形成"点单""派单""接单""评单"相贯通的工作模式。建立平战结合的应急志愿服务体系，完善联动配合、信息共享、培训演练等工作机制，培育医疗、救援、科技、心理疏导等专业志愿队伍。协调市级各有关部门配套出台志愿服务激励褒奖办法，提高志愿服务吸引力、活跃度和渗透率。重点推进社区志愿服务、青年志愿服务、党员志愿服务、文明出行志愿服务、绿色环保志愿服务、行业窗口志愿服务、外来务工人员志愿服务等七大系列志愿服务品牌建设，积极开展尊老敬老、扶贫济困、城市管理、应急救助、环境保护等志愿服务活动。

2016 年以来，宁波市不断探索构建"岗位化、专业化、社会化、网络化"的现代志愿服务机制，依托市县两级志愿者协会，促进志愿者和志愿服务供给组织与志愿服务需求方无缝对接，建立志愿者注册、服务记录、权益保障、诚信建设、褒奖和保险等制度。以此为基础，宁波市将志愿服务进入实践站作为建设的重点，构建线上线下结合的服务体系和机制，重点推进乡

---

① 张勤，苏妍妍. 新时代推进精神文明建设高质量发展的志愿服务行动［J］. 学习论坛，2019（10）：91-96.

镇（街道）、村（社区）两级志愿服务站建设，为志愿组织和志愿者进入实践站开展活动提供便利，积极引导志愿者成为实践站的主体力量。

目前，宁波新时代文明实践中心（所、站）建设和农村文化礼堂建设已实现全域覆盖，宁波有 1.4 万余个志愿服务组织，200 余万名志愿者，注册志愿者 25 万余人，其中专业文化志愿者 12 000 余人。① 充分体现了文明实践深入人心，志愿服务遍地开花，文明有礼人人参与。

3. 爱心慈善的宁波实践

芒福德认为，城市应当是一个爱的器官，而城市最好的经济模式应该是关怀人和陶冶人。② 宁波广泛开展爱心慈善活动，扎实推进"人人慈善标杆区"省级试点，大力弘扬爱心城市品格，积极搭建多样化爱心平台，广泛发动全社会参与，积极探索慈善资金募捐、社会救助新模式，积极开展结对助学、爱心助残、阳光助老等爱心活动，不断增强市民助人为乐、奉献爱心的社会责任。组织评选宁波市"最具爱心捐赠企业"称号和"慈善之星"称号。开展"慈善空间"创设工作，评选出首批 25 家慈善空间，力争到 2025年设立 100 个慈善空间，打造一批可视化、可推广、可复制的不同类型的慈善空间范本。③ 培育"爱心宁波、尚德甬城"的城市品牌。倡导乐善好施、助人为乐、帮困扶贫的社会风尚，注重宣传凡人善举，引导社会见贤思齐。持续 21 年开展"慈善一日捐"活动，涌现出匿名捐赠逾千万元的"顺其自然"、牵头捐建湖南湘西 29 所学校的"支教奶奶"周秀芳等一批具有影响力的慈善典型。④ 不仅如此，宁波城市的爱心还通过结对援建工作得以体现出来。据悉，2020 年以来，书香宁波"甬·书循环"扩大公益半径，向新疆库车第一中学捐赠近 2 万册图书，发起"爱不孤'读'——书香'甬'动大凉山"公益活动，向四川凉山州学校捐书 7 万册、捐赠专款 15 万元，以书为

① 万亚伟. 浙江宁波市：志愿服务助力新时代文明实践 [J]. 党建，2019（7）：55-56.
② 刘易斯·芒福德. 城市发展史——起源、演变和前景 [M]. 宋俊岭，宋一然，译. 上海：上海三联书店，2018：586.
③ 宁波文明网. 浙江有礼·宁波示范|2021 年宁波市居民阅读调查情况公布 [EB/OL].（2022-04-24）[2024-03-08]. http：//nb. wenming. cn/tt_55902/202204/t20220424_7586572. shtml.
④ 吴向正，杜雅丽，徐敏. "中华慈善日"宁波宣传月启动 [N]. 宁波日报，2022-09-02（A02）.

媒，传递甬城爱心，努力实现两地文化共享、精神共富。①

　　慈善事业蓬勃发展。"十三五"以来，宁波全市共接收社会捐赠总额89.77亿元，慈善救助支出63.73亿元，受助944万人次。2022年全年市、县两级慈善机构募集善款9.2亿元，救助支出7.5亿元，帮扶困难群众56.8万人次；截至2022年末市县两级慈善机构累计募集善款达107.4亿元，救助支出87.6亿元，帮扶困难群众619.6万人次。全年市慈善总会共开展志愿服务活动876场次，参加服务的义工4万余人次，服务时长达4.5万小时。宁波三次蝉联"七星级慈善城市"，整体发展水平位居全省乃至全国前列，连续五次荣登"中国城市公益慈善指数百强榜"，最新一次排名上升至全国第8位。② 在无偿献血工作中，宁波市连续九次荣获"全国无偿献血先进城市"称号，连续八次荣获"浙江省无偿献血先进城市"称号，为健康宁波和公众平安作出了积极贡献。据统计，2012年至2021年，全市累计有88.6万人次参加无偿献血，捐献血液264 765.1升，数以万计的患者重获健康与新生。③

4.优秀案例

案例1："We志愿服务网"

　　宁波市依托"We志愿服务网"志愿服务网络管理系统，促进志愿服务的供需对接，通过"We志愿服务网"平台，探索建立了"淘宝式"服务机制。镇、村志愿服务站作为志愿服务需求方的线下"门店"，将实践站需要的服务和项目通过"We志愿服务网"发布，网络平台把相关信息推送给符合条件的志愿者和志愿服务组织，方便他们筛选符合自身实际的志愿服务岗位和活动，促进供需双方对接；志愿者也可根据自己的个人爱好、专业特长等，在平台上自主"网淘"志愿服务项目。平台除了发挥媒介作用，还能进行服务管理和数据分析，登记服务时间、评价服务质量、实施信用监督，促进志愿服务透明可信、健康有序。"We志愿服务网"上线以来，极大地推动了农村基层

---

　　① 宁波文明网.浙江有礼·宁波示范丨2021年宁波市居民阅读调查情况公布［EB/OL］.（2022-04-24）［2024-03-08］. http://nb.wenming.cn/tt_55902/202204/t20220424_7586572.shtml.

　　② 吴向正，杜雅丽，徐敏."中华慈善日"宁波宣传月启动［N］.宁波日报，2022-09-02（A02）.

　　③ 陈敏，周颖.十年间宁波88.6万人次参加无偿献血［N］.宁波日报，2022-10-16（2）.

志愿服务发展。

此外，宁波依托 1350 家农村文化礼堂建设农村新时代文明实践站（简称"实践站"），建立起"县区实践中心+乡镇实践所+村实践站"的新时代文明实践阵地体系，将志愿者作为实践站的主体力量，积极推动志愿服务理念、机制、活动和队伍等全方位进入实践站，探索出一条以志愿服务助推农村新时代文明实践工作快速发展的道路。以现代志愿服务机制支持文明实践阵地建设，以对接文明实践活动需求，以专业志愿服务助推文明实践活动开展，以特色志愿服务促进文明实践活动形成品牌。①

案例 2：江北慈孝文化

作为中国慈孝文化之乡，宁波江北慈孝人文底蕴深厚。从汉代大儒董仲舒的六世孙董黯不辞辛劳汲水奉母的经典慈孝故事传说开始，这里的山水就与"慈孝"结下了剪不断的渊源。如今，慈城、慈江、慈湖等以慈为首的地名，以及全国历史文化名镇慈城尚保留完整的慈孝文化遗址，昭示着江北慈孝文化的深厚与悠远、传承与保护。2008 年 1 月，江北区被中国文联、中国民间文艺家协会授予"中国慈孝文化之乡"称号，成为全国首个获此称号的区（县、市）。首届"中华慈孝节"由中国文联民间文艺家协会、中国伦理学会、宁波市江北区委、江北区政府和宁波市城投公司主办，主要内容包括寻找当代中华最感人的十大慈孝故事公益活动、首届"中华慈孝节"开幕式暨颁奖晚会、中华慈孝论坛、慈城文化旅游推介活动和中国首届手工 DIY 产业博览会五大项。② 此外，宁波江北多来年高度重视家庭家教家风建设，开展"慈孝家庭""最美家庭""文明家庭"等先进家庭评选活动，积极发挥先进家庭的示范引领作用。

（五）城市精神

城市精神是城市文化底蕴和人文特色的集中体现。提炼"文明城市"精神来为城市文明建设和管理构建共同的意义世界、价值信仰和文化信念，③ 这

---

① 万亚伟. 浙江宁波市：志愿服务助力新时代文明实践 [J]. 党建，2019（7）：55-56.

② 浙江日报. 首届中华慈孝节明天开幕 [EB/OL]. （2009-10-25）[2024-03-08]. https://zjrb.zjol.com.cn/html/2009-10/25/content_127225.htm.

③ 金家厚. 我国都市公共文化需求的形成及趋势 [J]. 长白学刊，2009（3）：141-144.

是协调城市文明共同体的利益关系，促进城市文明发展极为重要的社会心理基础和精神动力。

城市的精神文化包括一个城市的知识、信仰、艺术、道德、法律、习俗以及作为一个城市成员的人所拥有的其他一切能力和习惯。在城市的精神文化中，又可以分成两部分：一部分是通过一定的物质载体如印刷媒体、电子媒体以及其他有形物质媒体得以记录、表现、保存、传递的文化；另一部分则以思想观念、心理状态等形式存在于城市市民的大脑中，表现于市民的日常行为习惯之中。市民的生活习俗、理想信念、价值取向和追求，不仅是该城市市民文明素养的反映，而且反映了一个城市的精神风貌，折射着一个民族的精神、国家的意识，自然也就成为一个城市文明的精髓。

宁波积极培育和践行社会主义核心价值观，聚焦城市独特的地域文化和宁波人民独特的精神气质，从宁波历史及现实中凝练出"知行合一、知难而进、知书达礼、知恩图报"的宁波精神，将"四知"体现出的精神风貌和优良品格，转化为推动文明创建、激发城市活力的强大精神力量。

从调查数据来看，被访者对宁波城市精神的说法不太统一，有17.4%的被访者认为宁波城市精神表现为"知行合一"，这是浙东学派阳明精神的精髓；也有14.5%的被访者认为，宁波城市精神可以用"开拓创新"加以概括，宁波港口经济繁荣兴盛、文化传承发展是宁波"开拓创新"城市精神的重要体现；也有被访者认为"诚信务实才是宁波的城市精神，宁波帮和宁波优秀企业家辈出是这一城市精神的有力注脚（见表6-9）。

表6-9　被访者（N=950）对宁波城市精神的认同

宁波精神	响应个案数	响应百分比（%）	个案百分比（%）
知行合一	626	17.4	66.2
知难而进	357	9.9	37.8
知书达理	384	10.7	40.6
知恩图报	357	9.9	37.8
开拓创新	523	14.5	55.3
开放开明	442	12.3	46.8
诚信务实	455	12.6	48.1

宁波精神	响应个案数	响应百分比（%）	个案百分比（%）
爱心尚德	394	10.9	41.7
其他	66	1.8	7.0

四、政府廉效——和谐之城

(一) 建设人民满意的服务型政府

自 2000 年以来，成都、上海、大连、南京、深圳、重庆等地率先开展了服务型政府建设的实践，推出了服务型政府建设的地方方案。党的十九届四中全会通过的《中共中央关于坚持和完善中国特色社会主义制度　推进国家治理体系和治理能力现代化若干重大问题的决定》指出，"国家行政管理承担着按照党和国家决策部署推动经济社会发展、管理社会事务、服务人民群众的重大职责。必须坚持一切行政机关为人民服务、对人民负责、受人民监督，创新行政方式，提高行政效能，建设人民满意的服务型政府。"[1] 从 "服务型政府" 到 "人民满意的服务型政府"，不仅是增加了一个限定词，更意味着行政体制改革价值的迭代变化。[2] "人民满意的服务型政府" 是中国特色社会主义行政体制内涵成熟的体现，是对政府的人民性本质特质的充分彰显。建设人民满意的服务型政府的理论创新正是新时代构建中国特色、中国风格和中国气派行政体系话语的重要体现。[3]

新时代的政府职能转变，是适应发展阶段的新变化、人民美好生活需求的新变化、城市文明占主导地位的新变化、社会主义民主法治不断发展的新变化、高水平对外开放的新变化的客观要求。"十四五"时期政府职能转变的主要目标，就是建设职能科学、结构优化、廉洁高效、人民满意的服务型政府，实现政府职能向创造良好发展环境、提供优质公共服务、维护社会公平

　　① 新华社. 中共中央关于坚持和完善中国特色社会主义制度　推进国家治理体系和治理能力现代化若干重大问题的决定 [EB/OL]. (2019-11-05) [2024-03-01]. https://www.gov.cn/zhengce/2019-11/05/content_5449023.htm.
　　② 何艳玲. 中国行政体制改革的价值显现 [J]. 中国社会科学, 2020 (2): 25-45.
　　③ 孔繁斌, 郑家昊. 建设人民满意的服务型政府——中国共产党对行政体制理论的创新探索 [J]. 中国行政管理, 2021 (7): 22-29.

正义的根本转变。① 政府职能现代化将更加注重社会性公共服务、基本公共服务、创新服务与营商环境服务，更加注重提升人文发展指数、幸福指数、创新指数、全球竞争力指数与国际营商环境指标，更加注重提升生活质量、改善城乡环境品质，更加注重以人为中心的软硬件投资，更加注重营造法治化、制度化、规则化的国际一流营商环境、政务环境与生活环境。②

（二）人民满意型政府的宁波实践

宁波在浙江省率先开展"身后一件事"联办，将所有民政民生事项全部纳入"最多跑一次"范围，优化流程、简化环节，在高效政府建设方面取得成效。具体而言，人民满意型政府的宁波实践体现如下：

1. 深化文明创建工作

明确政府主导驱动责任，深化文明创建工作。城市文明建设是公共责任、公共权力、公共道德和公共文化的综合体现，本质上是公共利益实现的重要途径。政府作为公共管理的执行者和公共服务的提供者，识别民众对城市文明建设的急迫需求，通过规划和引导城市文明建设为广大民众提供更好的公共管理服务理应是其一项重要工作内容。宁波市以文明服务竞赛行动为载体，开展包括"创文明机关、做人民满意公务员"、窗口行业规范化服务达标和社会志愿服务等活动。党政机关带头开展文明创建活动，在公务员队伍中倡导做文明有礼的宁波人、做人民满意的公务员，在执法人员队伍中倡导文明执法、热情服务，形成为民、务实、清廉、高效的政风。全面推进"县乡一体、条抓块统"县域整体治理改革，迭代升级基层治理"一中心四平台一网格"，加快完善基层"一支队伍管执法"和跨部门跨领域综合执法机制，夯实基层治理、文明创建的基础。

在创建过程中高标准落实中央"数字中国"建设决策部署和省市关于数字化改革的要求，积极发挥数字赋能作用，推动创建水平提升。大力推进数字化改革行动，推进文明创建智融工程建设，完善文明创建"五色图"，依托智慧城管、智慧警务运营管理等平台系统，全面提升智创水平。建立文明实

①② 李军鹏. 面向社会主义现代化新发展阶段的政府职能转变［J］. 中共中央党校（国家行政学院）学报，2021，25（4）：71-80.

践地图，基于电子地图和可视化引擎，建设"文明实践一张图"，实现文明实践数字化呈现。推进创建全要素数字化，实现新时代实践中心、农村文化礼堂等文明阵地 VR 成像展示，实现网上教育、网上捐赠、网上分享。拓展数字化服务场景，推进志愿服务和道德典型选树推介数智化，利用宣传文化智融工程，提供全方位文明素质教育云分享服务。整合民生 e 点通、市民投诉热线等平台，实现群众反映问题在线实时跟踪，持续提高群众对创建工作的满意度。以数字赋能文明创建，建成了文明城市创建智慧管理平台，打造了文明村镇、文明学校、文明餐桌、文明路口等 23 个多跨场景应用，实现了文明创建的全时、全域、全员、全景数字化。

2. 提升社会治理水平

宁波市被列为全国市域社会治理现代化第一期试点地区，明确了市域社会治理总体框架，还把试点工作指引细化为 857 项并分别赋分，建构市域社会治理评估指标系统。健全村（社区）议事协商机制，推广村民说事、乡贤参事、民情恳谈等多元参与模式。落实社区"365 服务工作法""书记一点通"等便民服务机制，社会治理的内生动力大大激发。构建多样、畅通、有序的民主渠道，创新推出民生实事项目人大代表票决制、人大代表督事制、"请你来协商"、政协委员会客厅、"村民说事"等一批践行全过程人民民主的"宁波经验"。持续提升法治宁波建设水平，扎实推进司法体制综合配套改革、"大综合一体化"行政执法改革，深入构建亲清政商关系，率先探索移动微法院、村级小微权力清单等法治实践，入选中国营商环境标杆城市，成为首批全国法治政府建设示范市，一体化政务服务能力居全国重点城市第 3 位。① 完善政府平安建设职能与社会治理职能，致力推动高安全度发展，营造国际一流安全环境，连续 16 次获"省平安市"称号。2022 年共发生各类生产安全事故 114 起，死亡 81 人，比上年分别下降 32.9%、36.2%。全年人民调解组织共调处各类民事纠纷 11.5 万件，调解成功 11.4 万件，成功率达 99.7%。② 聚焦缩小"三大差距"，实施"扩中提低"改革，推动公共服务

---

① 徐展新. "浙"十年·宁波精彩蝶变 在高质量发展中加快建设现代化滨海大都市 [N]. 宁波日报, 2022-08-23（A04）.

② 宁波市统计局. 2022 年宁波市国民经济和社会发展统计公报 [EB/OL]. (2023-02-28) [2024-03-08]. http://tjj. ningbo. gov. cn/art/2023/2/28/art_1229629489_58918054. html.

向常住人口覆盖，初步形成推进共同富裕的话语体系、目标体系、工作体系、政策体系、评价体系。①

3. 推进数字政府和智慧城市建设

数字化是城市发展的趋势和方向，是提升治理能力、服务水平、文明程度的重要手段。以数字化改革为引领，不断推动城市大脑迭代升级，打造智慧城市，加快智慧交通、智慧城管、智慧应急等体系建设，形成了"四纵三横"整体系统架构，实现部门数据线上共享、诉求信息线上报送、研判分流线上推送、处置全程线上留痕、考核督查线上实现，让城市运行管理更加智慧高效。持续抓好"最多跑一次""最多报一次""一件事"集成改革，进一步优化流程、简化环节、提高效率，不断完善"浙里办"宁波频道办事功能，极大方便了市民就医、就学和出行、办事，让企业和群众享受更加便捷的政务服务。以数字赋能政务服务，基本建成了"掌上办公之市""掌上办事之市""无证件（证明）办事之城"，网上政务服务能力居全国城市第三。实施文明创建智融工程，建成运行文明城市创建智慧管理平台，抓紧上线文明创建多跨场景应用，努力实现文明实践数字化呈现。以数字化改革撬动全面深化改革，启动数字孪生城市建设，5 个产业大脑入选全省首批试点，推出"5G+智慧港口""浙里甬 e 保""耕地智保"等一批管用好用的场景应用。②

4. 优秀案例

民营经济是浙江发展的"金名片"，是浙江经济的最大特色和最大优势。宁波市检察机关以"专业化履职、数字化转型、民生化服务、长效化发展"为导向，在营造市场化、法治化、国际化的营商环境中创造出更多可复制可推广的经验，为打造营商环境最优市贡献宁波检察力量。宁波市检察院以优化法治化营商环境为着力点，全面梳理检察服务民营企业的政策举措，以高

---

① 徐展新. "浙"十年·宁波精彩蝶变　在高质量发展中加快建设现代化滨海大都市［N］. 宁波日报，2022-08-23（A04）.

② 宁波市经济和信息化局. "硬核"宁波，锻造"大国重器"［EB/OL］.（2022-10-08）［2024-03-08］. http://jxj.ningbo.gov.cn/art/2022/10/8/art_1229561617_58935235.html.

质量检察履职为持续优化一流营商环境提供有力司法保障和法律服务。①

宁波市公安局充分利用数字化改革和"公安大脑"建设这一有利契机,打通公安、卫健、医保、社保数据链路,自主开发了"惠企便民服务在线智管"平台。创新打造了政务服务机器人"小智",实现从受理、填报、核校、审批、出件等全自动操作运行,全程无须人工干预,真正做到政务服务全天候、不出错、高效率。"智能速办"应用模块已开发完成货车通行证、驾驶证补换领、户籍类证明等高频民生事项 13 项,办结各类审批事项 8 万余件,平均办理时间缩短至原来的五分之一,群众回访满意度达 99.8%,被浙江省公安厅评为数字化改革"最佳应用",真正实现了办事群众和工作人员体验感双提升。②

(三)人民满意型政府的市民评价

本次调查中,被访者对宁波执法单位文明执法的满意度较高,选项在非常满意和比较满意的占比达到 77.2%,对"最多跑一次"改革服务,选项在非常满意和比较满意的占比达到 77.4%(见表6-10)。

表6-10 被访者(*N*=950)对宁波服务型政府的满意度评价

评价内容	评价等级	频次	有效百分比(%)
执法单位文明执法	非常满意	462	48.6
	比较满意	272	28.6
	一般	134	14.2
	不太满意	59	6.2
	非常不满意	23	2.4
"最多跑一次"改革服务	非常满意	470	49.5
	比较满意	265	27.9
	一般	120	12.6
	不太满意	76	8.0
	非常不满意	19	2.0

另有一项关于青年大学生城市地方感形成,以及选择宁波就业和定居的

---

① 蓝恒,蒋杰,朱晨英,等. 浙江宁波:以更优履职助力打造更优营商环境 [N]. 检察日报,2022-09-25 (3).

② 赵晓渊. 宁波:点"智"成金 群众平安有新体感 [N]. 人民公安报,2023-06-06 (1).

影响因素研究中显示，城市形象感知中的人居环境形象和政府行政形象可显著影响大学生的城市地方感。政府行政形象，包括政府管理水平、公务员素质，是促使大学生形成地方感的重要影响因素。这也呼应了之前学者的观点，认为政府行政效率和廉洁形象作为一种制度环境感知，是流动人口对流入地环境感知的一部分，影响个体的城市定居意愿。[①] 好的城市治理是可以实现市民美好生活的治理，其中的关键环节取决于城市政府的能力，尤其是城市政府的公共服务能力。城市通过提升公共治理效率的改革，统筹公共服务资源，以解决青年办事服务的分散化、碎片化问题。[②] 这在一定程度上会为青年大学生的城市地方感产生积极作用。自2016年底开始，包括宁波市在内的浙江省首次提出"最多跑一次"政府服务改革，意在塑造便民、高效、廉洁、规范的政府形象，打造服务型政府，其中涉及社会保障、社会安全、社会福利等事关人民群众城市宜居生活事项。这对大学生的城市形象感知、地方感的形成，以及城市管理水平和未来发展预期具有重要影响。

被访者对宁波作为全国文明城市、全国平安城市、全国健康城市建设样板市以及中国最具幸福感城市具有较高认可度，选择"比较认同"以上的比例分别为86.6%、85.2%、82.4%和83.5%，其中选择"非常认同"的比例分别为59.5%、55.8%、55.5%和57.1%；选择"完全不认同"的比例分别仅为1.4%、1.5%、0.9%和0.9%（见表6-11）。

表6-11　被访者对宁波城市荣誉的评价

评价内容	评价等级	频次	有效百分比（%）
全国文明城市	非常认同	565	59.5
	比较认同	257	27.1
	一般	82	8.5
	不太认同	33	3.5
	完全不认同	13	1.4

① 林李月，朱宇，许丽芳. 流动人口对流入地的环境感知及其对定居意愿的影响——基于福州市的调查 [J]. 人文地理，2016，31（1）：65-72.

② 朱峰. "新一线城市"青年友好型城市政策创新研究 [J]. 中国青年研究，2018（6）：78-85.

续表

评价内容	评价等级	频次	有效百分比（%）
全国平安城市	非常认同	530	55.8
	比较认同	279	29.4
	一般	96	10.0
	不太认同	31	3.3
	完全不认同	14	1.5
全国健康城市建设样板市	非常认同	527	55.5
	比较认同	256	26.9
	一般	113	12.0
	不太认同	45	4.7
	完全不认同	9	0.9
中国最具幸福感城市	非常认同	542	57.1
	比较认同	251	26.4
	一般	109	11.5
	不太认同	39	4.1
	完全不认同	9	0.9

第二节

共同富裕的幸福之城

共同富裕是社会主义的本质要求，是人民群众的共同期盼。中共中央、国务院 2021 年发布《关于支持浙江高质量发展建设共同富裕示范区的意见》，宁波提出建设现代化滨海大都市，努力成为浙江高质量发展建设共同富裕示范区的先行市，坚持财政支出 2/3 以上用于保障和改善民生，着力打造"浙里甬有"幸福民生品牌，公共服务质量和均等化水平不断提升。① 2023 年，宁波城镇居民人均可支配收入 80144 元，农村居民人均可支配收入 48350 元，城乡居民人均收入倍差缩小为 1.66。② 人民群众生活幸福成为宁波的"国之大者"，连续 12 年获评最具幸福感城市，也成为宁波的"金字招牌"。③

一、城市高质量发展与人民群众幸福感

习近平总书记强调："高质量发展，就是能够很好满足人民日益增长的美好生活需要的发展，是体现新发展理念的发展。"④ 因此，城市高质量发展的基本要义包括：（1）创新型城市建设扎实推进，创新活动的正外部性持续释放；（2）城市产业链、供应链协调度提升，以现代化产业体系为支撑，助力全要素生产率优化；（3）循环生产模式、绿色生活方式推广，绘制"绿水青山就是金山银山"的美丽城市画卷；（4）城市集商品贸易、资金融通、跨文化交流于一体的对外开放向纵深迈进；（5）城市教育、住房、医疗、文化条件不断改善，朝着"幼有所育、学有所教、劳有所得、病有所医、老有所养、住有所居、弱有所扶"的大同目标迈进。⑤

因此，城市高质量发展与城市居民日常生活息息相关，尤其和城市特殊群体的美好生活和个体发展联系在一起。在人民日益增长的美好生活需求下，城市不仅需要重视基础设施等硬指标的建设，更需要重视城市生活品质等软指标的建设。城市中特殊群体的发展和生活质量，也从侧面反映了一座城市的包容和温度。

---

① 新华社. 中共中央 国务院关于支持浙江高质量发展建设共同富裕示范区的意见 [EB/OL]. (2021-06-10) [2024-03-01]. https://www.gov.cn/zhengce/2021-06/10/content_5616833.htm.
② 宁波市统计局. 2023 年宁波市国民经济和社会发展统计公报 [EB/OL]. (2024-03-06) [2024-03-10]. http://tjj.ningbo.gov.cn/art/2024/3/6/art_1229042825_58919751.html.
③ 宁波市发展和改革委员会. 宁波第 12 次荣膺"中国最具幸福感城市" [EB/OL]. (2022-01-07) [2024-03-10]. http://fgw.ningbo.gov.cn/art/2022/1/7/art_1229020626_58960225.html.
④ 习近平. 开创我国高质量发展新局面 [EB/OL]. (2024-06-15) [2024-03-01]. https://www.gov.cn/yaowen/liebiao/202406/content_6957469.htm.
⑤ 孙久文，蒋治. 高质量建设青年发展型城市的科学内涵与战略构想 [J]. 西安交通大学学报（社会科学版），2022，42（6）：1-9.

二、人人享有的幸福之城

(一)老年友好型社会

1. 不分年龄人人共享的社会

随着老年人口规模的日益扩大与老龄化程度的不断加深,人口老龄化成为全世界共同关注的问题。人口老龄化是社会发展的重要趋势,也是今后较长一段时期我国的基本国情。据我国第七次人口普查结果显示,60 岁及以上人口为 26 402 万人,占总人口的 18.70%(其中,65 岁及以上人口为 19 064 万人,占总人口的 13.50%),[①] 可见,中国已进入老龄化社会且程度进一步加深,尤其还具有"未富先老"的老龄化特征。党的十九届五中全会明确提出实施积极应对人口老龄化的国家战略,2019 年,中共中央、国务院印发《国家积极应对人口老龄化中长期规划》,从财富储备、人力资源、物质服务、科技支撑、社会环境五个方面明确了我国应对人口老龄化的制度框架。[②]

"不分年龄人人共享的社会"与共同富裕目标和共享发展理念不谋而合。共同富裕是社会主义现代化的一个重要目标,也是中国式现代化的一个基本特征。

2. 宁波实践:打造"甬有颐养"幸福民生品牌

2023 年末,宁波全市常住人口中 60 岁及以上的人口为 200.1 万人,占总人口的 20.6%,比上年上升 1.3 个百分点,其中 65 岁及以上人口为 141.4 万人,占总人口的 14.6%,比上年上升 0.5 个百分点。[③] 预计到 2025 年将超过 200 万人,占比升至总人口的 1/3。按照户籍人口口径统计,宁波自 2022 年起已进入加速人口老龄化、快速人口高龄化和失能半失能失智半失智长寿化的高原期发展阶段。为此,宁波以老年友好型社区建设为载体,积极打造"甬

---

① 国家统计局. 第七次全国人口普查公报(第八号)[EB/OL].(2021-05-11)[2024-03-10]. https://www.stats.gov.cn/zt_ 18555/zdtjgz/zgrkpc/dqcrkpc/ggl/202302/t20230215_1904004.html.

② 新华社. 中共中央 国务院印发《国家积极应对人口老龄化中长期规划》[EB/OL].(2019-11-21)[2024-03-01]. https://www.gov.cn/zhengce/2019-11/21/content_5454347.htm.

③ 宁波市统计局. 2023 年宁波市人口主要数据公报 [EB/OL].(2024-03-05)[2024-03-10]. http://tjj.ningbo.gov.cn/art/2024/3/5/art_1229042825_58919741.html.

有颐养"幸福民生品牌。深入推进老年友好型社区建设，充分发挥老年友好型社区示范作用，引导更多社区建设老年友好环境，更好地满足老年人在居住环境、日常出行、健康养老、社会参与、精神文化生活等方面的需要，切实增强老年人的获得感、幸福感、安全感。

在全国示范性老年友好型社区评选中，围绕改善老年人居住环境、方便老年人日常出行、提升为老服务质量、扩大老年人社会参与、丰富老年人精神文化生活、提高为老服务科技化水平以及管理保障等方面内容，宁波 7 个社区入选 2022 年全国示范性老年友好型社区名单，2023 年 9 个社区上榜全国示范性老年友好型社区浙江省创建社区名单。此外，宁波出台《宁波市促进养老托育服务健康发展工作方案》，明确到 2025 年，宁波市将基本建立老年生活友好型城市，养老机构护理型床位占比超过 60%，每万名老年人拥有持证养老护理员数 28 人以上，老年人健康管理率超过 72.5%。[①]

3. 优秀案例

老年友好型的文明交通体系。2021 年，全国首块专为老年人出行安全而"定制"的交通标志牌在宁波雅戈尔老年乐园边上的鄞州大道上"诞生"，斑马线上也有"注意老人"的提醒型交通标志牌。目前实施的道路交通标志国标中，还没有专门提醒注意老人过马路的标志，这是宁波交警在国标规定格式的基础上，参照其他提示性交通标志，反复斟酌和科学推论做出的创新尝试。此外，宁波交警、辅警护送老人过马路，叮嘱老人注意交通安全的温馨场景，以及"绿灯为老人多亮 97 秒"也是宁波老年友好型文明交通体系的一部分。[②]

5A 级居家养老服务中心。星阳居家养老服务中心是宁波第一家专业化运营的 5A 级居家养老服务中心。中心打造生活服务、老年助餐、医养康养、基础护理、助学培训、文化娱乐、智慧服务、养老顾问等八大应用场景，具备 16 项基础服务功能。养老中心占地 2000 多平方米，有 67 张床位，拥有智慧养老信息平台及多功能活动室、助浴室、心理咨询室、手工阅览室等完善的

---

① 澎湃. 宁波定下"小目标"：到 2025 年，基本建立老年生活友好型城市［EB/OL］. (2021-09-06)［2024-03-01］. https://www. thepaper. cn/newsDetail_forward_14389084.
② 王晓峰. 这座城市对 160 万老人友好吗? 甬派记者实地触摸宁波"适老化"细节［EB/OL］.（2021-10-14）［2024-03-08］. https://new. qq. com/rain/a/20211014A05S5200.

生活休闲配套设施，主要提供短期住养、日间照护、居家照护、医疗服务、康复服务、心理服务等有效服务。星阳社区积极打造"一刻钟养老服务生活圈"，用专业团队将医养康养各种服务送进长者家庭，为居家老年人提供多样化服务，为区域解决优质养老难题提供可持续性的借鉴。"建设 10 个 5A 级居家养老服务中心"被列为宁波市 2022 年 10 件民生实事之一。保障老年人的生活质量，增强老年人的归属感和幸福感，是宁波民生工作的重点。①

（二）儿童友好型城市

1. 儿童友好型

"少年儿童友好型"城市建设提案从 1996 年开始在我国实施，旨在响应联合国关于人类居住环境的第二次会议决议：把城市建设为适合所有人群居住的地方。会议提出少年儿童的健康程度是衡量人类生活环境的健康程度和政府管理水平的最终标准。

我国建设儿童友好型城市正经历"从无到有"的发展过程，构建儿童友好型城市空间网络是其中的基本环节，也是关键环节。衡量开放空间是否以少年儿童为本的主要标准包括可达性、安全性、游憩质量以及多功能性。② 为此，应借鉴国际城市经验，合理规划布局城市内儿童活动场所和基础服务设施，满足区域内儿童生活成长需要；规划布局应远离环境污染区域，与自然要素紧密结合，让儿童有更多与自然接触的机会；建立起步行和骑行绿色网络体系，将儿童青少年经常去的活动场所、公共基础设施和商业服务设施通过"绿色廊道"串联起来。最终达到将儿童活动网络融入到城市开放体系，使儿童活动与城市生活最大限度的融合。③

2. 宁波实践：打造"甬有善育"幸福民生品牌

根据第七次全国人口普查数据，按照国际《儿童权利公约》标准，宁波市 18 周岁以下儿童有 144 万人，占城市总人口的 15.3%，打造"儿童友好城

---

① 中国宁波网. 打造老年人友好型未来社区 宁波这个 5A 级养老中心即将建成 [EB/OL]. (2022-04-21) [2024-03-08]. http://www.cnnb.com.cn/xinwen/system/2022/04/21/030347711.shtml.

② M. 欧伯雷瑟-芬柯，吴玮琼. 活动场地：城市——设计少年儿童友好型城市开放空间 [J]. 中国园林，2008（9）：49-55.

③ 韩雪原，陈可石. 儿童友好型城市研究——以美国波特兰珍珠区为例 [J]. 城市发展研究，2016，23（9）：26-33.

市"显得十分必要。① 儿童友好城市建设也成为宁波城市的一张亮丽名片。国家发改委、国务院妇儿工委办联合发文，确定宁波市为第二批建设国家儿童友好城市。2022 年宁波市启动国家儿童友好城市创建，全面提升儿童健康、教育、福利、环境等领域的发展水平，全面保障儿童生存、发展、受保护和参与的权利。市委办公厅、市政府办公厅印发《宁波市儿童友好城市建设实施方案（2022—2025 年）》，确立"实施方案+建设指南+指数报告+工作要点+试点单元+项目清单"的任务体系。坚持高水平推进营造优越良好的儿童发展环境，健全儿童关爱政策，推进家庭家教家风建设，营造儿童友好社会氛围。②

具体而言，近年来，宁波出台《宁波市 3 岁以下婴幼儿照护服务专项资金管理办法》，获评首批全国婴幼儿照护服务示范城市，提升早期服务水平，打造"家门口"入托工程，新增托位 8229 个，每千人口托位数达 3.56 个。建设儿童康复中心、儿童友好病区。在《宁波市促进养老托育服务健康发展工作方案》明确，到 2025 年，婴幼儿照护服务需求得到基本满足，每千人口 3 岁以下婴幼儿托位数达 4.55 个，婴幼儿健康管理率超过 95%，婴幼儿照护服务机构从业人员持证率超过 80%。

建设妇女儿童综合服务驿站 209 个，命名市级示范家长学校 9 批 499 所，建成市级以上示范儿童之家 190 家，服务儿童达 11 万余人次。开通全省首列儿童友好地铁专列，打造全省首个儿童友好商圈，建成最美上学路、图书馆儿童阅览室等多个项目，打造 15 分钟亲子阅读圈、幼托服务圈，推动全省首个全龄段、无动力儿童专类公园等公共空间建设。在全市中小学开展"亮眼工程"和"清凉工程"，全市中小学普通教室灯光达标率达 100%。推动城市儿童友好空间建设导则在宁波落地，有效选树儿童友好城市建设空间样板。推进"4 点钟学校"等公益托管机构建设，所有社区都开辟未成年人活动空间，组织"4 点钟学校""多彩少年""阳光心灵　快乐成长"等富有地方特色的活动品牌。强力推进社会文化环境净化工作。积极推进网吧连锁融合和

---

① 刘怡然. 城市因儿童而改变　宁波全域推进儿童友好城市创建工作［J］. 宁波通讯，2022（6）：14.

② 宁波女性. 儿童友好城市成为宁波又一靓丽名片［2023-05-04］.［2024-03-08］. https://baijiahao. baidu. com/s?id=1764926789918101491&wfr=spider&for=pc.

网格化管理，深入开展文明办网、文明上网活动。加大精神文化产品创作生产和扶持力度，提高未成年人文化产品和文化服务的供给能力。认定宁波市首批儿童友好示范社区 10 个、宁波市首批儿童友好社区 19 个。2023 年 5 月，下应街道海创社区获评宁波市首批儿童友好示范社区，明楼街道和丰社区、潘火街道金桥社区获评宁波市首批儿童友好社区。①

3. 优秀案例

最美上学路。从 2017 年宁波市鄞州区改造首条"最美上学路"，6 年间，鄞州先后投入 2000 余万元，改造生成了 33 条"最美上学路"。"最美上学路"不仅有效解决了儿童接送和校园周边交通安全问题，还极具文化氛围，道路两侧贴有励志的文化标语，道路上绘制适合孩子阅读的插画和诗歌，使之兼具安全保障和文化传播属性，不仅成为鄞州区十大民生实事工程之一，还入选了首批"浙江有礼"省域文明新实践为民办实事项目。此后，宁波市鄞州区还正式发布"最美上学路"建设、养护、文明导则，实现"最美上学路"从建设到养护全生命周期的技术导则。鄞州"最美上学路""精准接送系统""限时接送智慧管理"，通过"一校一策""一点一策""警校合作""家校合作"等多种途径，多方赋能辖区内 114 所中小学和 190 所幼儿园，温暖守护17.4 万名学生平安上下学。② 宁波市鄞州区贯彻落实儿童友好理念，积极推动儿童友好城市建设融入共同富裕大场景，完成全国首个"最美上学路"导则发布、全市首个儿童友好商圈建设，探索"123"儿童友好特色路径——1 个儿童友好商圈、2 个儿童友好街区、3 个儿童友好社区，打造"15 分钟儿童友好圈"，有效提升了广大儿童和家庭的获得感、幸福感和安全感，是儿童友好和城市文明的最好诠释。

(三)"一老一小"代际融合

自古以来，中国人就提倡孝老爱亲，倡导"老吾老以及人之老，幼吾幼以及人之幼"。"一老一小"是关涉我国人口均衡发展的重要群体。党的二十大报告强调，优化人口发展战略，建立生育支持政策体系，降低生育、养育、教育

① 宁波市人民代表大会常务委员会. 关于宁波市儿童友好城市建设工作情况的报告［EB/OL］.(2023-11-14)［2024-03-08］. https://www.nbrd.gov.cn/art/2023/11/10/art_1229578103_39320.html.
② 王博，徐庭娴，蔡微波，等. 宁波好经验 全省来"取经"［N］. 宁波日报，2023-06-01 (A2).

成本。实施积极应对人口老龄化国家战略，发展养老事业和养老产业，推动实现全体老年人享有基本养老服务。

1. 宁波"一老一小"现状

2022 年末，宁波全市常住人口为 961.8 万人，其中，60 岁及以上人口为 186.1 万人，占总人口的 19.3%，比上年上升 1 个百分点，其中 65 岁及以上人口为 135.2 万人，占总人口的 14.1%，比上年上升 0.8 个百分点。[①] 按照日内瓦国际社会保障协会（ISSA）的定义，宁波的户籍人口不仅早已进入老年社会阶段（14%~21%），并即将进入超老年社会阶段（21%~28%）。老龄化程度进一步加深，与之形成对照的是，2022 年，我国人口出生率为 6.77‰，人口自然增长率为-0.60‰，[②] 少子化问题凸显。2022 年宁波全市 0~14 岁的人口为 115.1 万人，占总人口的 12.0%，比上年下降 0.2 个百分点。如何针对"一老一小"群体开展养老、托育以及老幼融合关爱服务成为社会热点问题。

宁波以"一老一小"为重点完善人口服务体系。聚焦"一老一小"，成功实施首批中央财政支持的社区和居家养老服务改革试点。浙江省首批 300 个共同富裕现代化基本单元"一老一小"场景公布，其中宁波城镇社区有 38 个场景入选，占全省总数的 17%，排名全省第二，其中养老场景 20 个、托幼场景 16 个，老幼融合场景 2 个。2023 年，宁波市政府印发《宁波市"一老一小"整体解决方案》（简称《方案》），进一步加强养老托育发展的政策保障，持续增加养老托育服务供给，更好地满足老年人健康服务和婴幼儿照护服务需求。根据《方案》勾画的发展目标，到 2025 年，全市养老托育服务体系建设整体推进，兜底线、促普惠与市场化协同发展的工作格局基本形成，"甬有颐养""甬有善育"加快实现。每千名老人拥有养老床位数稳定在 50 张以上，每千人口拥有 3 岁以下婴幼儿托位数达到 4.55 个，广大家庭的养老托育服务需求基本得到满足。公办机构兜底线作用充分发挥，城乡有集中供养意愿的特困老年人实现 100% 集中供养，生活不能自理的特困老年人集中供养率达到 95%。鼓励各区（县市）主城区建有至少 1 家示范型公办托育园，婴

---

① 宁波市统计局. 2022 年宁波市人口主要数据公报 [EB/OL]. （2023-03-02）[2024-04-13]. http://tjj.ningbo.gov.cn/art/2023/3/2/art_1229042825_58918069.html.

② 国家统计局. 2022 年全年出生人口 956 万人 [EB/OL]. （2023-01-17）[2024-04-13]. https://www.hi.chinanews.com.cn/hnnew/2023-01-17/666816.html.

幼儿照护服务机构乡镇（街道）覆盖率达到100%。[①]

2. 受访者满意度评价

一般而言，儿童友好型城市主要评价维度包括社会政策友好（反映儿童友好理念融入城市发展的理念、政策和工作机制），公共服务友好（反映在儿童托育、教育、医疗、文体服务方面的供给），权利保障友好（反映公益普惠儿童福利和儿童权利法律保护等），成长空间友好（反映适宜儿童宜动、宜居、宜学、宜乐、宜游空间环境配置）和发展环境友好（适宜儿童的家庭环境、文化环境、安全环境）。老年友好型城市的评价维度主要包括空间友好，具有无障碍、安全可达的物质空间；制度友好，具有支持性、包容性的社会环境；参与友好，有利于老年人社会参与和实现就业。

儿童游乐设施体现了公共服务中的文体服务友好和公共空间的成长空间友好。老年服务设施则体现了户外空间和建筑物的实体环境的可达性，体现社区支持和健康服务的公平性。本研究对社区老年和儿童服务设施满意度进行调查，数据显示，被访者社区对"一老一小"服务设施评价以"非常满意"居多，分别占比52.5%和53.3%；选择"比较满意"选项的比例分别为32.9%和33.7%；仅各有0.7%的受访者对社区老年服务和儿童游乐设施"非常不满意"（见表6-12）。

表6-12 被访者（N=950）对宁波社区"一老一小"公共空间设施满意度评价

评价内容	评价等级	频次	有效百分比（%）
社区老年服务设施	非常满意	499	52.5
	比较满意	313	32.9
	一般	112	11.9
	不太满意	19	2.0
	非常不满意	7	0.7

[①] 宁波市人民政府. 宁波市人民政府关于印发宁波市"一老一小"整体解决方案的通知（甬政发〔2022〕69号）[EB/OL]. (2023-02-13) [2024-03-01]. https://www.ningbo.gov.cn/art/2023/2/13/art_1229715291_59450703.html.

续表

评价内容	评价等级	频次	有效百分比（％）
社区儿童游乐设施	非常满意	506	53.3
	比较满意	320	33.7
	一般	96	10.1
	不太满意	21	2.2
	非常不满意	7	0.7

（四）青年发展型城市

1. 国家政策

《中长期青年发展规划（2016—2025 年）》强调"把青年发展摆在党和国家工作全局中更加重要的战略位置，整体思考、科学规划、全面推进，努力形成青年人人都能成才、人人皆可出彩的生动局面"[1]。这是中华人民共和国第一部全面促进青年发展的国家级规划，成为新时代中国青年发展的根本性政策指引。为深入贯彻落实党中央、国务院精神，2022 年，中央宣传部、中央网信办、共青团中央等 17 部门联合印发《关于开展青年发展型城市建设试点的意见》（简称《意见》），推动开展青年发展型城市建设试点，促进青年高质量发展，让城市对青年更友好，让青年在城市更有为。[2]《意见》强调，青年创新创造活力与城市创新创造活力相互激荡、青年高质量发展和城市高质量发展相互促进，是青年发展型城市的本质特征。[3]

根据第七次全国人口普查数据，我国青年常住人口城镇化率为 71.1%，高于整体常住人口城镇化率 7.2 个百分点。[4] 青年因城市而聚，城市因青年而兴，城市与青年的互动和协同关系表现为：一方面城市高质量发展赋能青年发展

---

① 新华社. 中共中央　国务院印发《中长期青年发展规划（2016—2025 年）》[EB/OL]. (2017-04-13) [2024-03-01]. https://www.gov.cn/zhengce/202203/content_3635263.htm#1.

② 新华社. 中共中央　国务院印发《中长期青年发展规划（2016—2025 年）》[EB/OL]. (2022-04-07) [2024-03-01]. https://www.gov.cn/xinwen/2022-04/07/content_5683836.htm.

③ 孙久文, 蒋治. 高质量建设青年发展型城市的科学内涵与战略构想 [J]. 西安交通大学学报（社会科学版）, 2022, 42 (6): 1-9.

④ 周围围. 城市对青年更友好　青年在城市更有为——全国青年发展型城市建设试点综述 [EB/OL]. (2023-10-30) [2024-03-08]. https://news.cyol.com/gb/articles/2023-10/30/content_zxd5l2TYZb.html.

型城市建设，着力优化和保障青年发展型城市的居住、教育、就业等环境建设，改善城市运行的基本质量面，打消青年在住房、教育、就业、育儿等领域的后顾之忧，能让青年在城市生活中收获安全感、幸福感、满足感；另一方面，青年人引得来、留得住、用的好，让青年在城市更有为，青年高质量发展驱动青年发展型城市建设，充分调动青年主观能动性，引领创新创业大潮、扎根岗位建功立业、广泛参与社会治理，促进城市治理能力与治理体系现代化。①

促进青年高质量发展成为新一轮城市发展和竞争力的重要方面。党的二十大报告提出，强化现代化建设人才支撑。青年强则国家强，强调要实施就业优先战略，健全就业公共服务体系，促进高质量充分就业。报告同时也就城市提出"打造宜居、韧性、智慧城市"的发展目标。② 如何建立青年和城市之间的互动关系，加深人—地之间的情感联结，以青年需求为导向完善青年发展型城市政策体系，以多元参与为导向营造共建共治治理格局，成为值得学界关注的话题。

2. 宁波实践

2019 年，宁波出台《关于宁波市集聚全球青年才俊打造青年友好城的实施意见》，向青年人才发出"与宁波·共成长"的邀约。2020 年，"甬江引才"工程出台，单设青年人才专项，《宁波市中长期青年发展规划（2020—2025 年）》也应运而生。2021 年，宁波通过提高青年人才补贴等 9 条举措，新引进大学生21.6 万人，同比增长 30.7%。③ 此后，宁波出台人才新政 30 条，实施一系列专项举措，大力集聚青年精英人才、青年海归人才、青年创业人才、青年高校毕业生人才、青年技能人才等优秀青年人才。宁波聚焦"城市对青年更友好"，高水平构建"甬爱青年"六大场景，以"我在窗口写青春·宁波当标兵"行动为统揽，打造"青年爱甬"六大工程。其中"青年人才驿站"为来甬就业青年提

① 孙久文，蒋治. 高质量建设青年发展型城市的科学内涵与战略构想 [J]. 西安交通大学学报（社会科学版），2022，42（6）：1-9.

② 习近平. 高举中国特色社会主义伟大旗帜　为全面建设社会主义现代化国家而团结奋斗——在中国共产党第二十次全国代表大会上的报告 [EB/OL]. （2022-10-25）[2024-04-13]. http://www.gov.cn/zhuanti/zggcddescqgdbdh/sybgqw.htm.

③ 蒋雨彤，潘宇璐，冯超. 宁波：向东是大海青春汇港湾 [N]. 中国青年报，2022-09-16（1）.

供 7 天免费住宿，"青年工匠"年均培养青年技术能手近千名。

（1）青年人才政策

近年来，为了营造青年乐居之城，宁波加紧建立从青年来甬面试到人才安居全周期的政策支持链条，包括交通补贴、生活补贴、租房补贴、购房补贴等政策以及青年人才驿站等。青年人才驿站认定凡年龄在 18 至 35 周岁、学历专科及以上的青年，可以在驿站内免费住宿 7 天，驿站还为广大求职青年提供就业创业政策咨询、岗位推荐和手续办理等服务，让青年"一次都不跑"就能安心找工作。

宁波还通过完善大学生落户政策，建立"货币补贴+实物配置"安居体系，助力人才圆梦甬城。① 根据政策，宁波市对符合条件的各类人才给予最高 60 万元的购房补贴；对新引进的应届高校毕业生给予每年 1 万元的租房补贴，连续发放 3 年。除了努力打造青年立业之城，宁波发布人才安居新政，还针对不同类型的青年人才配套出台了人才手册，推出了包括攻读硕博士学费补贴、青年人才成长奖励等一系列举措，用实打实的举措支持青年人才成长发展，一起携手在宁波建功立业、成就更好的自己。②

（2）青年人才活动

人才科技周上的青春礼包。宁波早在 2006 年就推出一年一度的人才科技周。人才科技周期间，青年人才都能收获一份"青春礼包"——一张可乘车 5 次的专属地铁卡、一份画满宁波关键地标的手绘地图、一张可以逛遍宁波公园（景区）的定制年票、一本可以按图索骥找到自己价值"坐标"的人才手册。此后升级版的"青春礼包"，还推出了全年、全市景点通用的公园年票，面向青年人才开展百万福利大派送活动。③ 此外，宁波已连续四年举办人才日活动，2023 宁波人才日活动主题为"人才出彩·城市精彩"，强调教育科技人才一体发展，集聚战略人才实效，人才与城市"双向成就"。

---

① 宁波市政府官网. 宁波人才发展"十四五"规划发布　拟加大人才购房补贴力度［EB/OL］. (2021-08-02)［2024-03-10］. http://news.cnnb.com.cn/system/2021/08/02/030275482.shtml.

② 澎湃新闻. 宁波披露人才引进相关数据：3 年内共发放购房补贴 7.89 亿［EB/OL］. (2022-10-04)［2024-03-10］. https://baijiahao.baidu.com/s?id=1745748923508513336&wfr=spider&for=pc.

③ 黄合，勇祖轩. 一份"礼"遇一片诚意　宁波邀青年人才逐梦创未来［EB/OL］. (2022-09-19)［2024-04-13］. http://www.ningbo.gov.cn/art/2022/9/19/art_1229196405_59432914.html.

各区（县市）也纷纷热情邀约青年人才。例如，2019 年，宁波市北仑区入选全国中长期青年发展规划实施试点，北仑区推出了青年公寓购房补贴政策，每年发放 1000 个购房码，每个购房码最高提供 30 万元购房补贴，其中50% 可用于首付，在扶持青年人才创业就业方面，北仑区也一直走在前列。鄞州区推出的"鄞领青春夜市"，打造年轻力文化 IP 和特色夜间经济品牌，大大提升了夜间消费力指数，也为青年创业者提供了展示产品的平台。慈溪市推动青年企业家源头培育、农创青年共富，开展助农直播、探店直播等活动，设立 100 亿元专项信贷支持在慈青年创新创业。

（3）青年工作成效

2023 年，宁波全市已建成使用青年人才驿站 15 家，2022 年入住青年2058 人，入住天数 6638 天，共开展就业创业、城市参观、志愿服务等活动 48场，其中入住青年中已有 1222 人签订就业合同或明确在甬就业创业意向。[①] 市级统一的青年人才驿站信息平台已建成运行，可在线实现人才入住申请审核、房源展示、后期管理等功能。据不完全统计，2019 年 1 月到 2021 年12 月，全市聚焦人才服务保障，安家补助、购房补贴、就业补助等政策受惠对象达 7.7 万人。[②] 累计发放市本级应届本科生和硕士研究生生活安居补助3006 万元，基础人才购房补贴 78 906 万元。2021 年，宁波新引进大学生 21.6万人，同比增长 30.7%，5 年内平均增长超 20%；新引进博士 905 人，同比增长 9.7%。[③] 2022 年，宁波市出台青年专属政策 161 项，40 个项目纳入政府民生实事，宁波新引进大学生数量 22.7 万名，再创历史新高。[④]

（五）残障弱势群体

积极开展特殊群体关爱行动。重点做好进城务工人员关爱行动，流浪儿

---

① 中国青年网. 每年 1 万元! 宁波对新引进应届高校毕业生给予租房补贴 [EB/OL].（2023-04-20）[2024-03-08]. https://news. youth. cn/gn/202304/t20230420_14468999. htm.

② 黄合. 宁波创建"青年友好城"　新引进大学毕业生突破 20 万人 [N]. 宁波日报. 2022-04-19（A04）

③ 澎湃新闻. 宁波披露人才引进相关数据：3 年内共发放购房补贴 7.89 亿 [EB/OL].（2022-10-04）[2024-03-10]. https://baijiahao. baidu. com/s? id = 1745748923508533616&wfr = spider&for = pc.

④ 中国青年网. 城门洞开迎"青"人　各地推进青年发展型城市建设试点诚意满满新招迭出[EB/OL].（2023-06-20）[2024-03-08]. https://finance. sina. com. cn/jjxw/2023-06-20/doc-imyxwqvr1735107. shtml.

童、孤残儿童、边缘儿童和留守儿童关爱行动，做好空巢老人、残疾人和病贫家庭关爱行动，建立健全社会救助体系，积极提供及时有效的管理、救助。开展志愿服务活动，以空巢老人、留守儿童、困境儿童、残疾人等困难群体为重点做好结对帮扶；重点实施人行道惠民行动，改善儿童、老人、医患等群体出行路段的步行安全，重点打造"平安护学路""暖心就医路""清爽菜市路"等亮丽人行道 150 条，让通行环境不仅安全舒适，也更具人文关怀，停车场设有无障碍停车位，无障碍标识明显，对视力残障人士和听力残障人士提供信息无障碍服务；兜牢兜住民生底线，社会保险实现应保尽保，实现了城乡居民基础养老金标准、特困供养和低保标准全市统一，年最低生活保障标准全省第一，长期护理保险率先实现市区全覆盖。

　　半数以上或将近半数的被访者对宁波城市服务残障等弱势群体的工作表示"非常满意"，其中在城市无障碍设施建设方面评价相对较低。具体而言，对宁波公共文化场馆对老年、残障者等特殊群体的差异化服务"非常满意"的比例为 50.5%，"比较满意"的比例为 25.1%，"一般"的比例为 12.4%，"不太满意"的比例为 8.3%，"非常不满意"的比例为 3.7%。对宁波城市对残障者等特殊群体的关心支持"非常满意"的比例为 50.7%，"比较满意"的比例为 26.8%，"一般"的比例为 11.9%，"不太满意"的比例为 8.2%，"非常不满意"的比例为 2.4%。对宁波城市无障碍设施建设"非常满意"的比例为 48.2%，"比较满意"的比例为 29.3%，"一般"的比例为 11.8%，"不太满意"的比例为 7.4%，"非常不满意"的比例为 3.3%（见表 6-13）。

表 6-13　被访者（N=950）对宁波开展弱势群体服务的满意度评价

评价内容	评价等级	频次	有效百分比（%）
公共文化场馆对老年、残障者等特殊群体的差异化服务	非常满意	480	50.5
	比较满意	238	25.1
	一般	118	12.4
	不太满意	79	8.3
	非常不满意	35	3.7

续表

评价内容	评价等级	频次	有效百分比（%）
城市对残障者等特殊群体的关心支持	非常满意	482	50.7
	比较满意	255	26.8
	一般	112	11.9
	不太满意	78	8.2
	非常不满意	23	2.4
城市无障碍设施建设	非常满意	458	48.2
	比较满意	278	29.3
	一般	113	11.8
	不太满意	70	7.4
	非常不满意	31	3.3

三、幸福之城的认同

本次调查中，被访者对宁波全国文明城市的城市荣誉"非常认同"的比例为59.5%，"比较认同"的比例为27.1%，"一般"的比例为8.5%，"不太认同"的比例为3.5%，"完全不认同"的比例为1.4%；对宁波中国最具幸福感城市的城市荣誉"非常认同"的比例为57.1%，"比较认同"的比例为26.4%，"一般"的比例为11.5%，"不太认同"的比例为4.1%，"完全不认同"的比例为0.9%（见表6-14）。

表6-14 被访者（N=950）对宁波城市荣誉的认同情况

评价内容	评价等级	频次	有效百分比（%）
全国文明城市	非常认同	565	59.5
	比较认同	257	27.1
	一般	82	8.5
	不太认同	33	3.5
	完全不认同	13	1.4

续表

评价内容	评价等级	频次	有效百分比（%）
中国最具幸福感城市	非常认同	542	57.1
	比较认同	251	26.4
	一般	109	11.5
	不太认同	39	4.1
	完全不认同	9	0.9

　　表 6-14 显示，过半数（57.1%）受访者对宁波是中国最具幸福感城市具有高度认同，同时本研究也对户籍、年龄、性别、居住地等人口统计学变量进行分析，以此开展幸福感之城认可度的交叉比较分析，了解人口统计学变量所带来的差异，具体分析结果如下：

　　就户籍地而言，宁波本地人对宁波是中国最具幸福感城市具有高度认同感。其中在"非常认同"选项中，宁波本地人占比 78%，外地人占比 22%；在"比较认同"选项中，宁波本地人占比 51%，外地人占比 49%。在宁波是中国最具幸福感城市的评价中，有 68% 的宁波本地人选择"非常认同"，20% 的宁波本地人选择"比较认同"，仅有 3.5% 的宁波本地人表示"不太认同"或者"完全不认同"。在外地人眼中，对宁波城市幸福感评价中有 77% 选择"比较认同"和"非常认同"，在外籍人士眼中该比例则达到 62%。此外，在本次调查中选择"非常认同"宁波是中国最具幸福感城市的选项，镇海市民占比最高，超过一半之多，达到 51.5%，其次是鄞州区市民，占比 15.9%。就宁波各县市区所在地而言，宁波镇海区市民对幸福感城市具有更高的认同，所有镇海区被访者中，选择"非常认同"的比例达 97.6%；其次是奉化区，在所有奉化被访者中，选择"非常认同"的比例达 60.0%；再次是海曙区，在所有海曙区被访者中，选择"非常认同"的比例达 40.5%。

　　就年龄而言，青年人对宁波是幸福感城市最为认同。首先，各个年龄段的被访对象都对宁波是幸福感城市具有高度认同，选择"非常认同"的比例在各年龄段的频率均为最高。其次，在年龄比较中，青年人群对宁波的幸福感认同度最高，其中 19~30 岁的年龄段，选择"非常认同"在全年龄段占比达 51.7%，其次是 31~40 岁的年龄段，"非常认同"比例达 19.2%；"比较认同"的选项中，19~30 岁的年龄段在全年龄段占比 51%，31~40 岁的年龄段在全年龄段占比 16.7%。

就性别而言，女性对宁波是幸福感城市的认可度高于男性，在"非常认同"选项中，女性占比 67%，男性占比 33%；在"比较认同"中女性占比 58%，男性占比 42%；86% 的女性对宁波是幸福感城市持认同感受（"非常认同"和"比较认同"）；80% 的男性对宁波是幸福感城市持认同感受（"非常认同"和"比较认同"）。

就学历而言，本次调查中，选择"非常认同"的选项中，本科学历占比最高，达到 49.3% 的比例，其次是大专学历，占比 20.0%。就学历段而言，本科学历对幸福感城市具有更高的认同，在所有本科学历被访者中，选择"非常认同"的比例达 64.5%；其次是在所有大专生被访者中，选择"非常认同"的比例达 60.0%；再次是在所有初中学历被访者中，选择"非常认同"的比例为 53.7%。

青年人对宁波是幸福感之城的高度认同，这得益于宁波这座城市的青年友好，在人才政策的吸引力以及城市总体环境的吸引力。近年来，宁波人才吸引力持续提升，人才净流入排名居于全国大城市前列。据《2020 中国城市人才生态指数报告》数据显示，宁波人才生态排名位居全国各大城市第 6、第二梯队城市的榜首。[①] 据"微链"联合浙江大学全球浙商研究院、猎聘网发布的《2022 中国城市人才生态指数报告》，与 2020 年相比，宁波的居住维度排名从第 28 位上升到第 7 位，生活品质维度从第 6 位上升到第 4 位，交通维度从第 3 位上升到第 1 位。[②] 2023 年 1 月，浙江省青年工作联席会议正式发布浙江青年发展综合指数（2022），宁波获评等级为优秀。[③] 以下三个案例，将分别从一条短信、一座地铁、一个博物馆来讲述青年人在宁波就业、求学的幸福感。

---

① 宁波发布. 来！与宁波·共成长！[EB/OL]. (2021-04-16) [2024-03-10]. https://m.the-paper.cn/baijiahao_12235371.

② 滕华. 全国第六！宁波人才生态发展水平位居"第一梯队"强在哪？还有什么短板？这份报告"干货"不少 [N]. 宁波晚报, 2022-09-18 (A3).

③ 浙江日报. 浙江青年发展综合指数发布 [EB/OL]. (2024-02-07) [2024-03-10]. https://www.zj.gov.cn/art/2024/2/7/art_1554467_60198849.html.

案例：让"温暖"成为一座城市的标签　频频出圈的宁波很走心①

"亲爱的考生，您好！感谢您于万千城市中，选择宁波，给宁波一次宝贵的机会，活力四射的宁波可以给您更多机会。宁波企事业单位求贤若渴，向您发出诚挚邀请。"

8月上旬，2022年宁波市考试录用公务员面试落下帷幕，1141名公考落榜考生陆续收到了这封来自宁波市人力资源和社会保障局的特别短信。刚读了开头，不少落榜者就感到心头一暖。

短信里，先对考生选择宁波开始人生新旅程表示感谢，还贴心备注了"甬上乐业"服务平台和联系方式，承诺将送上"专员服务"推荐优质职位，诚挚邀请青年在宁波找到"位"、寻到"味"。

这则一百多字的"暖心短信"，迅速在互联网上"出圈"。"宁波人社局给考公落榜者发挽留短信"话题一度冲上微博热搜榜14位，全网互动阅读量过亿，不少网友留言表示"对宁波好感倍增"，还有一些网友直接@自己所在的城市，希望也能"抄作业"学起来。

本章对文明典范之都建设的现代文明考量，主要围绕高质量发展、生态良好、文明有礼、政府廉效、社会和谐、共同富裕六个方面，既有城市官方统计数据等客观指标，又有被访者满意度感知的主观指标，此外还结合典型案例和经验做法，意在全方位构建并展示宁波文明典范之都的现代文明。

从高质量发展、富裕之城维度来看，宁波主要具有三个典型特征：第一，民营经济发达、制造业基础雄厚。具有相当工业基础、产业结构以制造业为主的宁波民营经济是宁波经济活跃发展的重要部分，也是宁波城市发展的基本依靠力量。第二，创新文化驱动、数字经济引领。宁波拥有便利交通、多元文化、高效管理、开放环境等创新所需要的条件，创造了浓厚的创新氛围，创新能力持续深化。第三，港城特色鲜明、外贸经济发达。2022年，宁波舟山港货物吞吐量突破12.5亿吨，增长2.1%，连续14年保持全球首位，集装箱吞吐量达3335万标箱，增长7.3%，连续5年居世界第三。② 宁波建设开放

---

① 时晓竹. 让"温暖"成为一座城市的标签　频频出圈的宁波很走心 [EB/OL]. (2022-09-12) [2024-04-13]. http://news.cnnb.com.cn/system/2022/09/12/030388532.shtml.

② 新华网. 宁波舟山港年货物吞吐量连续14年居全球第一 [EB/OL]. (2023-01-30) [2024-03-08]. http://www.xinhuanet.com/2023-01/30/c_1129323599.htm.

大市，与全球 223 个国家和地区直接开展贸易往来，成为全国第六座"外贸万亿之城"，① 中国—中东欧国家经贸合作示范区成为共建"一带一路"倡议的"金名片"。

从宁波经济高质量发展背后，可以看出宁波繁荣的商业文明，这主要包括：第一，根植血脉的海商文化。海商文化是宁波根植血脉的文化长河，也是这座城市的灵魂所在，宁波人在中国近代金融、航运、外贸、民族工业等方面，都居于领先地位。改革开放以后，宁波港发展日新月异，成为中国超大型巨轮进出最多的港口，世界上少有的深水良港。特殊的区位优势和长期的历史积淀，熔铸成宁波"海通四方、商贸中外"的海商文化。第二，规范有序的现代营商环境，自古以来宁波商帮文化信奉诚实守信，当代宁波持续优化营商环境，《宁波市社会信用条例》的出台，不仅是筑牢信用的底线，也给信用主体注入"强心剂"，更给营商环境优化提升、城市蓬勃发展提供了强劲动力。

从生态良好、宜居之城维度来看，宁波通过努力提升生态环境品质、建设全域魅力宁波的方式，涌现出践行"两山"理念、坚持生态立村的奉化滕头村等优秀案例，市民对城市市容卫生、城乡生态环境、城乡居住环境的满意度分别达到 80.5%、80.2% 和 86.4%。从文明有礼、爱心之城维度来看，宁波主要抓住一个品牌项目——浙江有礼·宁波示范，着力在市民文体素养（人文艺术素养、全民健身素养、全民科学素养）、文明行为、志愿服务、爱心慈善行为的提升，充分显现出城市文明归根结底是"人"的文明，市民作为城市文明的主体是城市文明的创造者、体现者和享用者。从政府廉效、和谐之城维度来看，宁波深化文明创建工作，提升社会治理水平，重点推进数字政府和智慧城市建设，市民对服务型政府满意度总体评价较高，对执法单位文明执法满意度和"最多跑一次"改革服务满意度分别达到 77.2% 和 77.4%，对宁波是全国平安城市、全国健康城市建设样板市、全国文明城市的认可度分别为 85.2%、82.4%、86.6%。

综合而言，宁波是一座共同富裕、人人享有的幸福感之城。针对老人和

---

① 中国宁波网. 宁波成为全国第 6 座"外贸万亿之城"外贸"高光时刻"能否持续？［EB/OL］.（2021-12-13）［2024-03-07］. http://www.cnnb.com.cn/nbzfxwfbh/system/2021/12/13/030312 527. shtml.

儿童，着力构建"一老一小"整体友好环境，在老年友好方面，努力打造"甬有颐养"幸福民生品牌，在儿童友好方面，力争打造"甬有善育"幸福民生品牌；在青年友好方面，聚焦"城市对青年更友好"，加快构建"青年友好"政策体系，高水平构建"甬爱青年"六大场景，打造"青年爱甬"六大工程。此外，积极开展残障弱势群体关爱互动，建立健全社会救助体系。

从历史及现实中凝练出"知行合一、知难而进、知书达礼、知恩图报"的宁波精神，是宁波独特的地域文化和精神气质。"四知"体现出的精神风貌和优良品格，激发全体市民投入城市建设和发展的热情，汇聚为推动城市文明提升的强大精神力量。

| 第七章 |

宁波文明典范之都建设的国际文明基础

2013 年 9 月和 10 月，习近平总书记先后提出建设"新丝绸之路经济带"和"21 世纪海上丝绸之路"的合作倡议。2017 年 5 月，在"一带一路"国际合作高峰论坛开幕式上，习近平总书记提出"宁波等古港口是古丝绸之路的'活化石'"①。《宁波打造全国文明典范之都行动纲要（2022—2026 年）》提出了打造全国文明典范之都的五大典范目标，其中之一便是打造文明交流互鉴典范，打造中国—中东欧国际人文交流中心，使其成为"一带一路"文明互鉴新通道。② 主动融入国内国际双循环，全面提升交通国际通达力、贸易国际辐射力、产业国际竞争力、文化国际影响力、品质国际吸引力。

第一节
交流互鉴视域下的城市国际文明指标构建

城市是文化的容器，是人类文明的重要物质和精神载体，也是文明交流互鉴的重要平台。当今城市发展过程中，越来越多的城市将可沟通城市、跨文化城市、城市国际化、城市海外影响力等作为城市发展的重要目标。本节

① 中华人民共和国中央人民政府. 习近平出席"一带一路"高峰论坛开幕式并发表主旨演讲（全文）[EB/OL]. (2017-05-14) [2024-03-01]. https://www.gov.cn/xinwen/2017-05/14/content_5193658.htm.
② 宁波市人民政府. 打造全国文明典范之都 宁波锚定五大目标 [EB/OL]. (2022-11-04) [2024-03-01]. https://www.ningbo.gov.cn/art/2022/11/4/art_1229099763_59434730.html.

将重点探讨交流互鉴视域下的城市全球文明指标的构建，以及宁波在这个指标体系中的发展现状、具体实践和努力方向。

一、交流互鉴视域下的城市文明

1. 文明交流互鉴

近年来，国际局势风云变幻，各种文化、文明之间的诸多矛盾冲突尚未消除，国际舆论场上"文明优越论""文明冲突论"等杂音不绝于耳，旨在强调西方和东方文明程度的对比和冲突。面对人类文明发展遇到的时代课题，2014 年，国家主席习近平在联合国教科文组织总部发表演讲，提到"文明因交流而多彩，文明因互鉴而丰富""让文明交流互鉴成为增进各国人民友谊的桥梁、推动人类社会进步的动力、维护世界和平的纽带"。[1] 2017 年，习近平主席在联合国日内瓦总部的演讲中指出，"人类文明多样性是世界的基本特征，也是人类进步的源泉""让文明的光芒熠熠生辉，是各国人民的期待"，并给出中国方案——"构建人类命运共同体，实现共赢共享"，[2] 高瞻远瞩地为世界勾画了多元文明发展之路。党的十九大报告对文明交流互鉴理念阐述为"尊重世界文明多样性，以文明交流超越文明隔阂、文明互鉴超越文明冲突、文明共存超越文明优越"。在党的二十大报告中，又明确提出要"深化文明交流互鉴，推动中华文化更好走向世界""推动构建人类命运共同体，创造人类文明新形态"，把文明交流互鉴作为解决全球挑战的一把钥匙。2023 年 3 月，习近平总书记在中国共产党与世界政党高层对话会上首次提出全球文明倡议，进一步拓展了构建人类命运共同体的方法路径，丰富了推进"一带一路"倡议的思想内涵，为推动文明交流互鉴、促进人类文明进步提供了中国方案、贡献了中国智慧。[3]

由此可见，中国的文明观不仅强调自身修德，还注重对外族、外国的教化，强调"礼仪之邦"。[4] 中国特色社会主义创造的人类文明新形态，以尊重文明多样性为逻辑起点，以"平等、互鉴、对话、包容"的文明观为指引，

---

[1] 习近平. 习近平在联合国教科文组织总部的演讲 [N]. 人民日报，2014-03-28（3）.
[2] 习近平. 习近平关于文明的重要论述 [J]. 人民论坛，2019（26）：21.
[3] 李远. 以深化交流互鉴开创全球文明发展新时代 [J]. 当代世界，2023（4）：23-28.
[4] 薛凤旋. 中国城市文明史 [M]. 北京：九州出版社，2022：18.

人类文明新形态是倡导文明多样平等的新形态，是追求文明交流交融的新形态，为推动构建人类命运共同体提供了基本遵循。①

2. 城市文明交流互鉴

城市文明交流互鉴是国际文明交流互鉴的重要内容和脚注。国际文明交流互鉴过程中要不断拓宽平台空间，为文明沟通架起桥梁。这其中不仅包括经济方面的商业往来，还要通过加强多领域的合作（如基础设施、信息、教育、体育、卫生、考古、医药等），使得文明之间的了解更加详细，有助于相互借鉴。② 城市是承载社会发展中空间、时间、行动和人类自身的传播节点和关系网络。③ 跨文化城市、城市国际化、城市海外影响力等概念和城市发展目标的提出，也从一个侧面体现出城市交往和城市文明交流互鉴的重要性。

与此同时，党的二十大报告集中阐释了"中国式现代化"的重要概念，其特征之一就是中国道路对全球范围内、世界各国现代化的重要贡献和普遍启示。城市是全球化时代人类生存最重要的公共空间，城市化也是世界各国推进现代化进程的重要方式。一方面，将城市发展置于中国式现代化概念中，讲述中国特色的城市化是中国式现代化的重要缩影；④ 另一方面，党的二十大报告也提出要加快构建中国话语和中国叙事体系，讲好中国故事、传播好中国声音，展现可信、可爱、可敬的中国形象。城市形象是国家形象的重要组成部分，多元的城市形象对国家形象的塑造具有重要作用，⑤ 不同城市的城市发展、文化传统、精神气质，有利于系统构建真实、立体、全面的中国形象。

---

① 刘先春，张艳霞. 人类文明新形态的生成逻辑、核心内涵和世界意义 [J]. 理论学刊，2023 (1)：42-51.

② 吕晓斌. 文明交流互鉴的价值意蕴、原则遵循和实践路径 [J]. 河南社会科学，2023，31 (1)：44-51.

③ 张春雨，肖珺. 内部融合与国际交往：中国跨文化城市建设路径与评估指标建构 [J]. 新闻与传播评论，2022，75 (6)：86-95.

④ 张志安. 议题、机制与话语：中国式现代化与城市国际传播的关键问题 [J]. 社会主义论坛，2023 (6)：20-22.

⑤ 王瑞媛，刘燕梅. 海外社交媒体中西安城市形象研究——基于优兔平台的考察 [J]. 新闻研究导刊，2023，14 (8)：52-55.

二、城市文明交流中的相关概念及指标

1. 国际化（国际性）城市

国际化城市概念雏形见于 1889 年，当时德国学者歌德（Goethe）把罗马和巴黎描述为全球城市，彰显其在世界的影响力。此后先后涌现出了很多相关概念，包括全球城市（Global City）、世界城市（World City）、全球城市区域（Global City-region）、国际化城市（International City）等。国际化（国际性）城市是世界各地城市在发展过程中的一种相互比较的产物。从外部条件来说，它的形成不仅取决于城市本身在所处区域内的相对地位，而且取决于该区域的重要性、发达程度及与国际各种交流的通畅程度。[①] 近年来更多的学者认为，国际性城市是国际化职能效应极强的现代化城市，国际性城市的基本特征体现在城市的现代化质量特征和国际化职能效应特征两个方面。

综合而言，国际化（国际性）城市代表了一种城市能级和城市地位，是城市发展到一定阶段和水平的产物，主要通过经济、政治、社会、文化、生态 5 个方面来体现，经济实力强大、服务功能良好、管理理念先进、腹地广阔、文化氛围多元、基础设施完善和生态环境优良是国际化城市的重要表征，也构成城市国际化水平评价指标体系的主要内容。[②]

2. 城市国际化

城市国际化是在城市化、全球化、跨国化基础上兴起的城市发展高级阶段和创新形态。城市国际化是在国家间经济贸易、交通运输、社会文化联系日益频繁便捷的背景下，伴随着国家的高度城市化、经济的网络全球化、对外交往的跨国化而出现的城市发展高级阶段和创新形态，代表了城市在国际竞争体系中所具有的规模、等级、地位和功能。

城市国际化不同于城市的国际化。从发展态势方面来看，城市国际化进程主要包括两个相互交织的阶段：一是内向的国际化（被动的国际化），主要

----

① 邵波，任运鹏，李星洲. 我国城市国际化水平比较研究 [J]. 上海工程技术大学学报，2007，21（2）：175-177.

② 于涛，徐素，杨钦宇. 国际化城市解读：概念、理论与研究进展 [J]. 规划师，2011（2）：27-32.

是指某国的城市以国际化的规范为学习和参照标准，逐步适应并接受他国的生产和生活方式，最终实现与国际接轨；二是外向的国际化（主动的国际化），主要是指随着城市在国际上活动次数增多和活动规模扩大，其所倡导的行为准则和规范等逐步为外国接受，并成为国际社会公认的国际城市必备要素。

可见，城市国际化不仅是一个结果，更是一个与国际城市逐步接轨的过程，是在经济、政治、文化等领域更多地参与国际交流进而与世界融为一体的过程。城市国际化是推动城市发展、提升城市区域竞争力的重要手段。对于一个发展中的城市而言，这一过程的目标不一定是成为世界的政治经济文化中心，而是在于通过各种形式，在适当的领域参与到世界政治、经济、文化发展的洪流中，通过与其他城市的物质、文化与信息等方面的交流，实现城市发展利益的最大化。城市国际化过程中承担着文明交流互鉴的重要使命，也是文明交流互鉴的生动体现，有助于推动中华文化更好走向世界，也是实现"可信、可爱、可敬"中国形象的基石和支点。

3. 城市国际化的测评指标

GaWC（全球化与世界城市研究网络），作为公认的世界城市研究权威组织、全球著名的城市评级机构之一，自 2000 年起不定期发布《世界城市名册》，将世界城市分为 Alpha、Beta、Gamma、Sufficiency 四个大的等级，以表明城市在全球化经济中的位置与融入度。除此之外，国际上还有五大权威的城市全球化报告，分别是英国的全球城市竞争力报告（GCC），美国的全球城市指数（GCI）。日本的城市竞争力评价指数（GPCI）、联合国开发计划署发布的人文发展指数（HDI）、以及中国社会科学院发布的全球城市竞争力报告（GUC）。

此外，国外学者彼得·霍尔在《世界城市》一书中，提出衡量世界城市的 7 条标准：主要的政治权力中心、国际贸易中心、具有高度现代化的基础设施、世界主要的跨国公司与金融机构的汇集地、具有综合性国际服务功能、人才集聚中心、城市人口上规模。① 这些标准对国际化城市进行衡量时仍是值得参考的标准。联合国伊斯坦布尔城市年会提出的城市国际化指标体系包含经济发展水平、城市产业结构、基础设施水平、社会开放水平与经济对外交

---

① 蒯大申. 论国际大都市形成的文化条件 [J]. 社会科学，2004（7）：115-120.

流水平等五个方面的 17 个具体指标。[①]

国内学者对城市国际化的研究始于 20 世纪 90 年代初，大致可分为两类：

一类是对国际化指标体系结构的研究。主要从城市经济发展水平、产业结构、基础设施水平、社会开放水平、经济对外交流水平等维度涉及城市国际化标准指标体系。比如在社会开放水平的具体指标中往往包括外籍侨民占本地人口比重、入境旅游人数占本地人口比重、市民运用英语交流的普及率、国际主要货币通兑率等；在经济对外交流水平方面，往往包括本地产品出口额占地区生产总值比重、进口总额占地区生产总值比重、外汇市场交易量以及外商直接投资占本地投资比重。姚蓉认为，城市国际化是指城市在人、财、物、信息及整体文化等方面进行跨国界的相互往来与交流活动不断增加，城市的辐射力、吸引力影响到国外的过程以及国际性城市的形成过程。[②] 宋炳林和陈琳认为，分项指标包括经济发展国际化、基础设施国际化、人居环境国际化和人文交流国际化。[③] 也有学者概括出国际化城市的 6 个共性：一定的国际知名度，一定的国际影响力，一定的国际人口数，按照国际惯例治理城市，多元文化，良好的自然和人文环境。[④]

另一类是对具体某个城市的国际化水平研究。如依据人均地区生产总值、人均公共绿地面积、国际主要货币通兑率等测评指标对城市的国际化水平层级进行判断，并进行城市之间国际化水平的横向比较。李丽纯等（2011）从经济发展、基础设施、对外交流三个大类别下细分出 18 个分项指标对长沙目前的城市国际化水平进行国际和国内两个维度的比较研究。[⑤] 张可云和项目（2011）的研究运用因子分析法，进行了分因素排名比较分析和综合得分排名的分类比较分析，将所有省会城市分为三类，并提出各类城市在不同城市国

① 林卡，王丽铮. 城市国际化指标体系研究 [J]. 浙江社会科学，2019（12）：81-86.

② 姚蓉. 西安城市国际化条件评析 [J]. 人文地理，2000，15（1）：73-75.

③ 宋炳林，陈琳. 长三角五大都市圈中心城市国际化水平比较研究 [J]. 浙江社会科学，2017（6）：57.

④ 白友涛，吴填，俞晓霞. 引入与融合：城市国际化研究 [M]. 南京：东南大学出版社，2008：24-25.

⑤ 李丽纯，李松龄，夏传文. 长沙城市国际化水平比较研究 [J]. 经济地理，2011，31（10）：1651-1654，1709.

际化发展阶段应选择不同的发展策略；① 杭州国际化水平已由初级阶段向中级阶段迈进，未来几年有望达到城市国际化中级阶段②。也有学者认为可从城市现代化质量和国际化职能两个方面入手，构建城市国际化水平评价指标体系，综合体现一个城市国际化水平的真实实力。③

4. 城市国际形象及其海外影响力

"城市形象"（city image）作为一个学术概念，一般认为是由凯文·林奇（Kevin Lynch）在 20 世纪 60 年代提出。凯文·林奇最先着眼于城市景观的"可识别性"和城市环境的秩序感，将道路、边界、区域、节点和标志物等关键性元素作为人们识别一座城市的认知符号，借此讨论城市的视觉质量在市民心中所构建的心理形象——多数居民共同的心理图像构成了对一座城市的"公众印象"。与视觉混乱的城市相比，具有良好视觉形象的城市会有更强的表现力。④ 到 20 世纪 80 年代，林奇进一步引入活力、感受、宜居、便利和管理等指标来评估城市空间形态的发展质量。有学者认为，城市文化是"城市形象"的"实质和根基所在"。⑤ 甚至有学者直接从"文化资本"角度概括"城市形象"的内涵，认为城市形象"一般是指城市给予人们的综合印象与整体文化感受，是历史与文化凝聚构成的符号性说明，是城市各种要素整合后的一种文化特质，是城市传统、现存物质与现代文明的总和特征"⑥。

2010 年，复旦大学研究团队在国内首次提出"中国城市国际形象评价体系"，并评出了"中国国际形象十佳城市"，该体系涉及城市向往度、城市文化、城市环境、市民素质、治安状况、便捷程度、城市个性、诚信程度、政府效率、投资价值、发展潜力、国际化程度共 12 类指标。共有 10 座城市获得了首批"中国（大陆）国际形象最佳城市"称号。按照排名高低，这 10 座

① 张可云，项目. 中国省会城市国际化水平比较研究 [J]. 地域研究与开发，2011，30（4）：51-53，60.

② 王发明. 城市国际化水平综合评价指标体系的构建 [J]. 统计与决策，2009（22）：55-57.

③ 许军华，原源. 大学国际化与城市国际化——以中国西部城市成都市为例 [J]. 西南交通大学学报（社会科学版），2012，13（4）：69-73.

④ 凯文·林奇. 城市的印象 [M]. 项秉仁，译. 北京：中国建筑工业出版社，1990：2-6.

⑤ 成朝晖. 人间·空间·时间：城市形象系统设计研究 [M]. 北京：中国美术学院出版社，2011：24.

⑥ 张鸿雁. 城市形象与城市文化资本论 [M]. 南京：东南大学出版社，2002：50.

城市分别为上海、北京、成都、南京、杭州、宁波、西安、长沙、昆明、长春（其中成都与南京排名并列）。杭州在"城市个性"方面排第一；宁波则在"城市的发展潜力"方面排第一。在主办方的解释中，"城市个性"所展示的是"一座城市在多大程度上有自己的独有面貌"，"城市的发展潜力"是"城市未来竞争力的一种体现"。

城市国际传播能力在城市国际文明交流互鉴方面占据重要地位。在城市国际传播能力方面，有学者认为这些能力包括传播融合生产、传播渠道利用、传播工具整合、精准传播和传播效果导向等能力。[①] 在海外受众网络关注方面，也有学者提出可以从海外受众点击访问、点赞支持、转发推介、评论互动等维度进行考察。[②]

三、城市文明国际评价维度

城市国际化具有普遍性，每个城市在发展的过程中都会遇到国际化的问题，只是程度有所不同。城市国际化是动态的，城市国际化强调的不是最终的结果，关键是在参与这一动态过程中使得当地城市的国际化水平得到提高。[③]

目前人们对国际化城市的认识更为深刻。比如，根据知名度、影响力和人口数的不同，将国际化城市分为世界城市、洲际城市、区域性国际城市和单体国际城市（专业性国际城市）；按照国际化城市的主要影响范围和特点划分，又可分为经济型国际化城市、政治型国际化城市、旅游型国际化城市、文化型国际化城市、交通型国际化城市以及边境型国际化城市等。[④] 早期的城市国际化更强调或者说只强调国际化经济枢纽、国际服务功能以及现代化的城市基础设施，即，集中于经济因素和区位因素等，相对忽视人文社会因素，忽视文化的价值导向、精神动力、智力支持、经济价值等方面。[⑤] 与工业时代人们注重效率、追求物质享受而言，后工业社会人们的价值发生转向，更注重精神与情感、生态与生活质量，城市发展也逐渐从侧重生产型、增长型的

---

①② 刘金波. 超大城市国际传播能力建设研究 [J]. 新闻与传播评论, 2022, 75 (6): 74-85.

③ 余丹林, 魏也华. 国际城市、国际城市区域以及国际化城市研究 [J]. 国外城市规划, 2003, 18 (1): 47-50.

④ 白友涛, 吴填, 俞晓霞. 引入与融合: 城市国际化研究 [M]. 南京: 东南大学出版社: 28-29.

⑤ 白友涛, 吴填, 俞晓霞. 引入与融合: 城市国际化研究 [M]. 南京: 东南大学出版社: 21.

发展转向服务型、文化型的发展，城市国际化也更加注重人文生态宜居环境建设。此外，工业4.0时代下的世界城市国际化还呈现出支持中等级城市在整体上更快发展，以交通网和互联网为承载平台，整合城市数据资源的智慧城市的发展方向。[①] 真正具有国际化气质的城市，不仅要在生产、流通、消费领域具有显著优势，还必须拥有高度现代化的文化设施和文化服务功能，拥有各类高水平的科学、技术、文化研究机构，发达的文化传媒、娱乐业，在文化生产、文化服务领域和国际文化交流方面都具有明显的国际地位，只有如此，一个城市才能在文化领域具有国际化的气质。[②]

综合以上研究，城市文明指数的全球维度评价指标体系细化如下（见表7-1）：

表7-1　城市文明指数的全球维度指标体系

维度	指标	指标参考来源
国际连通	港口货物吞吐量	林卡，王丽铮（2019）[③]
	港口集装箱吞吐量	
	民航货物吞吐量	陈怡安，齐子翔（2013）[④]
	民航旅客吞吐量	
	国际互联网用户	张可云，项目（2011）[⑤]
国际贸易	跨国公司总部和分部数	全球城市指数（GCI）的一级指标"商业活动"
	实际利用外资水平	周蜀秦（2010）[⑥]
	进出口贸易总额	

---

① 苟建华. 城市国际化水平测度与世界名城建设方略研究——以杭州为例［M］. 北京：经济管理出版社：16.

② 白友涛，吴填，俞晓霞. 引入与融合：城市国际化研究［M］. 南京：东南大学出版社：22.

③ 林卡，王丽铮. 城市国际化指标体系研究［J］. 浙江社会科学，2019（12）：81-86，158.

④ 陈怡安，齐子翔. 城市国际化水平评价指标体系及实证研究——以天津滨海新区为例［J］. 经济体制改革，2013（1）：46-50.

⑤ 张可云，项目. 中国省会城市国际化水平比较研究［J］. 地域研究与开发，2011，30（4）：51-53，60.

⑥ 周蜀秦. 基于特色竞争优势的城市国际化路径［J］. 南京社会科学，2010（11）：150-155.

续表

维度	指标	指标参考来源
文化交流	国际会议、展览、赛事数量	全球城市指数（GCI）的一级指标"商业活动"
	国际友好城市数量	全球城市指数（GCI）的一级指标"文化体验"
	国际访客人数/境外旅游人数	全球城市指数（GCI）的一级指标"文化体验"
对外传播	主要外媒媒体报道量	韦路，陈曦（2023）①
	海外搜索引擎影响力如 Google	
	国际社交媒体 Twitter、Facebook、Youtube 关注度	

第二节

宁波城市文明国际维度发展现状

　　本节主要从国际连通、国际贸易、文化交流、对外传播四个维度，客观呈现宁波的交通信息互联水平、经济对外交流水平、社会文化开放水平和城市国际传播水平。其中国际连通是城市文明交流的前提条件，国际贸易是城市文明交流的物质基础，文化交流是城市文明交流的重要内容，对外传播是城市文明交流的外显效果。

一、国际连通：交通信息互联水平

　　交通和信息国际化，反应了一个城市对外联通的便利性，与国际接轨的可能性，是考察一个城市具备良好国际化接待能力的重要体现，自然也是考察城市国际文明指数的基石。

　　宁波位于中国大陆海岸线的中段，长三角和大运河的出海口，长江经济

---

　　①　韦路，陈曦. 2022 中国城市国际传播影响力指数报告［J］. 对外传播，2023（1）：30-34.

带和大陆沿海东部海岸线的交汇处，兼得江河湖海之利。"南则闽广，东则倭人，北则高句丽，商舶往来，物货丰衍"，独特的自然地理条件，使宁波成为中国古代通过海路对外交往的主要港口，成为东亚各国文化交融的枢纽。宁波处在"一带一路"交汇处，也是连接"丝绸之路经济带"和"21世纪海上丝绸之路"的枢纽，是亚太地区的重要门户区，对外直接面向东南亚以及整个环太平洋地区，是中国沿海向美洲、大洋洲、南美洲等地区港口远洋运输辐射的理想集散地。

1. 港口与国际联通的便利性

古代海上丝绸之路的形成和发展极大促进了东西方经贸和文化交流，加速了世界文明进程。港口的形成是海上丝绸之路形成和发展的前提条件。如今，宁波港再次成为宁波城市迈向国际化的重要交通优势。

宁波港位于亚热带季风气候区，北赤道暖流与北太平洋寒流的背向回流，致使当地每年五六月至十月经常刮东南风、东风和南风，十月至十二月经常刮西北风、西风和北风，这一自然规律为宁波港建设提供了有利的气候条件；同时，宁波港位于东海之滨，有漫长的海岸线、深水港湾，具有建设成为深水港口的有利条件。宁波港的交通也非常便捷。铁路运输方面，宁波、镇海和北仑三个港区均有专用铁路通入，并纳入国家铁路网，北仑港区铁路集装箱站已开办海铁集装箱联运业务。公路运输方面，沪杭甬高速公路、甬台温高速公路、甬金高速公路已全线通车；杭州湾跨海大桥也已建成，使宁波处于上海大都市圈2小时交通出行圈之内。水路运输方面，宁波港与大阪、神户、釜山、香港、高雄等港口距离均在1000海里之内，向内不仅可连接沿海各港口，而且通过江海联运，可沟通长江、京杭大运河，覆盖整个华东地区和经济发达的长江流域。

宁波港与舟山港合并之后，宁波舟山港共有19个港区，是中国超大型巨轮进出最多的港口，也是世界上少有的深水良港。2021年，宁波舟山港成为继上海港、新加坡港之后，全球第三个3000万级集装箱大港。[①] 2022年，宁波舟山港完成年货物吞吐量超12.5亿吨，增长2.1%，连续14年保持全球第

---

① 中国宁波网. 首破3000万标准箱！宁波舟山港成全球第三个3000万级集装箱大港［EB/OL］.（2021-12-16）［2024-03-07］. http://news.cnnb.com.cn/system/2021/12/16/030313430.shtml.

一，集装箱吞吐量达 3335 万标箱，位居全球第三① （见表 7-2）。

表 7-2　2017—2022 年宁波港口、交通情况

指标名称	2017 年	2018 年	2019 年	2020 年	2021 年	2022 年
货物吞吐量（万吨）	55 151	57 652	58 413	60 098	62 340	63 722
——外贸（万吨）	33 148	34 275	35 248	—	36 832.0	37 994.5
集装箱吞吐量（万标箱）	2356.6	2510.0	2617.0	2705.4	2937.3	3077.8
——国际航线（万标箱）	1951.9	2099.5	2188.0	—	2421.3	2547.4
货运量（万吨）	52 520	61 454	68 407	71 898	78 747	80 100
客运量（万人）	10 609	10 965	11 451	7513	7169	4822

数据来源：根据宁波市统计局相关数据整理而得。

2. 机场与国际联通的便利性

1990 年，宁波栎社机场正式投入使用。2005 年 11 月 29 日，经民航总局批复，更名为宁波栎社国际机场。近年来宁波栎社国际机场货物吞吐量和旅客吞吐量见表 7-3。

表 7-3　2017—2021 年宁波民航交通情况统计

指标名称	2017 年	2018 年	2019 年	2020 年	2021 年
民航货物吞吐量（万吨）	17.0	16.7	17.1	11.9	11.3
民航旅客吞吐量（万人）	939.1	1171.8	1241.4	897.2	946.3

数据来源：根据宁波市统计局相关数据整理而得。

截至 2019 年 12 月，宁波栎社国际机场共开通航线 143 条，通航城市 96个，但国际航线数不多，与国际化城市差距甚远。为解决国际航空货运这一短板问题，2023 年，《宁波市人民政府办公厅关于加快宁波国际航空货运发展的实施意见》正式印发。该意见提出，3 年内宁波力争引进注册 1 家本土航空公司。到 2025 年，宁波全市航空货邮吞吐量达到 18 万吨，其中国际航空货邮吞吐量超过 10 万吨，国际通航城市达到 25 个以上，国际全货机定期航线

---

① 新华网. 宁波舟山港年货物吞吐量连续 14 年居全球第一 ［EB/OL］. （2023-01-30）［2024-03-08］. http://www.xinhuanet.com/2023-01/30/c_1129323599.htm.

数达到 10 条以上。到 2050 年，宁波全市航空货邮吞吐量达 300 万吨，通达世界、服务全国的国际航空货运枢纽全面建成。①

3. 信息化建设与国际联通的便利性

作为城市发展新动力，信息化让港口更智慧、城市更友好、生活更便捷，信息化发展水平与城市现代化建设水乳交融，密不可分。宁波移动从 2016 年 6 月启动千兆光网建设，在全国范围内率先开展了"双千兆"小区试点。2019 年，宁波入选中国移动首批精品千兆城市。2020 年，宁波建成 5G 基站 10 852 个，率先实现了多项 5G 建设的技术创新，城区基本实现窄带物联网覆盖，初步建成城市公共设施物联网平台，入选中国移动全国十大 5G 网络标杆城市。2021 年，宁波在全国率先建成"智慧双千兆之城"，成为全国首批"千兆城市"。同年，宁波在全国各城市网络质量评测中以总得分 107.12 排名第一。该评测涵盖全国 31 个省（区、市），评测内容主要围绕城市主要道路、重点场所（如商业地产、地铁、公园、市政服务中心等）的 4G/5G 网络覆盖情况及业务质量。此外，中国信息通信研究院还为宁波市颁发了商场场所网络质量卓越城市、公园场所网络质量卓越城市、主要道路 5G 网络质量卓越城市、各场所网络质量卓越城市等多个单项奖。②

信息化建设为宁波企业、经济发展以及城市国际化奠定基础。2019 年宁波均胜电子入围中国软件和信息技术服务综合竞争力百强榜单，位居榜单第 27 位。③ 据《2019 中国智能制造指数（CIMI）报告》显示，宁波智能制造指数居全国第 5 位。④ 宁波市积极推动"制造产业+跨境电商"赋能传统工厂，推进外贸企业数字化转型，2021 年，实现跨境电商进出口额 1786.1 亿元，其中仅"双十一"期间，跨境电商零售进口累计交易金额突破 1000 亿元，成为全国首个跨境电商零售进口破千亿元城市。2021 年商务部首次开展全国跨境

---

① 宁波市商务局. 空港通天下！到 2050 年，宁波将全面建成国际航空货运枢纽 [EB/OL]. (2023-02-24) [2024-03-01]. http://swj.ningbo.gov.cn/art/2023/2/24/art_1229031551_58930320.html.

② 中国宁波网. 4G、5G 网络质量全国第一！来看宁波的移动网络到底有"多领先"[EB/OL]. (2021-10-14) [2024-03-09]. http://zt.cnnb.com.cn/system/2021/10/14/030296611.shtml.

③ 中国宁波网. 宁波软件实现百强"零突破" 均胜电子入围中国软件百强 [EB/OL]. (2019-06-29) [2024-03-08]. http://news.cnnb.com.cn/system/2019/06/29/030063780.shtml.

④ 澎湃新闻·澎湃号·政务.《2019 中国智能制造指数（CIMI）报告》发布 [EB/OL]. (2020-02-24) [2024-03-01]. https://www.thepaper.cn/newsDetail_forward_6263912.

电商综试区建设进展评估，宁波排名全国"第一档"（仅 10 个城市）。①

二、国际贸易：经济对外交流水平

宁波自古是通商海外的重要口岸，开放是宁波最大的优势，外贸则是宁波开放型经济的最大亮点。宁波外向型经济发达，近年来联动推进中国—中东欧国家经贸合作示范区和浙江自贸区宁波片区建设，着力打造新型国际贸易中心和国际消费中心城市，外贸进出口总额跃居全国城市第六位。是全国第六座"外贸万亿之城"。2022 年，宁波进出口总额为 12 671.3 亿元（位居浙江省第一），同比增长 6.3%，其中出口总额达 8230.6 亿元（位居浙江省第一），同比增长 8%。实际利用外资为 37.3 亿元，同比增长 13.8%。②

在利用外资方面。2022 年全市批准外商投资项目数 410 个；合同利用外资 57.5 亿美元；实际利用外资 37.3 亿美元，增长 13.8%，累计实际利用外资达 679.4 亿美元。截至 2022 年年末，累计有 72 家境外世界 500 强企业来宁波投资 156 个项目（分支机构），投资总额 254.2 亿美元。在对外合作方面。2022 年全市新批境外投资企业和机构 191 家，比上年增长 2.7%；全年完成境外承包工程劳务合作营业额 19.2 亿美元，增长 2.2%。在服务贸易方面。2022 年全市完成国际服务贸易进出口额 1717.5 亿元，其中出口额 1148.7 亿元，进口额 568.9 亿元，比上年分别增长 22.5%、21.3%和 25.1%。全年承接服务外包执行额 650.8 亿元，增长 23.7%，其中承接离岸服务外包执行额 363.3 亿元，增长 26.4%。③

1. 商业与产业资源

宁波是国内市场化程度最高、经济活力最强、投资环境最优的地区之一，入选中国营商环境标杆城市。宁波民营经济发达，制造业实力雄厚，2021 年，

---

① 宁波商务. "甬"于创新突破, 奋力打造全国跨境电商标杆城市 [EB/OL]. （2022-11-12）[2024-03-09]. https://mp. weixin. qq. com/s?__biz = MzI1MzU4ODYxMg = = &mid = 2247597594&idx = 2&sn = e-6eb7a686881d3a814ecac4fc08a2ce1&chksm = e9d11bf1dea692e7140d4fbfe92abece4dfd348079276ab15d46e4e512e6eac 93a08972cb709&scene = 27.

② 宁波市统计局. 2022 年浙江省城市数据 [EB/OL]. （2023-02-03）[2024-03-09]. http://tjj. ningbo. gov. cn/art/2023/2/3/art_1229042823_58917998. html.

③ 宁波市统计局. 宁波统计年鉴 2023 [EB/OL]. （2023-01-18）[2024-03-09]. https://zjjcm-spublic. oss-cn-hangzhou-zwynet-d01-a. internet. cloud. zj. gov. cn/jcms_files/jcms1/web3426/site/nbtjj/tjnj1/20232/newindexce. htm.

工业增加值达 6298 亿元,跃居全国城市第 7 位;① 拥有国家级制造业单项冠军企业 63 个,居全国城市首位,"专精特新"小巨人企业 182 家,居全国非直辖市首位。② 与上海、杭州、广州等地相比,宁波以钢铁、汽车制造业和电力、造纸生产行业为主的临港型工业,以塑料模具、纺织服装行业为主的轻工业具有比较优势,这些产业都是"一带一路"沿线国家的投资热点。

宁波开放型经济传统深厚,拥有对外合作资源禀赋。宁波是一座江海交融的港口城市,也是一座有着浓厚商业气息的历史文化名城。靠海的地理位置为宁波人走出宁波,放眼中国,睁眼看世界提供了便利的区位条件,也为宁波人商业活动提供了极佳的运输条件。长年的商业活动,使得宁波人具有较强的商业意识,也为宁波营造了浓厚的商业氛围,因此有了"无宁不成市"之说。作为"一带一路"建设的重要支点城市,也是浙江参与"一带一路"建设的海陆衔接关键点,宁波具有强有力的港口资源,是"海上丝绸之路"东方始发港之一,宁波舟山港已成为货物吞吐量全球第一、集装箱吞吐量全球第三的世界级大港。1999 年,首届中国浙江投资贸易洽谈会(简称浙洽会)在宁波召开,2002 年,首届中国国际消费品博览会(简称消博会)在宁波召开,宁波成为浙江乃至全国商品交易的重要平台。

宁波是"中国制造 2025"首个试点示范城市,国家保险创新综合试验区、跨境电子商务综合试验区等多个国家战略性改革试点落户宁波。2017 年 2 月底,宁波市第十三次党代会提出,围绕跻身全国大城市第一方队总要求,加快建设国际港口名城,努力打造东方文明之都。宁波坐拥中国—中东欧国家经贸合作示范区,以及浙江自贸区宁波片区,集"两区"优势,将"两区"打造成宁波对外开放的主阵地,已经成为全市上下的最新共识。③

此外,宁波有着很广泛的海外联系,是著名的侨乡。宁波人富有商业天赋和经商才干。宁波帮是中国传统"十大商帮"之一,也是中国近代最大的

---

① 中国新闻网. 扬帆"全球智造创新之都" 浙江宁波做强"大智造"[EB/OL]. (2022-04-21)[2024-03-09]. https://www.zj.chinanews.com.cn/jzkzj/2022-04-21/detail-ihaxrutv2971034.shtml.

② 林倩梅. 单项冠军第一城宁波再出发:打造全球智造创新之都[EB/OL]. (2022-09-06)[2024-03-09]. https://www.21jingji.com/article/20220906/herald/3f28fbb7b056f9ce700d67f7bc87df72.html.

③ 单玉紫枫. 在去年增长近 1.5 倍基础上提高 30% 今年对中东欧进口额剑指 100 亿元[N]. 宁波日报,2022-02-13(1).

商帮，为中国民族工商业的发展作出了重要贡献。宁波商人的足迹几乎遍及天下，以"无宁不成市"闻名遐迩。20世纪以来，有40多万宁波籍人士旅居在世界60余个国家和地区。其中工商巨头、科技名人、社团首领和社会名流有800多人。如今，"宁波帮"已成为联结宁波与世界各地的重要桥梁和纽带。宁波如今具有的非常完整的产业基础和良好的投资环境，为世界各地的宁波帮人士回乡发展提供了良好的条件，逐渐形成了"宁波帮帮宁波"的良好氛围。

2. 开放政策与平台体系

宁波积极出台"1+N"扩大对外开放政策，高水平建设对外贸易开放平台。目前，宁波已形成体系完备的开放平台体系，包括以国际贸易展览、金融服务和航运服务三大中心为代表的功能性平台，以浙洽会、消博会、中国—中东欧投资贸易博览会、海洽会、智慧城市博览会等为龙头的载体性平台，以APEC港口网络为代表的港口合作平台等。高标准建设浙江自贸区宁波片区，35项制度创新成果率先落地，工业社区集成服务模式等10项被评为全国首创，在浙江自贸区扩区一周年建设成效评估中综合评分位居前列。数字自贸区建设加快推进，谋划搭建"数买通"等应用平台，建成全省首家进口商品展示直播中心。深化数字化改革，中东欧"数买通"、跨境电商金融服务等应用场景稳步推进。推动贸易产业融合发展，谋划搭建"生产贸易数字一体化监测服务平台"。加快"两仓一站"外贸新型基础设施建设，据不完全统计，目前宁波已有近70家企业在全球20多个国家（地区）建设经营海外仓209个，总面积达293万平方米，占全国六分之一。大力发展数字贸易，出台服务贸易创新发展支持举措，仅2021年，宁波就新增传统企业转型跨境电商589家，一大批制造企业通过跨境电商出海。2021年，宁波83家企业上榜年度"浙江出口品牌"名单，数量全省第一，14家企业16个品牌获评浙江跨境电商出口知名品牌。①

以中东欧合作为例，宁波通过高水平举办中东欧博览会，高质量建设中国—中东欧国家经贸合作示范区，组建中东欧商品采购联盟，搭建中东欧商

---

① 宁波市商务局. 海外仓成甬企外贸新赛道［EB/OL］. （2022-06-07）［2024-03-09］. ht-tp://swj.ningbo.gov.cn/art/2022/6/7/art_1229051964_58928480.html.

品独立站，提升中东欧国际产业合作园、中东欧特色商品常年馆等平台。在经贸合作领域，第一，以合作示范区为龙头。加强与中东欧各国合作，是宁波市参与"一带一路"建设的重要突破口。宁波启动建设全国首个 16+1 经贸合作示范区，① 积极探索双边贸易合作的基层模式，着力把宁波打造成为中东欧商品进入中国市场的首选之地。第二，合作园、特色馆相继建设开放。宁波与"一带一路"沿线国家和地区重点发展节能环保、生命健康、装备制造、汽车配件等可持续、互补性强的产业，中捷产业合作园、中意生态园、北欧工业园等正在宁波加快建设，宁波进口商品中心中东欧国家特色馆达到 14 个。2011 年，中国—中东欧国家海关信息中心揭牌和网站上线仪式在宁波成功举行，是中国—中东欧国家海关合作史上的重要里程碑。② 持续优化"中欧班列+海铁联运"监管新模式，全面实施转关作业无纸化，实现了海铁联运转关业务办理"一次不用跑"。③ 已建成的中东欧国家特色商品常年馆、中东欧国际产业合作园、中东欧（宁波）创新基地、中东欧青年创业创新中心等交流互动平台的深度、广度进一步加深，合作领域覆盖了商品展销、贸易投资促进、项目孵化、贸易便利化等多个方面。④ 第三，中东欧数字合作场景新拓展。世贸通平台、阿里巴巴国际站、一达通、网易考拉，以及跨境电商平台助推宁波—中东欧经贸领域合作。阿里巴巴国际站、一达通为中小微企业提供线上交易、线下综合服务。网易考拉上线中东欧综合馆，成为宁波展示和销售中东欧国家产品的平台。⑤ 宁波组织了 4 个商务、公务团组赴中东欧国家，上线了中东欧商品电商的独立站"海驼购"，与京东合作开设"中东欧国家综合馆"和"塞尔维亚国家馆"，打造了数十个中东欧"爆款"；专门建立了"中东欧商品云上展"一体化在线展销服务平台，提升了中东欧商品在国内市场的认知度，为中东欧经贸合作注入了新动能。此外，在中东欧常年馆开展

---

① 宁波市商务局. 宁波成为全国首个 16+1 经贸合作示范区 [EB/OL]. (2018-06-08) [2024-03-09]. http://swj.ningbo.gov.cn/art/2018/6/8/art_1229051967_47406765.html.

② 张凯凯，易鹤. 中国—中东欧国家海关信息中心在甬揭牌 王令浚裘东耀等致辞 [EB/OL]. (2021-04-28) [2024-03-09]. http://kab.ningbo.gov.cn/art/2021/4/28/art_1229104354_58893446.html.

③ 中国宁波网. 去年对中东欧进口额增长近 1.5 倍 今年宁波目标剑指 100 亿元 [EB/OL]. (2022-02-11) [2024-03-09]. http://www.cnnb.com.cn/xinwen/system/2022/02/11/030328940.shtml.

④ 单玉紫枫. 在去年增长近 1.5 倍基础上提高 30% 今年对中东欧进口额剑指 100 亿元 [N]. 宁波日报，2022-02-13 (1).

⑤ 张雨，郜志雄. 打造宁波—中东欧贸易合作新样板 [J]. 宁波通讯，2019 (9)：42-43.

"跨境电商+保税展示"业务,丰富了数字化场景的创新实践;上线运行全国首个中东欧商品防伪溯源平台,实现了中东欧商品来源去向的可溯可查等。

基于此,宁波—中东欧双边贸易得到大发展。2018年,宁波与中东欧双边贸易额达到37亿美元,增长26.6%,占全国比重从4.3%提升到4.5%。① 其中,出口32亿美元,增长22%;进口5亿美元,增长30.5%,进口增幅是全国中东欧进口增幅的3倍。2021年,宁波与中东欧国家进出口总额达392.7亿元,同比增长40.4%,进出口增速高于全国17.1个百分点,进出口总额占全国比重为4.55%。其中,进口额76.8亿元,同比增长146.2%,进口增速高于全国127.9个百分点,进口金额占全国比重的3.48%。②

3. 开放成果

宁波是浙江首个、全国第八个进出口总额超千亿美元的城市。③ 人均外贸额达到或接近日本、意大利等发达国家水平。欧盟、美国和东盟分别为宁波市前三大贸易伙伴。除了新冠疫情期间有所波动之外,近十年来宁波对外经济贸易情况总体良好。2021年,宁波货物贸易再创新高,进出口规模首破万亿元大关,成为全国第六、全省第一个破万亿元城市。④

(1) 外资利用水平

2021年宁波全年实际利用外资32.7亿美元,同比增长32.7%,分别高于全国全省12.5、16.5个百分点,规模居全省第二。⑤ 2022年实际利用外资37.3亿美元,同比增长13.8%,⑥ 相比于青岛、厦门、杭州等城市的同比负增长水平,显现出宁波招商引资增长的强劲势头。

---

① 中华人民共和国中央人民政府. 中国第一个! 一起走进首个16+1经贸合作示范区 [EB/OL]. (2019-04-09) [2024-08-30]. https://www.gov.cn/xinwen/2019-04/09/content_5380955.htm.

② 凤凰网宁波. 2021年宁波自中东欧国家进口同比增长约1.5倍 [EB/OL]. (2022-01-24) [2024-08-30]. https://nb.ifeng.com/c/8CzfluvxCLI.

③ 中国宁波网. 宁波成浙江首个、全国第八个外贸超千亿美元城市 [EB/OL]. (2014-01-14) [2024-08-30]. http://news.cnnb.com.cn/system/2014/01/14/007961516.shtml.

④ 宁波市商务局. 宁波成为全国第6座"外贸万亿之城"　外贸"高光时刻"能否持续? [EB/OL]. (2021-12-13) [2024-08-30]. http://swj.ningbo.gov.cn/art/2021/12/13/art_1229051964_58927185.html.

⑤ 宁波市统计局. 2021年浙江省城市数据 [EB/OL]. (2022-05-10) [2024-08-30]. http://tjj.ningbo.gov.cn/art/2022/5/10/art_1229042823_58917095.html.

⑥ 宁波市统计局. 2022年宁波市国民经济和社会发展统计公报 [EB/OL]. (2023-02-28) [2024-08-30]. http://tjj.ningbo.gov.cn/art/2023/2/28/art_1229042825_58918051.html.

（2）进出口贸易水平

2022 年宁波市出口总额为 8230.6 亿元，在浙江省内排名遥遥领先，在副省级城市中排名第二，仅次于深圳。进口总额为达 4440.7 亿元，进出口总额为 12 671.3 亿元。①

服务贸易蓬勃发展。2021 年宁波全年服务贸易进出口额、出口额、进口额分别为 1401.9 亿元、947 亿元、454.9 亿元，分别增长 36.8%、37.9%、34.6%。2021 年全年备案境外企业和机构 186 家，备案（核准）中方投资额 24.3 亿美元，境外承包工程劳务合作营业额 18.8 亿美元，增长 6.2%。② 此外，跨境电商走在前列。2021 年全年跨境电商进出口 1786.1 亿元，增长 20.1%。其中，进口单量 1.2 亿票，货值 258.6 亿元，成为全国首个进口货值累计突破千亿城市。③

在经济贸易领域，与国际化城市的相关指标比较而言，④ 2022 年宁波的人均地区生产总值为 24 368 美元，处于高级水平。人均可支配收入超过 10 000 美元，超过城市国际化中级水平。出口总额占地区生产总值比重为 52%，超过城市国际化初级水平。进口总额占地区生产总值比重为 28%，略低于城市国际化初级水平（见表 7-4）。

表 7-4　2022 年宁波与国际化城市指标比较

指标名称	城市国际化水平			宁波	
	初级	中级	高级	2022 年	水平
人均地区生产总值（美元）	5000	10 000	20 000	24 369	高级
人均可支配收入（美元）	4000	7000	15 000	10 179	>中级 <高级
第三产业增加值占地区生产总值比重（%）	60	68	73	50.3	<初级

① 宁波市统计局. 2022 年浙江省城市数据［EB/OL］.（2023-02-03）［2024-08-30］. http://tjj. ningbo. gov. cn/art/2023/2/3/art_1229042823_58917998. html.
② 宁波市统计局. 2021 年宁波市国民经济和社会发展统计公报［EB/OL］.（2022-02-23）［2024-08-30］. http://tjj. ningbo. gov. cn/art/2022/2/23/art_1229042825_58913883. html.
③ 新浪财经. 全国首个千亿城市！宁波跨境电商零售进口货值突破 1000 亿［EB/OL］.（2021-11-11）［2024-08-30］. https://finance. sina. com. cn/jjxw/2021-11-11/doc-iktzqtyu6774522. shtml.
④ 王发明. 城市国际化水平综合评价指标体系的构建［J］. 统计与决策, 2009（22）: 55-57.

续表

指标名称	城市国际化水平			宁波	
	初级	中级	高级	2022 年	水平
出口总额占地区生产总值比重（%）	40	60	100	52	>初级 <中级
进口总额占地区生产总值比重（%）	30	50	80	28	<初级

数据来源：根据《2022 年宁波市国民经济和社会发展统计公报》中的相关数据整理而成。

三、文化交流：社会文化开放水平

由于临江面海的地理环境，宁波在历史上一直是我国对外交流的门户，也是东亚各国文化交融的枢纽，曾对东亚各国传统文化的演进产生过重大影响，其中最具有文化价值、最有国际影响的事件一是秦代方士徐福东渡，二是明末清初朱舜水东渡。在江苏、山东等沿海地区有传说中的徐福东渡遗迹多处，但"慈溪达蓬山为徐福东渡起航处"这一结论已得到多数日本与中国专家的认同。徐福东渡日本，他不但带去了中国当时先进的物质文化，还带去了博大精深的精神文化，在日本社会发展史上具有里程碑意义。余姚著名学者朱舜水东渡日本，被聘为国师，其学术思想渗透到整个日本国民的意识中，奠定了日本明治维新运动的基础，实为日中文化交流之伟大先驱，同样具有国际影响。[①] 历史上以宁波港为起点的海上丝绸之路，其形成和发展的强大动力就是东西方文化交流和贸易的需求。如今，宁波海洋经济的发展、宁波港口的腾飞，既得益于以宁波为始发港之一的中国古代海上丝绸之路长久以来不断沉淀的海洋文化，也得益于几千年来形成并不断发展的海洋意识和海洋精神。这些宝贵的海洋文化、海洋意识、海洋精神也将成为宁波这艘"东方神舟"永久的动力，引领宁波书写 21 世纪海上丝绸之路新的历史。

（一）宁波文化交流的重要指标

1. 国际访客

2023 年宁波全市完成旅游总收入 877.4 亿元，同比增长 8.8%。接待国内

---

① 周金康，陈依元. 关于建设宁波港城新文化的构想 [J]. 浙江社会科学，1996（6）：100-101，89.

游客 6579.5 万人次，增长 27.8%；完成国内旅游收入 874.0 亿元，增长 8.4%。接待入境游客 15.5 万人次，完成入境旅游收入 4757.5 万美元。① 旅游素有"民间外交"之称，以宁波与中东欧的旅游合作为例，文化旅游领域也成为双方人民自发的文化交流与情感交互，以非官方的方式成为助力"16+1 合作"的强力引擎。2015 年，在首届中国（宁波）—中东欧国家旅游合作交流会上，宁波市旅游局与拉脱维亚、波兰两国签订旅游交流合作协议，并启动了"百团千人游中东欧"活动，从而进一步促进双方的旅游合作，在保障两地客源互送的同时增强宁波与中东欧国家在旅游合作方面的普及度。自 2016 年起，宁波市连续举办中国（宁波）—中东欧国家旅游合作交流会，以进一步加深宁波与中东欧国家及城市旅游合作的深度与广度。宁波市旅游局与斯洛伐克日利纳州旅游局签订了旅游交流合作协议（2016）、与匈牙利国家旅游局签署了旅游合作备忘录（2017）、与塞尔维亚旅游局、捷克旅游业联盟总会签署战略合作协议（2018），并实现了中国国旅（宁波）国际旅行社和捷克 Wings Travel 公司互送客源协议书的签订（2017）。②

2. 国际友好城市

国际友好城市是对外开放的重要平台和渠道。1983 年宁波首次与日本长冈京市缔结友好关系，截至 2022 年 2 月，宁波全市国际友城达到 109 个，位居浙江省第一，宁波的国际"朋友圈"越来越大，形成了覆盖全球的国际友城关系网络（见表 7-5）。其中，宁波在中东欧国家拥有 20 个友好城市，已实现友城全覆盖。宁波市及其国际友好城市多次获得全国对外友协颁发的"国际友好城市交流合作奖"和"对华友好城市交流合作奖"。③

---

① 宁波市统计局，国家统计局宁波调查队. 2023 年宁波市国民经济和社会发展统计公报［EB/OL］.（2024-03-06）［2024-03-19］. http://tjj. ningbo. gov. cn/art/2024/3/6/art_1229042825_58919751. html.
② 崔源，贾然，郑红，等. "16+1 合作"背景下宁波—中东欧城市旅游合作的对策建议［J］.中国市场，2019（1）：48-50.
③ 宁波市人民政府外事办公室. 高水平推进宁波城市国际化发展 高质量服务现代化滨海大都市建设［EB/OL］.（2022-08-31）［2024-03-09］. http://fao. ningbo. gov. cn/art/2022/8/31/art_1229149474_58932179. html.

表 7-5　部分宁波友好及友好交流关系城市①

地区	国家和城市
欧洲	罗马尼亚克卢日—纳波卡市、意大利佛罗伦萨市、法国鲁昂市、匈牙利维斯普雷姆市、英国诺丁汉市、挪威斯塔万格市、保加利亚瓦尔纳市、波兰比得哥什市、比利时安特卫普市、爱沙尼亚塔尔图市、克罗地亚里耶卡市、奥地利维也纳新城、西班牙巴塞罗那市、乌克兰敖德萨市、拉脱维亚文茨皮尔斯市
亚洲	日本长冈京市、韩国大邱广域市、日本益田市、日本上田市
非洲	南非曼德拉市、贝宁科托努市
美洲	美国威尔明顿市、巴西桑托斯市、墨西哥曼萨尼约市、美国密尔沃基市、美国休斯敦市、美国杰克逊维尔市、加拿大萨里市
大洋洲	新西兰奥克兰市

3. 国际性展会和赛事

宁波国际服装服饰博览会。宁波作为"红帮裁缝"之乡，中国近代服装业的发祥地，中国的第一套西服、第一件中山装，第一家西服店、第一部西装裁剪书都出自宁波。早在 2012 年，宁波就成为中国最大的服装生产基地、中国服装品牌基地和出口服装品牌基地，拥有各类服装生产企业 3000 余家，年产服装近 15 亿套，占全国服装总产量的 13% 以上。涌现了雅戈尔、杉杉、罗蒙、唐狮、洛兹、太平鸟、培罗成等 26 个中国驰名商标和 20 个中国名牌。② 截至 2022 年，宁波有 800 余家规模以上纺织服装企业，纺织服装产业总产值 1333 亿元；10 家宁波企入围 "2022 年服装行业百强企业" "营业收入" 百强、"利润总额" 百强。③ 截至 2023 年，宁波已举办了 27 届宁波国际服装节。

中国—中东欧国家博览会暨国际消费品博览会。中国—中东欧国家博览会暨国际消费品博览会，简称中东欧博览会，是中国唯一面向中东欧的国家

---

① 宁波市人民政府外事办公室. 友城简介 [EB/OL]. (2022-02-28) [2024-03-09]. http://fao. ningbo. gov. cn/col/col1229149484/index. html.

② 中国宁波网. 宁波已成中国最大服装生产基地　年产服装近 15 亿套占全国总产量 13% 以上 [EB/OL]. (2012-10-11) [2024-03-09]. http://news. cnnb. com. cn/system/2012/10/11/007486563. shtml?bsh_bid=143488569.

③ 张璟璟, 黎莉. 深一度 | 东方滨海, 一座时尚之都正崛起 [EB/OL]. (2023-10-16) [2024-03-09]. http://jxj. ningbo. gov. cn/art/2023/10/16/art_1229561617_58938041. html.

级展会，由浙江省人民政府和商务部主办，宁波市人民政府、浙江省商务厅和商务部贸发局承办。2014 年 6 月，首届中东欧国家特色商品展和第一届中国—中东欧国家经贸促进部长级会议在宁波举办。2015—2018 年，在宁波先后举办了三届中国—中东欧国家经贸促进部长级会议、三届中国—中东欧国家市长论坛、四届中国—中东欧国家海关检验检疫合作对话会、四届中国—中东欧国家投资贸易博览会。① 截至 2023 年，宁波已举办三届中国—中东欧国家博览会，其中第三届博览会设立中东欧展、国际消费品展和中东欧商品常年展三大展区，总面积达 22 万平方米，以经贸活动为主线，辅以科技、旅游、健康等多个领域的活动。除中东欧国家外，参展国别还拓展到了德、意、法、芬兰、瑞士、丹麦和奥地利等其他欧洲国家。

国际性体育赛事。体育赛事是一个城市影响力的重要标志。2023 年，宁波在高水平办好亚运赛事的同时，不断放大"亚运效应"，积极引进建设与现代化滨海大都市、国际滨海运动中心相匹配的国际性赛事，加大与中东欧国家、宁波国际友好城市等的体育交流合作。除第 24 届亚太青年桥牌锦标赛外，中国—中东欧国际帆船赛、巴黎奥运会排球资格赛等多项大型国际体育赛事在宁波举办。其中，2023 年中国—中东欧国际帆船被列入当年国家体育总局在国内举办的国际赛事计划，是 2023 年国家体育总局支持的民间外交与人文交流重点活动，也是中东欧国家博览会人文交流重要活动。②

4. 语言服务及其他

自 2015 年起，宁波市高标准、高质量推动城市公共双语标识系统环境的改善与优化，创建有利于对外开放和交流交往的语言环境。主要公共场所双语标识覆盖率实现跃升，其中天一广场、老外滩、宁波火车站、宁波栎社国际机场、东部新城、天一阁月湖景区等重点区域公共双语标识系统实现 100%覆盖，主城区内基本实现轨道交通、公交双语全覆盖。印发城市公共双语标识系统建设等相关方案，上线宁波市民讲外语网站，建立双语标识互动

① 经济日报. 宁波与中东欧国家　合作十年大事记 [EB/OL]. (2023-05-12) [2023-07-30]. http://paper. ce. cn/pad/content/202305/12/content_273951. html.

② 中国商务新闻网. 宁波：潮起中东欧"三个首选之地"启新程 [EB/OL]. (2023-05-14) [2024-03-09]. https://www. comnews. cn/content/2023-05/14/content_26221. html.

平台。①

此外，宁波外事部门充分发挥外事资源优势，挖掘使领馆资源，打造"领事官员看宁波"品牌。持续优化 APEC 商务卡、领事认证、外国人来华邀请函电办理等外事公共服务产品，办理数量长期走在全国前列。②

（二）品牌活动

1. 中东欧文化交流

在教育科技领域，中国（宁波）—中东欧国家教育合作交流活动成为连接宁波与中东欧国家合作交流的又一平台，目的在于加强教育领域的国际交流与合作，为增进国际友好、加强国际理解、建设国际和平培养更多国际化人才。宁波与中东欧国家的教育合作交流已经实现了与 16 个国家全覆盖，宁波市各级各类院校已与中东欧 16 国的近 90 所院校签订了教育合作项目及姐妹学校协议，教育合作项目总数近 100 项。③ 以第三届中国（宁波）—中东欧国家教育项目洽谈会暨教育展为例，来自波黑、保加利亚、克罗地亚、匈牙利、斯洛伐克等 11 个国家的 17 位院校代表作了教育推介，30 余所来自中东欧等"一带一路"沿线国家的院校参加展会。在第五届中国（宁波）—中东欧国家教育合作交流活动中，除了中东欧国家的代表，活动还特邀了俄罗斯、哈萨克斯坦、泰国等 20 余个"一带一路"沿线国家参会，该平台越来越成为中国与中东欧国家，乃至"一带一路"沿线国家教育合作的重要品牌。④ 交流活动的圆满开展有力提升了宁波城市影响力，支撑宁波争创国家级"16+1"人文交流机制平台，助力宁波"16+1"经贸合作示范区建设。

通过走出去、请进来的方式，丰富双方留学交流合作。宁波外事学校海外分校落户罗马尼亚德瓦市，设立了中国（德瓦）国际艺术学校，开设了声乐、乐器两个专业；与波兰波兹南芭蕾舞学校签署合作协议。浙江万里学院

---

①② 宁波市人民政府外事办公室. 高水平推进宁波城市国际化发展　高质量服务现代化滨海大都市建设 ［EB/OL］. （2022-08-31）［2024-03-01］. http://fao. ningbo. gov. cn/art/2022/8/31/art_1229149474_58932179. html.

③ 浙江省教育厅. 宁波市实现与中东欧 16 国教育合作全覆盖 ［EB/OL］. （2018-07-04）［2024-03-09］. https://jyt. zj. gov. cn/art/2018/7/4/art_1543974_21564597. html.

④ 史望颖, 蒋炜宁. 宁波"联姻"中东欧, 打通"一带一路"教育大动脉 ［N］. 宁波日报, 2018-06-15（A6）.

与德国汉堡设计与传播应用科学大学合作建立"德中学院";派遣教师赴捷克孟德尔大学开展汉语教学;在浙江万里学院建立的"捷克语言文化中心",为宁波市有关部门开展了"一带一路"背景下捷克进出口贸易政策调研。宁波财经学院与布拉提斯拉发经济与公共管理学院合作在斯洛伐克设立"中国教育与科研中心",为当地学生开设汉语、中国商务等课程,启动了学分互认、联合培养教育项目;与保加利亚瓦尔纳自由大学达成全面战略合作,重点推动中国语言和文化在保加利亚的传播。波兰研究中心在浙大宁波理工学院揭牌(教育部在宁波批准建设的唯一的国别与区域研究平台),该校建成了波兰语言文化中心,与波兰共和国驻上海总领事馆联合举办波兰文化周活动,翻译波兰语著作,开设波兰语选修课程等,培养满足国家重大政策研究需求的"波兰通"人才。①

此外,宁波外事办成功打造中国—中东欧市长论坛、市情推介会、海外宁波周活动等品牌,推动人文交流水平显著提升。助力推动宁波舟山港国际化,举办海丝之路港口国际合作论坛,精心打造外交部支持的港口合作培训班,积极争取相关项目列入"一带一路"国际合作高峰论坛等成果清单。② 在港航合作方面,宁波承办过 APEC 港口服务网络成立大会、APEC 蓝色经济论坛、国际海运(中国)年会等一系列高水准论坛会议。

2. 东亚文化之都

2016 年,宁波当选"东亚文化之都",为宁波的文化建设和发展提供了一个难得的机会,给宁波搭建了一个提升国际文化交流水平的良好平台,促进宁波更好地与包括日本、韩国在内的海外城市加强沟通、交流与合作,改善了宁波作为一个国际化港口城市对外文化交流活动不够活跃、城市文化国际化水平较低的现状。"东亚文化之都"的评选需要城市符合历史悠久的文化传统、国际领先水平的硬件设施、较为深厚的对外文化交流基础、完善的公共文化服务体系、全民参与的非遗保护与传承等多项指标。宁波在这些指标上都走在全国前列,文化部对宁波市的综合发展水平及各项文化事业建设给

---

① 史望颖, 蒋炜宁. 宁波"联姻"中东欧, 打通"一带一路"教育大动脉 [N]. 宁波日报, 2018-06-15 (A6).

② 宁波市人民政府外事办公室. 高水平推进宁波城市国际化发展 高质量服务现代化滨海大都市建设 [EB/OL]. (2022-08-31) [2024-04-14]. http://fao.ningbo.gov.cn/art/2022/8/31/art_122 9149474_58932179. html.

予高度评价。之后宁波在"东亚文化之都"活动年开展了文化、教育、体育、经贸等覆盖全市各区（县市）的活动 100 多项，对带动城市文化建设，将文化转化为整个城市的内生发展动力，起到了一定的推动作用；也对深化城市文化内涵、增强市民的文化自信、强化城市的文化自觉、激发城市文化的新活力，有一定的促进作用。

四、对外传播：城市国际传播水平

当下，城市国际传播（对外传播）成为城市传播的重要课题。城市国际传播影响力也成为城市知名度和对外吸引力的重要体现，是城市综合实力和竞争力的重要衡量指标，是城市综合实力和竞争力的重要衡量指标。宁波在城市国际传播方面的主要实践如下。

1. 宁波—中东欧合作：宁波对外传播的一张城市名片

党的二十大报告强调，要"加强国际传播能力建设，全面提升国际传播效能，形成同我国综合国力和国际地位相匹配的国际话语权。深化文明交流互鉴，推动中华文化更好走向世界。"这也是中国式现代化的本质要求之一，即推动构建人类命运共同体，创造人类文明新形态。其中，推进"一带一路"倡议，是践行中华文明的光辉典范，是中国致力于构建"人类命运共同体"的重要实践。[①] 宁波作为改革开放的前沿地和市场经济先发地，同时是"一带一路"建设的重要支点城市，具有强有力的港口资源。宁波—中东欧合作已成为宁波对外传播的一张城市名片。宁波—中东欧合作发展概览和重要节点事件梳理如下：

2015 年，首届中国—中东欧博览会在宁波举行，为浙江和宁波深入参与国际交流合作打开"另一扇窗"。2017 年 5 月，在"一带一路"国际合作高峰论坛开幕式上，习近平总书记提出"宁波等古港口是古丝绸之路的'活化石'"。[②] 2021 年 6 月，第二届中国—中东欧国家博览会（简称博览会）上，习近平主席发来贺信，"希望各方以此为契机，不断发掘合作潜力，携手开辟

---

① 张世飞. 习近平文明观的丰富意蕴及当代价值 [J]. 人民论坛，2019（26）：22-25.
② 新华网. 习近平出席"一带一路"高峰论坛开幕式并发表主旨演讲（全文）[EB/OL].（2017-05-14）[2024-03-01]. https://www.gov.cn/xinwen/2017/05/14/content_5193658.htm.

更广阔的合作空间"①。

在出台《关于加强与中东欧国家全面合作的若干意见》（2015）② 等政策的推动下，宁波已举办了中国—中东欧国家合作发展论坛、中国—中东欧国家海关论坛、中国—中东欧国家贸易（跨境电商）对接会、中国—中东欧国家质检合作论坛等，并承办了中国—中东欧国家经贸促进部长级会议、中东欧国家特色产品展、中国—中东欧国家投资贸易博览会等活动，率先成为在国内实现在中东欧各国都有友城的城市，实现了与中东欧国家在经贸投资、教育科研、人文交流的多领域合作，成为中国与中东欧 16 国合作与交流的首选平台。③ 宁波—中东欧合作已成为宁波对外传播的一张城市名片，也是展示我国国家形象的重要窗口。

2. 宁波外宣平台：宁波对外传播多维矩阵

国家级外宣平台——索非亚中国文化中心。2017 年 11 月 23 日，索非亚中国文化中心揭牌仪式在保加利亚首都索非亚举行，索非亚中国文化中心是中国在海外开设的第 34 个文化中心，也是在中东欧国家揭牌运营的第一家中国文化中心。索非亚市地处欧洲文化交汇的枢纽位置，索非亚中国文化中心成立后，将有更多保加利亚民众感受到中国文化。索非亚中国文化中心的成立是中保人文交流的重要成果，宁波将可以此为平台，进一步拓展与保加利亚乃至整个中东欧在文化、旅游、教育等领域的合作，为中保之间的沟通交流作出更大的贡献。

市级外宣平台——Insight Ningbo 海外社交媒体矩阵。Insight Ningbo-Twitter，截至 2023 年 4 月 1 日共发布 6228 条推文，拥有 4.5 万关注者；Insight Ningbo-Youtube，截至 2023 年 4 月 1 日，共 232 个视频，拥有 2180 位订阅者；此外，还开设包括 Insight Ningbo-Facebook 在内的其他海外社交媒体账号，积极开展对外传播。

---

① 新华社. 习近平向第二届中国—中东欧国家博览会致贺信 [EB/OL]. (2021-06-08) [2024-03-01]. https://www.gov.cn/xinwen/2021-06/08/content_5616266.htm.

② 曾毅, 任爽. 宁波出台加强与中东欧国家全面合作促进政策 [N]. 宁波日报, 2015-06-03 (6).

③ 崔源, 贾然, 郑红, 等. "16+1 合作"背景下宁波—中东欧城市旅游合作的对策建议 [J]. 中国市场, 2019 (1)：48-50.

3. 对外传播效果——专家意见

目前，国内不少大学科研团队对城市对外传播进行量化指标建构和现状评估。比如，浙江大学团队选取网络宣传、媒体报道、社交媒体、搜索引擎和国际访客等指标进行评价，发布了《中国城市国际传播影响力指数报告》；2022 年，北京师范大学新闻传播学院海外网络传播力课题组推出了《中国城市海外网络传播力》；华中科技大学中国故事创意传播研究院联合中国外文局当代中国与世界研究院推出了《2021 年中国故事国际传播指数报告》；人民网舆情数据中心从媒体传播指数、综合社交指数、传播创新指数、全球认知指数四个维度推出《2020 年中国城市国际形象传播影响力研究报告》；北京外国语大学则推出了"国际传播能力指数方阵 2022"。据《2022 中国城市国际传播影响力指数报告》（见表 7-6），相较于前两次的发布，新增了对深圳、厦门、宁波、青岛、大连等五个副省级城市国际传播影响力的考察。研究发现，宁波排名第 20 位，而同样是港口城市的青岛（得分 9.07，第 13 名）远远高于宁波（得分 3.49，第 20 名）。

表 7-6　2022 中国城市国际传播影响力指数报告①

排名	城市	评分	排名	城市	评分	排名	城市	评分
1	香港	100	11	杭州	10.29	21	长沙	3.08
2	北京	71.57	12	成都	9.40	22	福州	3.06
3	上海	56.88	13	青岛	9.07	23	哈尔滨	2.55
4	澳门	25.70	14	南京	6.48	24	郑州	2.21
5	台北	23.22	15	厦门	5.67	25	南宁	2.02
6	重庆	17.06	16	沈阳	5.01	26	济南	1.92
7	武汉	14.25	17	天津	4.47	27	海口	1.63
8	深圳	12.68	18	昆明	4.33	28	南昌	1.58
9	西安	11.14	19	贵阳	3.64	29	大连	1.40
10	广州	10.83	20	宁波	3.49	30	合肥	1.20

北京师范大学的研究团队建立了中国城市海外网络传播力指数的指标体

① 韦路，陈曦. 2022 中国城市国际传播影响力指数报告 [J]. 对外传播，2023（1）：30-34.

系，通过在谷歌新闻、推特、优兔及抖音国际版 4 个平台中使用关键词检索的方式搜索相关信息。该研究显示，在中国内地 337 座城市中，宁波的海外网络传播力综合指数排名位居第 20 位（见表 7-7）。

表 7-7　国际传播新格局下中国城市海外网络传播力分析①

排名	城市	评分	排名	城市	评分
1	北京	100.00	11	青岛	54.76
2	上海	99.26	12	兰州	54.43
3	武汉	89.13	13	郑州	53.94
4	广州	73.34	14	厦门	52.84
5	深圳	72.57	15	哈尔滨	50.61
6	成都	72.07	16	大连	49.30
7	重庆	68.41	17	沈阳	48.89
8	杭州	67.32	18	福州	47.49
9	南京	60.72	19	昆明	46.43
10	天津	55.23	20	宁波	46.34

以上各种指标体系专家意见也有多种来源和形式，学者研究、新闻媒体的评论分析以及专门的城市评级与排名都应归于专家意见。大众感知则主要包括海外受众的实际感知结果，本文选取国外最大的问答类社交平台 Quora 上关于宁波的主题帖，通过主题与内容分析总结境外人士对宁波形象的感知。对于专家意见与大众感知的二分，有利于从宏观和微观两个角度综合呈现一个城市的国际形象。②

4. 对外传播效果——大众感知

（1）国外受众感知

截至 2023 年 4 月 1 日，在 Quora 平台上关于宁波话题的点赞数（follow）在 10 以上的主要包括宁波城市和宁波学校板块。对于国外受众而言，他们首先

---

① 北京师范大学新闻传播学院海外网络传播力课题组. 国际传播新格局下中国城市海外网络传播力分析 [J]. 对外传播，2022（2）：50-53.
② 唐磊. 深圳国际城市形象：域外"专家意见"与"大众感知"[J]. 深圳大学学报（人文社会科学版），2020，37（2）：41-49.

关心宁波城市的休闲旅游（24 次，占比 21%），其次是城市的吃、住、行等日常生活（19 次，占比 17%）；再次是城市的包容性（18 次，占比 16%），包括城市的安全性、对国际人士的友好度、兼职就业的可能性等。此外，学习机会、教育国际化也是国外大众极为关注的内容，受众对学校板块的关注度排序依次是宁波大学（465）、宁波外事学校（87）、宁波技术学院（85）、浙大宁波理工学院（80）、宁波中学（50）、宁波效实中学（23）。

在 Quora 问答平台中，某国外受众（曾在宁波诺丁汉大学留学）对宁波的印象感知深刻的地方在于：宁波的商业经济、城市景观和日常生活（天气、交通以及饮食等）。

What do you think of Ningbocity?（你觉得宁波怎么样?）

I had the chance to spend some months there and get to know the city. I would say that this are my conclusions overall：（我有机会在那里待了几个月，了解了这个城市。我想说，这是我的总体结论:）

• Commodities of a bigger city but smaller in size（商业繁荣：小规模城市的大商业）

Ningbo is considered a medium city in China. It has a very big port that only Shanghai can outstand in the east. So, it has eventually led to many foreigners and internationals to move to this city. That's why Ningbo has pretty much all the necessities covered. From malls where you can find international brands like Benefit, Sephora etc. to even an amusement park. It also has many restaurants, bars, and especially a vibrant night life.（宁波被认为是中国的一个中等发展城市。在东部地区，它有一个几乎可以和上海相比的巨大的国际港口，许多外国人搬到这个城市，宁波几乎涵盖了所有必需品，包括购物中心的各式国际品牌、游乐园、餐馆、酒吧，尤其是充满活力的夜生活等。）

• Sight-seeing spots（城市景观）

Ningbo also has many spots where tourists can enjoy the beauty of China. From it's wonderful Tianyi Library to temples like Asaka or Tiantong. Ningbo is also located on Zhejiang province, known for its water cities, lakes and hills. A bus away, you can find great attractions and they are worth a day trip. Ningbo is also located very good geographically speaking, so traveling by train to cities like Nanjing or

Shanghai is very convenient and easy. （宁波也有许多景点，游客可以享受中国的美丽。从奇妙的天一阁到天童寺。宁波位于浙江省，以其水城、湖泊和丘陵而闻名。乘坐一辆公共汽车，你就可以找到很多值得一日游的景点。宁波的地理位置也很好，乘火车去南京或上海等城市非常方便和容易。）

- Nice weather（气候）

Ningbo, as it's located in the east, has a very nice climate. In summer it's relatively hot but in winter the temperature is very soft even some day you won't even need a coat. It does not rain too much either and many days the sun is shining creating a very nice atmosphere for walks and picnic. There is also a bicycle rail around the city, making it easier to move around without taking a taxi, even though taxis haver low prices compared with bigger cities. （宁波地处东部，气候非常宜人。一般来说夏天比较热，但冬天比较温暖，甚至冬天可以不需要穿外套，不会是淫雨霏霏的天气，更多是阳光灿烂的日子，这非常适合散步和野餐。城市周围还有自行车道，让人们不用坐出租车就能方便地四处走动，尽管和大城市相比，这儿的出租车价格也比较低。）

- Delicious cuisine（美食）

Ningbo is famous for its great cuisine. It's popular for its seafood, and in many restaurants they serve traditional Zhejiang dishes. The best thing about Ningbo is that Chinese food is also mixed with other foreign restaurants and meals like Indian, Thailand, Japanese and even Italian. Some of the restaurant owners are foreigners so the food is authentic. It's worth taking a stroll around the city and eating the different type of foods and of course trying the street food. （宁波以美味的菜肴而闻名。这里的海鲜很受欢迎，很多餐馆都供应传统的浙江菜。宁波最好的地方是中国菜，也和其他外国餐馆和食物进行了较好地融合，比如印度菜、泰国菜、日本菜甚至意大利菜。有些餐馆老板本身就是外国人，所以食物非常地道正宗。在城市里一边散步，一边品尝各地美食和街头小吃，这是一件非常惬意的事情。）

　　另有一位 Quora 问答平台用户（曾在宁波生活 2 年）认为，宁波比较著名的四个点在于：宁波的经济发展，尤其是宁波港的全球地位；宁波的历史文化，不可不说天一阁和博物馆；宁波的食物，尤以宁波汤圆为最；宁波的国际化校园，以宁波诺丁汉大学为代表。

（2）宁波市民感知

宁波城市国际化的受众满意度调查显示，对宁波城市建设情况中的国际文化活动"非常满意"的比例为50.8%，"比较满意"的比例为25.8%，"一般"的比例为13.7%，"不太满意"的比例为7.4%，"非常不满意"的比例为2.3%。对宁波城市建设情况中的宁波城市国际化水平"非常满意"的比例为49.4%，"比较满意"的比例为28.2%，"一般"的比例为11.6%，"不太满意"的比例为7.3%，"非常不满意"的比例为3.5%（见表7-8）。

表7-8　宁波城市国际化的受众满意度调查

评价内容	评级等级	频率	有效百分比（%）
国际文化活动	非常满意	483	50.8
	比较满意	245	25.8
	一般	130	13.7
	不太满意	70	7.4
	非常不满意	22	2.3
宁波城市国际化水平	非常满意	469	49.4
	比较满意	268	28.2
	一般	111	11.6
	不太满意	69	7.3
	非常不满意	33	3.5

| 第八章 |

国内文明城市建设对比研究

比较分析先进文明城市建设，有助于识别城市发展短板，发现亟须解决的问题，也可以学习其他城市的有效经验和做法，为城市发展提供借鉴和参考。本书选取的对标城市具有如下特点：第一，城市规模较大，综合实力较强，拥有一定的区域影响力乃至国际影响力；第二，城市发展较为成熟，形成了清晰的城市定位和发展战略；第三，具备相当的发展潜力，或者近年来发展速度较快；第四，有丰富的文明城市建设经验，并取得了良好的成效（尤其是蝉联"全国文明城市"称号的城市）。

基于如上考虑，我们选取了成都、深圳、杭州、上海、济南、青岛和厦门 7 个城市，作为对标分析的对象。这 7 个城市又可分为两类：一类是国内部分具有区域代表性的城市，即在城市文明发展理念和建设实践中具有鲜明特色，且位于国内和国际前列的城市，包括成都、深圳、杭州和上海 4 个城市；第二类属于宁波的同级别竞争城市，这类城市在城市级别、经济体量、发展速度、发展潜力、文明城市的建设成效等方面和宁波的发展水平基本一致，包括济南、青岛和厦门 3 个城市。上述 7 个城市的城市定位和文明城市建设关键举措，如表 8-1 所示。

表 8-1　对标城市的城市定位和文明城市建设举措

城市	城市定位与发展目标	文明城市建设关键举措
成都	世界文创名城，公园城市	大力发展文创产业；建设城市传播体系；公园城市建设
深圳	中国特色社会主义先行示范区	可持续发展；打造崇德向善的志愿者之城；文化强市

续表

城市	城市定位与发展目标	文明城市建设关键举措
杭州	历史文化名城,创新活力之城,生态文明之都	打造杭州文旅金名片;大力发展数字经济;生态文明建设
上海	卓越的全球城市,令人向往的创新之城、人文之城、生态之城	发掘城市文化和城市品格;打造城市软实力
济南	文化软实力之城	文明城市创建的"济南模式";顶层设计与项目化落实推进
青岛	现代海洋城市	海洋生态文明建设;城市品质提升
厦门	高素质、高颜值、现代化、国际化城市	通过文旅活动打造城市品牌;打造国际化枢纽城市

第一节

国内部分代表性城市的对比分析

一、成都:文创名城

成都是四川省省会,成渝城市群的关键枢纽,中国西部地区的科技创新中心和文化中心。成都的历史悠久,人文环境和自然资源优越,自古便享有"天府之国"的美誉。作为世界知名的旅游目的地城市和生态宜居城市,成都已五次蝉联"全国文明城市"称号,持续蝉联"中国最具幸福感城市""新一线城市"榜首。在《第一财经》发布的"2023城市商业魅力排行榜"中,成都在新一线城市的综合排名超过了宁波、重庆、杭州等15个城市,位列第一(见表8-2)。[①] 城市研究智库"全球化与世界城市研究网络"(GaWC)发布的《世界城市名册2020》中,成都位列全球第59名,是中国唯一入选Beta+级别的城市。在米尔肯研究院(Milken Institute)2021年发布的"中国最佳表现城市指数"中,成都在入选城市中位列第四名。扶持文创产业发展、建设城市传播体系、

---

① 高莉珊. 2023新一线城市名单官宣:昆明回归,青岛上升,北方城市仅占四席 [EB/OL].
(2023-05-30)[2023-07-23]. https://www.yicai.com/news/101769520.html.

打造公园城市，是成都文明城市建设最具特色的三个方面。

表8-2 "2023城市商业魅力排行榜"中成都与宁波的排名对比

指标	成都	宁波
商业资源集聚度	100.00 （全国第5名）	47.84 （全国第17名）
城市枢纽性	100.00 （全国第3名）	47.84 （全国第19名）
城市人活跃度	97.92 （全国第6名）	59.04 （全国第15名）
生活方式多样性	100.00 （全国第3名）	47.15 （全国第16名）
未来可塑性	100.00 （全国第5名）	47.84 （全国第18名）

确立文化和创意产业在成都城市发展中的首要地位，打造中国西部的文创之都和世界级的文创城市，是成都城市文明建设的突出特征。宁波在文化旅游和创意产业的发展上和成都相比仍存在不小差距。例如，成都2019—2021年的文化产业增加值占地区生产总值比重分别为8.60%、10%和10.40%，而宁波2020—2021年的比重分别为8.00%和8.60%。成都2019—2021年的国家4A及以上旅游景区数量分别为48、51和51个，而宁波的数量分别为34、34和37个。早在2017年，成都就提出打造"世界文创名城、旅游名城、赛事名城"和"国际美食之都、音乐之都、会展之都"的"三城三都"发展目标。① 2022年，成都市又发布了《成都市"十四五"世界文创名城建设规划》，提出到2025年成都文创产业增加值达到3100亿元至3400亿元的发展目标，到2035年将成都基本建成"具有全球影响力的世界文创名城"②。同年，成都发布了《成都市数字文化创意产业发展"十四五"规划》，针对网络文学、数字影视、数字音乐等七大领域，通过加快数字文创技术创

---

① 邓文博，钟茜妮. "三城三都"成都收获了什么？［EB/OL］.（2021-04-07）［2023-07-27］. https：//www. thepaper. cn/newsDetail_forward_12090319.

② 四川省人民政府. 成都发布"十四五"世界文创名城建设规划［EB/OL］.（2022-02-17）［2023-07-27］. https：//www. sc. gov. cn/10462/10464/10465/10595/2022/2/17/82b2012af70e4d6988ce 42f3d1232249. shtml.

新、文化资源数字化等手段，打造中国最适宜数字文创发展城市。^①

　　为实现这一目标，成都致力于解决文创产业发展的各种阻碍。例如，为了让文创企业和文创项目的融资变得便捷、高效，降低融资成本，成都于2018年成立了新一线城市中首支百亿规模的文创基金"文创产业发展投资基金"^②。《成都市"十四五"世界文创名城建设规划》提出要进一步强化文创金融基础设施建设，发展要素市场中介服务，充分发挥股权交易中心等要素交易流转平台作用。^③自2020年出台《关于深入推进文创金融合作高质量发展文创产业的实施意见》以来，成都已初步建立起覆盖文创产业全生态链、文创企业全生命周期、文创交易全市场环节的综合性文创金融合作机制。2023年3月，成都又成立了主要面向文创企业的区域性股权市场专板"天府文创板"，为文创企业提供证券转让、证券发行、股权估值等个性化的金融支持服务。^④

　　近年来，成都利用全媒体平台和数字媒体，积极在中国和世界范围内进行城市传播，以打造城市形象，吸引国内外游客和投资。北京师范大学新媒体传播研究中心等机构联合发布的《2020中国城市海外网络传播力建设系列报告》显示，成都海外网络传播力综合指数位居全国第六、西部首位，海外新媒体平台的网络传播力增长指数排名全国前十。以上成绩的取得，基于成都建设了一套完整的外语传播矩阵，打造了英文网站"GoChengdu.cn""一带一路"国际频道和"Chengdu Plus"等一系列海外社交媒体账号。成都还与人民网和腾讯等媒体合作，扩展海外传播渠道，推进国际传播。^⑤成都从2019年开始策划生产国别系列片，实施"一国一策"的点对点国际传播策略，面

　　① 成都市人民政府.《成都市数字文化创意产业发展"十四五"规划》发布［EB/OL］.（2022-01-18）［2023-07-27］. http://cdxjj.chengdu.gov.cn/xjjfzw/c001001/2022-01/18/content_bcf8a3a896374d3e805f16d1e7142e22.shtml.

　　② 四川省人民政府. 成都市文创产业发展投资基金正式宣告成立［EB/OL］.（2018-09-26）［2023-07-28］. https://www.sc.gov.cn/10462/10464/10465/10595/2018/9/26/10459804.shtml.

　　③ 四川省人民政府. 成都发布"十四五"世界文创名城建设规划［EB/OL］.（2022-02-17）［2023-07-28］. https://www.sc.gov.cn/10462/10464/10465/10595/2022/2/17/82b2012af70e4d6988ce42f3d1232249.shtml.

　　④ 李秀中. "天府文创板"开板，成都初步形成文创金融"生态圈"［EB/OL］.（2023-03-03）［2023-07-28］. https://www.yicai.com/news/101691388.html.

　　⑤ 叶莉. 城市国际传播如何破局？成都"造船出海"走出一条创新之路［EB/OL］.（2021-09-16）［2023-07-28］. https://www.thepaper.cn/newsDetail_forward_14528321.

向重要国家或语种针对性地制作和推广相关视频,成功迎合了海外观众的偏好,取得了良好反响。①

成都还积极利用数字媒体技术,为游客和本地居民提供文化产品和活动的宣传和推广服务。例如,与腾讯合作开发的"YOU 成都:生活方式和美学地图",是一个旨在促进文化旅游消费的手机应用程序。用户可以借助该手机应用体验成都的文化场所和旅游景点、预订演出和酒店,或分享文化地图。② 从 2020 年开始,成都开启了"YOU 成都·新推荐"活动,通过线上线下联动的系列主题活动,推介成都的消费点位和都市文化。该活动推出了城市地标地图、二次元聚集地图等十余类地图,推荐了百余个潮流美学生活消费目的地,有效搭建起文旅服务提供方和市民文化需求的桥梁。③

生态文明是成都文明城市建设的重要组成部分。成都长期以来一直将人与自然的和谐关系作为衡量城市文明发展质量的重要标准。成都和宁波在几个关键"生态良好"指标中的表现显示,成都在几乎全部生态环境关键指标上的表现都优于宁波(见表 8-3)。

表 8-3 成都与宁波的生态环境关键指标对比(2019—2021 年)

关键指标	2019 年		2020 年		2021 年	
	成都	宁波	成都	宁波	成都	宁波
全年空气质量优良天数比例(%)	78.60	87.10	76.50	92.90	81.90	95.90
城市市辖区水质优良比例(%)	90.70	83.80	93.50	86.30	97.40	87.50
建成区绿化覆盖率(%)	43.46	41.63	43.75	42.08	44.08	43.29
人均公园绿地面积(平方米)	14.58	13.76	14.12	13.86	11.74	14.54

早在 1998 年,成都就以"府南河综合整治项目"获得了联合国人居

---

① 李雪梅. 成都探索"一国一策"精准国际传播新路径 [EB/OL]. (2021-09-16) [2023-07-28]. http://www.news.cn/world/2021-10/08/c_1211395455.htm.

② 李倩薇. 成都上线"城市生活美学地图"旅游一图导览 [EB/OL]. (2018-08-16) [2023-07-30]. http://m.xinhuanet.com/2018-08/16/c_1123280830.htm.

③ YOU 成都. YOU 成都·新推荐第三季启幕 [EB/OL]. (2022-09-29) [2023-08-02]. http://www.cdrb.com.cn/epaper/cdrbpad/202209/29/c104797.html.

奖。① 2015 年，成都荣获"首批绿色发展优秀城市"称号②。2018 年 2 月，习近平总书记在四川考察时指出，天府新区要突出公园城市特点，把生态价值考虑进去。③ 由此，"公园城市"的城市理念随之诞生，成都也开启了对公园城市建设的全面探索。2019 年，成都市编制了《成都市美丽宜居公园城市规划》，提出成都将塑造以绿色为底色、以山水为景观、以绿道为脉络、以人文为特质、以街区为基础的人、城、境、业和谐统一的新型城市形态。④ 2017年发布的《成都市天府绿道规划建设方案》提出，"天府绿道"将于 2020 年建成 750 公里的"两环一轴"绿道，将成都市三分之一的可用土地变为绿地。在 2040 年全面建成后，成都将围绕"一轴两山三环七带"，打造包含区域级绿道、城区级绿道、社区级绿道的"三级绿道体系"。届时，天府绿道不仅将连接成都的所有主要地区，也将把成都公园、自然保护区、文化和历史遗迹连缀为一个整体。⑤ 天府绿道还能够为市民提供放松、锻炼和社交的空间，提振绿道周边地区的经济，创造就业岗位。例如，锦城绿道中自行车道和跑步道等健身设施，同时承担慢行交通、休闲游览、文化创意等多种功能。成都围绕公园、绿道等绿色资源和开敞空间，统筹布局文体旅商设施，提升商圈、特色商业街区，培育新型业态和生活方式。⑥

二、深圳：高质量发展高地

历经 40 余年的发展，深圳由一个边陲小镇成为中国乃至世界的一流城市，创造的发展奇迹举世瞩目。深圳成功实现了物质文明和精神文明建设两

① 张红霞. 府南河综合整治工程的持续效益——让绿色成为最优质资产［EB/OL］.（2018-12-02）［2023-08-02］. https://sichuan. scol. com. cn/dwzw/201812/56711733. html.
② 四川省人民政府. 成都荣获"首批绿色发展优秀城市"称号［EB/OL］.（2015-09-14）［2023-08-02］. https://www. sc. gov. cn/10462/10464/10465/10595/2015/9/14/10352355. shtml.
③ 孔德明. 四川天府新区：探路碳中和样板间［EB/OL］.（2021-07-13）［2023-07-30］. http://www. banyuetan. org/jrt/detail/20210713/1000200033134991626005802102531398_1. html.
④ 武凤珠. 成都打出"公园城市"牌［EB/OL］.（2020-12-31）［2022-10-03］. http://paper. people. com. cn/rmzk/html/2020/12/31/content_2027433. htm.
⑤ 四川省人民政府. 成都天府绿道规划方案出炉　沿天府绿道走向"绿重锦官城"［EB/OL］.（2017-09-02）［2023-06-25］. https://www. sc. gov. cn/10462/12771/2017/9/2/10432569. shtml.
⑥ 李坤晟. "人城境业"和谐统一，成都破题"公园城市"［EB/OL］.（2018-12-09）［2023-06-25］. http://www. xinhuanet. com/politics/2018/12/09/c_1123827389. htm.

翼齐飞,在生态文明建设、志愿者服务、市民文明等方面取得的成绩有目共睹。2005 年,深圳被选为首批全国文明城市,截至 2022 年,已六次荣膺该称号。2021 年,深圳被列为全国文明典范城市创建首批试点城市之一。党中央、国务院赋予深圳"建设中国特色社会主义先行示范区"的崇高使命,明确提出了"高质量发展高地、法治城市示范、城市文明典范、民生幸福标杆、可持续发展先锋"五大战略定位。① 本书选取可持续发展、崇德向善、文化强市三个方面,来介绍深圳的文明城市建设经验。

深圳不仅是国际化创新型城市,也是一座绿色之城、生态之城。深圳的环境空气质量综合指数在全国超大城市中排名第一;建成国家森林城市和"千座公园之城",获得国家森林城市、中国可持续发展议程创新示范区、全国首个副省级生态文明建设示范市等荣誉。如表 8-4 所示,深圳在空气和水质量上的表现明显优于宁波;而在城市绿地覆盖率和绿化方面,两个城市的表现基本相同。

表 8-4 深圳与宁波的生态环境关键指标对比 (2019—2021 年)

关键指标	2019 年		2020 年		2021 年	
	深圳	宁波	深圳	宁波	深圳	宁波
全年空气质量优良天数比例 (%)	90.96	87.10	97.26	92.90	96.16	95.90
城市市辖区水质优良比例 (%)	100.00	83.80	100.00	86.30	100.00	87.50
建成区绿化覆盖率 (%)	43.00	41.63	43.00	42.08	43.00	43.29
人均公园绿地面积 (平方米)	14.94	13.76	15.00	13.86	12.44	14.54

自国务院批复同意深圳市建设国家可持续发展议程创新示范区以来,深圳出台了《深圳市可持续发展规划 (2017—2030 年)》及《深圳市国家可持续发展议程创新示范区建设方案 (2017—2022 年)》,提出到 2025 年将深圳建设成为现代化国际化创新型城市,创新活力之城、绿色低碳之城、智慧便捷之城、普惠发展之城、现代文明之城建设取得显著成效,生态环境质量达到国际先进水平。到 2030 年,建成引领可持续发展的全球创新城市,可持续

---

① 深圳市人民政府. 深圳市人民政府关于印发《深圳市可持续发展规划 (2017—2030 年)(2022 年修订)》《深圳市国家可持续发展议程创新示范区建设方案 (2022—2025 年)》的通知 [EB/OL]. (2023-02-13) [2023-07-28]. http://www.sz.gov.cn/zfgb/2023/gb1275/content/post_10428246.html.

发展达到国际一流水平，创新能级位居世界城市前列。①

　　注重德法兼治是深圳推进文明城市建设的重要举措。深圳出台的《深圳市民文明素养提升行动纲要（2021—2025 年）》深化了"修心""养德""守法""尚智""崇文""健体"六大行动，并将其分解为具体的工作指标和重点推进项目。② 深圳市提倡树立公民道德新风尚，开展市民文明素养提升行动，积极开展志愿服务；倡导文明健康绿色环保生活方式，加大对卫生健康、环境保护、文明健康的宣传力度，积极开展主题实践活动；出台《文明行为条例》，推动文明从"软约束"变成"硬约束"，实施公民法治素养提升计划；开展关爱活动、推出优秀公益项目，培育一大批爱心典型，树立"关爱之城"的深圳精神。③

　　最能体现深圳崇德向善城市特质的活动是深圳的志愿者服务。1989 年，由深圳青年志愿者开通的为青少年群体提供心理咨询和情感陪伴的热线电话，开启了中国志愿服务事业的第一步。④ 目前，团深圳市委正在积极推进建设"志愿者之城" 4.0，推动出台《关于进一步打造"志愿者之城"升级版的实施方案》，健全完善"志愿者之城"建设工作机制，进一步推动深圳市修订志愿者服务立法，实施文明风景线工程，构建志愿者的荣誉激励新体系等。⑤ 和开创了志愿服务诸多"第一"、积淀深厚的深圳相比，宁波的志愿者服务并不逊色。例如，2022 年志愿者数量与常住人口的比例、参与志愿服务的人数与注册志愿者的比例等指标，均优于深圳（见表 8-5）。但是，宁波的志愿服务并没有形成像深圳这样鲜明的"志愿者之城"城市品牌。

----

　　① 深圳市人民政府. 深圳市人民政府关于印发《深圳市可持续发展规划（2017—2030 年）（2022 年修订）》《深圳市国家可持续发展议程创新示范区建设方案（2022—2025 年）》的通知 [EB/OL]. （2023-02-13）[2023-07-28]. http://www.sz.gov.cn/zfgb/2023/gb1275/content/post_10 428246.html.

　　② 深圳市人民政府. 深圳市人民政府关于印发深圳市全民科学素质行动规划纲要实施方案（2022—2025 年）的通知 [EB/OL]. （2022-02-14）[2023-07-28]. http://www.sz.gov.cn/zfgb/2022/gb1229/content/post_9572844.html.

　　③ 包力. 第二十届深圳关爱行动拉开帷幕，2135 项关爱活动温暖鹏城 [EB/OL]. （2023-01-13）[2023-07-28]. https://www.sohu.com/a/629184742_100053070.

　　④ 深圳市档案馆. 深圳档案：志愿者之城 [EB/OL]. （2023-02-13）[2023-07-29]. http://www.sz.gov.cn/szstory/202302/content/post_10418951.html.

　　⑤ 马芸. 深圳：积极推进"志愿者之城" 4.0 模式建设 [EB/OL]. （2021-05-04）[2023-07-29]. https://www.scf.org.cn/csjjh/n3421/n3424/n3427/u1ai273996.html.

表 8-5 2022 年深圳与宁波的志愿者服务建设情况对比

城市	注册志愿者数量	常住人口	志愿者数量与常住人口的比例	参与志愿服务的人数	参与志愿服务的人数与注册志愿者的比例
宁波	213.9 万	961.8 万	22.20%	32 万	14.96%
深圳	351 万	1768 万	19.85%	28.7 万	8.18%

推进文化强市建设是深圳文明城市建设的重要载体。2003 年以来，深圳率先提出"文化立市""文化强市"的发展战略，不断探索文化创新发展的深圳路径。近年来，深圳提出了打造"创新型智慧型力量型主流城市文化""国际文化创意先锋城市""全球区域文化中心城市"等文化发展目标，制定出台了一系列文化发展政策①。目前，深圳有文化创意企业近 5 万家，拥有"文博会"、文交所、国家文化创意产业投资基金、国家版权交易中心、数字出版基地等国家级产业发展平台②，而且形成了颇具影响力的"文化+科技""文化+创意""文化+金融""文化+旅游"等"文化+"文化产业发展的深圳模式③。

三、杭州：创新活力之城

杭州是浙江省省会、副省级城市，已 16 年蝉联中国最具幸福感城市，也是全国唯一的"幸福示范标杆城市"。杭州获得过联合国人居奖和中国人居环境奖，被评为国际花园城市和全国环保模范城市。杭州的城市文明特质，可以用"历史文化名城""创新活力之城"和"生态文明之都"三个词加以概括。

拥有 8000 余年文明史、5000 余年建城史，作为中国七大古都之一、首批国家历史文化名城和全国重点风景旅游城市，杭州的历史悠久、底蕴深厚。

---

① 王京生. 一座城市文化基因的生成与绽放——我们的文化何以自信自觉自强 [EB/OL]. (2020-09-15) [2023-07-29]. https://www.gov.cn/xinwen/2020-09/15/content_5543653.htm.
② 周建新. 解读：深圳从"文化沙漠"到"文化绿洲"的华丽转身 [EB/OL]. (2020-06-29) [2023-07-29]. http://www.ce.cn/culture/gd/202006/29/t20200629_35212048.shtml.
③ 深圳市文化广电旅游体育局. 深圳市文体旅游发展"十四五"规划 [EB/OL]. (2022-02-18) [2023-08-20]. http://wtl.sz.gov.cn/gkmlpt/content/9/9578/post_9578808.html#3445.

西湖、大运河等自然人文景点，是杭州城市中最具辨识度的文化标记。2020年，为打造"历史文化名城"，推动文化和旅游有机融合，实现文化和旅游产业高质量发展，杭州推出了《杭州市推进文旅"金名片"培育工程实施方案》，提出将围绕18个文旅"金名片"培育项目，打造文化和旅游结合的精品工程。"金名片"选取了杭州市各区（县市）具有代表性的文旅项目，既有历史文化遗产保护利用、文化挖掘等传统文旅产业，也有旅游大数据场景应用等"文旅+"产业，还有以旅游消费示范城市、示范县和示范区等创建为引领、创建文旅品牌的旅游项目。①

为加强对历史文化名城的保护和管理，杭州还以"城"为单位，为历史文化保护立法。2023年，杭州首次将"名城"作为整体保护对象，制定了《杭州市历史文化名城保护条例》，重点围绕历史文化名城的保护、文化传承与现代社会协调发展、活化利用等方面展开，设置了历史风貌区、传统风貌建筑两类保护对象。杭州还鼓励社会力量通过提供技术服务、捐赠、资助、投资等方式参与名城保护工作，引导在名城保护工作中积极运用数字技术，打通数据壁垒、实现数据共享，以数字化改革提升工作效能。②

创新型城市是杭州崭新的城市名片。杭州是全国首批创新型城市之一，也是国家首批"双创"示范基地之一。2023年，科技部和中国科学技术信息研究所分别发布《国家创新型城市创新能力监测报告2022》和《国家创新型城市创新能力评价报告2022》，对中国的创新型城市进行综合评价。其中，杭州位列国家创新型城市创新能力指数第3位，全国城市创新能力百强榜第5位。③ 根据普华永道中国与中国发展研究基金会联合发布的《机遇之城》报告，近十年杭州有9次位居"技术与创新"排行榜榜首（见表8-6）。④

----

① 杭州市人民政府. 杭州市人民政府办公厅关于印发杭州市推进文旅"金名片"培育工程实施方案的通知［EB/OL］.（2020-09-04）［2023-09-01］. https://www.hangzhou. gov.cn/art/2020/9/4/art_1229063382_1269206. html.

② 杭州人大. 杭州市历史文化名城保护条例［EB/OL］.（2023-04-17）［2023-09-01］. https://www.hzrd. gov.cn/art/2023/4/17/art_1229690462_18204. html.

③ 郑海云. 杭州位列全国前三！国家创新型城市百强榜发布［EB/OL］.（2023-02-18）［2023-09-05］. https://hznews. hangzhou. com. cn/chengshi/content/2023-02/18/content_8473275. htm.

④ 普华永道. 机遇之城2023［EB/OL］.（2023-03-23）［2023-03-23］. https://www.pwccn. com/zh/research-and-insights/chinese-cities-of-opportunities-2023-report. pdf.

表8-6 《机遇之城》"技术与创新"城市排行榜前三名（2014—2023年）

年份	2014	2015	2016	2017	2018	2019	2020	2021	2022	2023
第一名	西安	杭州	杭州	杭州	杭州	杭州	杭州	杭州	杭州	杭州
第二名	南京	南京	南京	南京	武汉	苏州	苏州	苏州	南京	苏州
第三名	杭州	厦门	苏州、厦门	武汉	南京	中山	成都	东莞	苏州	南京

杭州制定了创新驱动发展战略，以科技创新驱动高质量发展，深化科技体制改革和健全创新治理体系，① 并通过深化数字赋能、坚持梯次培育、坚持精准攻坚等举措推进创新城市建设。2023年，《杭州市数字经济创新提质"一号发展工程"实施方案》发布，提出将实施科技铸魂强基、数据要素激活等八大攻坚行动，重塑"全国数字经济第一城"，打造数字经济理念和技术创新策源地、数字产业和人才高地、数字经济政策和制度先行地、数字资源配置和开放合作战略枢纽。②

《2022年杭州市国民经济和社会发展统计公报》显示，杭州全年研究与试验发展经费支出与生产总值之比为3.75%，财政一般公共预算支出中科技支出为207.7亿元，占一般公共预算支出的8.2%。③ 相较而言，宁波在2022年10月的《宁波市加大全社会研发投入专项行动方案（2022—2026年）》中提出到2026年全社会研究与试验发展经费占地区生产总值比重达到3.75%、年均增速达到20%的目标，④ 仍与杭州存在着数年的差距。对比杭州和宁波在"高质量发展"指标上的表现，可以发现杭州虽然在"人均地区生产总值"指标的表现不及宁波，但已在科技创新驱动的经济转型中占得先机（见表8-7）。

---

① 祝婷兰. 创新能力全国第二，杭州凭什么？［EB/OL］.（2022－02－21）［2023－08－20］. https://www.hangzhou.gov.cn/art/2022/2/21/art_812262_59050278.html.

② 杭州市上城区人民政府. 杭州召开数字经济创新提质"一号发展工程"大会 刘捷讲话［EB/OL］.（2023－05－09）［2023－08－22］. http://www.hzsc.gov.cn/art/2023/5/9/art_1229561293_4163034.html.

③ 杭州市统计局. 2022年杭州市国民经济和社会发展统计公报［EB/OL］.（2023－03－20）［2023－08－23］. https://tjj.hangzhou.gov.cn/art/2023/3/20/art_1229279682_4149703.html.

④ 宁波市人民政府办公厅. 宁波市人民政府办公厅关于印发宁波市加大全社会研发投入专项行动方案（2022—2026年）的通知［EB/OL］.（2022－10－26）［2023－08－23］. https://zjjcmspublic. oss-cn-hangzhou-zwynet-d01-a.internet.cloud.zj.gov.cn/jcms_files/jcms1/web2984/site/attach/0/5eff16 407aaf4164b7e22ffe87cb970f.pdf.

表 8-7 杭州与宁波的高质量发展关键指标对比（2019—2021 年）

关键指标	2019 年		2020 年		2021 年	
	杭州	宁波	杭州	宁波	杭州	宁波
地区生产总值增速（%）	6.8	6.8	3.9	3.4	8.5	8.2
人均地区生产总值（元）	134 856	198 693	137 474	206 186	149 857	236 933
全社会研发支出占地区生产总值比重（%）	3.44	2.70	3.57	2.86	3.68	2.94
全国企业 500 强数量（个）	20	15	24	15	22	9

杭州引导众创空间、孵化器向国际化、现代化、网络化、智慧化方向发展，大力培育"铺天盖地"的科技型小微企业。① 以大学科技园、省级高新技术小镇、高新技术成果转化孵化园等特色小镇和产业园区为依托，陪跑"突飞猛进"的科技型中小企业。② 杭州深入推进高质量发展，建设共同富裕示范区，全面启动国家营商环境创新试点，高质量建设杭州市国家新一代人工智能创新发展试验区。③ 根据普华永道中国和中国发展研究基金会联合发布的《机遇之城》报告，杭州和宁波在营商环境的表现均位居中国城市的前列，与苏州、厦门等城市同属拥有最佳营商环境的城市。④（见表 8-8）

表 8-8 《机遇之城》"营商环境"城市排行榜前三名（2014—2023 年）

年份	2014	2015	2016	2017	2018	2019	2020	2021	2022	2023
第一名	厦门	杭州	苏州	苏州	苏州	厦门	苏州	苏州	苏州	苏州
第二名	武汉	天津	杭州	南京	南京	宁波	杭州	杭州	杭州	杭州
第三名	杭州	青岛	武汉	郑州	杭州	杭州	宁波	南京	宁波	宁波

杭州坚持"生态优先、保护第一"的发展理念，围绕"环境立市""生

---

① 浙江省科技厅. 浙江省杭州市科技企业孵化器和众创空间党建联盟正式成立 [EB/OL]. （2021-10-25）[2023-08-31]. https://www.most.gov.cn/dfkj/zj/zxdt/202110/t20211025_177482.html.

② 贾晓芸. 杭州双创呈现"雨林式生态" [EB/OL]. （2022-02-23）[2023-07-13]. https://www.hangzhou.gov.cn/art/2022/2/23/art_812266_59050522.html.

③ 吴静. 放大创新优势 科技自立自强助力杭州共同富裕 [EB/OL]. （2022-07-15）[2023-07-15]. https://www.hangzhou.gov.cn/art/2022/5/19/art_1229660579_59061392.html.

④ 普华永道. 机遇之城 2023 [EB/OL]. （2023-03-23）[2023-03-23]. https://www.pwccn.com/zh/research-and-insights/chinese-cities-of-opportunities-2023-report.pdf.

态立市"和"美丽杭州"建设战略,将城市园林绿化和生态环境建设作为政府工作重点,全面推进节约型、生态型和功能完善型城市园林绿化建设,生态园林的理念已融入城市建设的方方面面。① 2017 年,杭州被住建部正式命名为"国家生态园林城市",成为浙江首个获此殊荣的城市。2022 年 8 月,杭州通过国家级生态市创建考核验收,成为中国省会城市中的首个国家级生态市。

杭州在全国率先出台美丽杭州建设实施纲要和行动计划,提出打赢"八项清零"战役。设立市委市政府主要领导任"双组长"的美丽杭州建设领导小组,建立健全通报、考核、督查等机制,制定实施《生态文明建设促进条例》等地方性法规,推动形成美丽建设大格局。② 2023 年 6 月,杭州市继续出台实施新一轮《新时代美丽杭州建设三年行动计划(2023—2025 年)》,设立了生态保护、环境改善、绿色发展等七大方面 30 项指标,提出未来三年杭州将通过西湖西溪千岛湖原生态保护行动、生态安全保护行动、深化污染防治攻坚战行动、绿色低碳经济发展行动、美丽都市大花园建设行动、共享幸福生活提质行动、生态文化新高地打造行动、治理体系与治理能力提升行动、示范试点创建行动九大行动,持续推进生态环境治理体系和治理能力现代化。③

四、上海:国际文化大都市

上海是重要的中国经济中心城市和国际金融中心城市,也是著名的国际文化大都市和国际旅游目的地。2017 年,上海发布《上海市城市总体规划(2017—2035 年)》,面向未来的上海城市总体规划,提出"卓越的全球城市,令人向往的创新之城、人文之城、生态之城"的发展愿景。

上海将完善公共文化服务体系、健全文化产业创新生态、打造上海文化品牌作为建设"人文之城"的三大重点。围绕公共文化服务体系的完善,

---

① 沈晶晶,钱祎. 喜讯!杭州入选国家生态园林城市 [EB/OL]. (2017-10-31) [2023-06-15]. https://hznews. hangzhou. com. cn/chengshi/content/2017/10/31/content_6702136. htm.

② 任彦. "美丽杭州"建设这十年:向美而行 [EB/OL]. (2023-06-16) [2023-08-01]. https://www. hzzx. gov. cn/cshz/content/2023-06-16/content_8558440. htm.

③ 杭州市人民政府. 新一轮美丽杭州建设三年行动计划出台 [EB/OL]. (2023-06-06) [2023-08-01]. https://www. hangzhou. gov. cn/art/2023/6/6/art_812262_59082039. html.

2015 年上海市出台《基本公共文化服务实施标准（2015—2020 年）》，2020 年颁布了《上海市公共文化服务保障与促进条例》。目前，上海已形成市、区、街镇、居村四级公共文化设施网络，基本实现"中心城区 10 分钟、郊区 15 分钟的公共文化服务圈"目标，人均公共文化设施建筑面积达到 0.2 平方米。上海各区积极推动建设介于街镇、村居中间的 3.5 级邻里中心、街区中心，设置村居 4.5 级客堂间、睦邻点等基层服务点。"小而美"的基层公共文化设施也在全市呈现网格化覆盖，为市民打造家门口的"文化客厅"。① 为促进城乡公共文化服务均等化，上海市通过采用公共文化四级配送体系，向远郊地区输送公共文化资源。对于重点群体的公共文化服务需求，如老年人、未成年人、残疾人、外来务工人员、生活困难群众等，上海充分利用好各类文化阵地、基层服务点等场所，陆续开展了青少年暑期活动、电影放映等有针对性的公共文化活动。

健全文化产业创新生态方面，上海正在加快建设全球电竞之都、网络文化产业高地、创意设计产业高地。近年来，上海不断加大对电竞、游戏产业的重视扶持，坚持以内容主导型产业作为文化产业重点发展类型之一，充分发掘和利用"红色文化、海派文化、江南文化"优质资源，推出了一批彰显时代特征、中国特色、上海特质的原创文化精品，打造"上海原创""上海制作""上海出品"等品牌矩阵②；积极推动文化内容生产数字化转型，包括动漫、游戏数字内容服务、多媒体、游戏动漫和数字出版软件开发等新兴数字文化业态，催生线上文化消费内容供给，助推数字化内容创作生产。③

2021 年上海市印发《上海市生态空间建设和市容环境优化"十四五"规划》，规划主要围绕生态空间建设、垃圾治理和市容景观三个方面，提出到 2025 年基本实现三大目标，即："公园城市""森林城市""湿地城市"生态空间基础初步形成，生活垃圾分类常态长效管理机制和全程分类收运处理系

① 葛怡婷. 上海基本建成现代公共文化服务体系 [EB/OL]. （2020-01-17）[2023-07-29]. http://m.ce.cn/lc/gd/202001/17/t20200117_34144177.shtml.

② 巩汉语. 聚焦红色、海派、江南三大文化，"上海文化"品牌全力打响 [EB/OL]. （2021-07-30）[2023-05-14]. https://www.thepaper.cn/newsDetail_forward_13815340.

③ 上海市委宣传部. 上海文化产业发展报告（2021）全文 [EB/OL]. （2022-08-04）[2023-05-14]. http://www.sfa.org.cn/zxzx/detail.asp?id=1741.

统全面建立，市容景观管理体系日益完善，管理效能不断增强。① "十四五"期间，上海市将着力构建"公园城市""森林城市""湿地城市"的框架体系，同时加大中心城周边生态圈建设，建设环城生态公园带，加快新城等重点发展区域生态空间建设，强化骨干绿道网络建设。上海将严格控制新增无序设摊聚集点，加强薄弱区域市容环境管理，提升户外广告、招牌规范管理水平；同时提出推进 300 余个"美丽街区"建设，致力于打造城市夜景，将在苏州河沿岸、延安路高架、南北高架沿线和新城等重点景观推进实施照明项目。②

第二节
国内同类副省级城市的对比分析

同类副省级城市中，济南、青岛、厦门等城市文明城市创建及城市发展亦有很多特色和可借鉴之处。这些城市中有的多次获得全国文明城市称号，在文明创建或城市文明建设方面积累了丰富经验，形成自身一些模式特色。

一、济南：文明城市建设的"济南模式"

济南是国务院批复确定的环渤海地区南翼的中心城市，是国家历史文化名城、首批中国优秀旅游城市。2008 年，仍有媒体将济南评价为"温吞、缓慢、内敛、保守"的"弱省会"城市。③ 但历经十余年的发展，济南脱胎换骨，收获了一系列国家级荣誉称号，并在一批有影响力的榜单中位居前列，获评"国家卫生城市""全国最安全城市""全国营商环境标杆城市"等称号。2022 年，济南又实现全国文明城市创建"四连冠"。济南坚持把顶层设计、逐步推进和统筹兼顾结合起来，通过项目化、工程化方式来推进文明城

---

① ② 上海市人民政府. 上海市人民政府办公厅关于印发《上海市生态空间建设和市容环境优化"十四五"规划》的通知 [EB/OL]. (2021-08-04) [2023-07-28]. https://www.shanghai.gov.cn/nw12344/20210804/6b844da3270b4b4c847b2a74c3813781.html.

③ 范俐鑫. 获评"唯一年度城市"，努力进取的济南值得！[EB/OL]. (2023-01-25) [2023-04-20]. http://www.jinan.gov.cn/art/2023/1/25/art_1812_4937293.html.

市建设，通过创新手段提升城市软实力，打造了独具特色的"济南模式"。

济南创建文明城市的突出特点是"统筹谋划"。将创建全国文明城市作为经济社会发展的总抓手，用"创城"促进济南的城市发展，并将创建全国文明典范城市纳入济南市"十四五"规划，作出全面部署。2021 年 5 月，济南发布了《济南市创建全国文明典范城市三年行动计划（2021 年—2023 年）》，提出济南的文明城市创建目标为"精神文明建设新标杆、经济高质发展新示范、现代城市治理新表率、市民幸福生活新榜样、文化交流互鉴新高地"。① 济南市还出台了重点领域的各类针对性规划，包括生态保护、城市改造、经济发展、民生等领域。例如，济南印发了《济南市城市更新专项规划（2021—2035 年）》，提出通过建设济南市"四大更新圈层"，提升城市空间环境品质②。此外，济南积极培育良好的营商环境，出台了《济南市"十四五"时期优化营商环境规划》，通过优化惠企政策、设计服务，让济南的营商环境评价居全国前列。③ 在生态领域，济南印发了《济南市"十四五"生态环境保护规划》，推动实现"生态宜居的现代化强省会"城市建设结果，走绿色低碳的城市发展道路，打造"千泉之城""千园之城"和"千廊之城"。④

济南实施文明典范城市创建的"一把手"负责制，保持书记市长双主责组织架构推进。《济南市创建全国文明典范城市三年行动计划（2021 年—2023 年）》中要求，形成党委组织领导、党政齐抓共管、部门分工负责、社会广泛参与的工作格局。⑤ 济南市制定出台《在创建工作中强化干部队伍考察评价和激励监督的实施意见》，建强专业督导、群众监督两套队伍，实行"评

① 济南市人民政府.《济南市创建全国文明典范城市三年行动计划》出炉 [EB/OL].（2021-05-15）[2023-04-28]. https://www.jinan.gov.cn/art/2021/5/15/art_1861_4783150.html.

② 济南市人民政府. 济南市人民政府办公厅关于印发济南市城市更新专项规划（2021—2035年）的通知 [EB/OL].（2022-12-12）[2023-04-28]. http://www.jinan.gov.cn/art/2022/12/12/art_2615_4934625.html?xxgkhide=1.

③ 济南市人民政府. 济南市人民政府关于印发济南市"十四五"时期优化营商环境规划的通知 [EB/OL].（2023-02-10）[2023-04-30]. https://wap.jinan.gov.cn/art/2023/2/10/art_15661_4784817.html.

④ 济南市人民政府. 济南市人民政府关于印发济南市"十四五"生态环境保护规划的通知 [EB/OL].（2021-12-17）[2023-04-30]. http://www.jinan.gov.cn/art/2021/12/17/art_2613_4902586.html?xxgkhide=1.

⑤ 泉欣. 济南创建全国文明典范城市"路线图"出炉 2023 年基本建成 [EB/OL].（2021-05-14）[2023-04-29]. http://sd.people.com.cn/n2/2021/0514/c393199-34726520.html.

点位、抓街镇、促部门"一体化考核，构建"从发现到整改"的工作闭环。①

　　济南对文明城市创建体系指标层层分解，对"创城"过程中的重点和难点问题，列清单、明确责任单位，市、区县、街镇、村居四级联动，通过网格化管理，推进城市管理的精细化。2022 年出台的《关于提升城市软实力创建文明典范城的实施意见》将文明典范城市创建测评标准融入其中，明确了市直部门的 56 项具体任务。②《"提升城市软实力创建文明典范城"项目清单》确定了 146 项实事项目，以项目清单形式明确每一方面的建设任务，进一步实化细化工作举措，明确相关责任单位，明晰推进时间节点，确保每项工作都有人负责、能够落实完成。③《"提升城市软实力创建文明典范城"2022 年"十大攻坚行动"实施方案》，提出开展市容市貌净化美化绿化、道路设施提升、老旧小区集中整治等十项重点攻坚行动，"以小切口推动大变化"，提升城市管理、改善城乡环境，坚持项目化实施、专班化推进、工程化管理，确保攻坚行动的有效性。④

　　济南将城市软实力视作城市的"精气神"。2022 年 4 月，济南市第十二次党代会报告提出"硬实力让城市强大，软实力让城市伟大"⑤。同年，济南又出台了《关于提升城市软实力创建文明典范城的实施意见》，提出围绕"核心价值引领力、城市文化驱动力、公益志愿感召力"等十个方面打造城市软实力，把济南建设成为"信仰坚定的红色之城、底蕴深厚的文化之城、闻名中外的天下泉城、美美与共的温暖之城、品牌荟萃的魅力之城、创新创意的活力之城、功能完善的品质之城、融通内外的开放之城、高效和谐的善治之城、生活美好的幸福之城"的"十大之城"发展目标。⑥济南设定了城市软实力提升发展的路线图，将城市软实力的演进路径概括为从"挖掘城市优势资源，形成城市认同和文化认同"的"软实力 1.0"阶段，到"到处都是软实

　　① 张家然. 济南市长说丨推动文明典范城市创建，书记市长双主责［EB/OL］.（2023-03-07）［2023-04-28］. https://www.thepaper.cn/newsDetail_forward_22160954#.
　　②⑥ 济南市委办公厅. 关于提升城市软实力创建文明典范城的实施意见［EB/OL］.（2022-06-06）［2023-04-30］. http://www.jnsw.gov.cn/content/jibanfa/content-89-40757-1.html.
　　③⑤ 张家然. 济南市长丨城市软实力提升必须步步为营，久久为功［EB/OL］.（2023-03-07）［2023-04-28］. https://www.thepaper.cn/newsDetail_forward_22160950.
　　④ 刘宇宇. 济南：提升城市软实力　创建文明典范城［EB/OL］.（2022-05-18）［2023-04-29］. http://www.readmeok.com/2022-5/18_119380.html.

力、人人都是软实力、事事彰显软实力、济南就是软实力”的“软实力 5. 0”的五个阶段①。

二、青岛：现代海洋城市

青岛是我国重要的港口城市和旅游城市，拥有美丽的海滨风光、丰富的历史文化遗产。青岛获得的荣誉众多，1996 年至 2022 年，连续 26 年保持“国家卫生城市”荣誉称号，上榜 2022 年“中国美好生活城市十大向往之城”“2022 中国最具幸福感城市”榜单。

海洋赋予了青岛独特的城市风貌和精神气质，也造就了青岛鲜明的特色优势。2014 年，青岛正式启动国家级海洋生态文明建设示范区创建工作。2015 年，青岛成为第二批“国家级海洋生态文明示范区”。② 2022 年，青岛提出建设引领型现代海洋城市目标，出台《关于加快打造引领型现代海洋城市助力海洋强国建设的意见》的“五年规划”和“三年行动方案”，着力打造国际海洋科技创新中心、现代化国际航运贸易金融创新中心、全球现代海洋产业中心、全球海洋生态示范中心、全球海洋事务交流中心。到 2035 年，初步建成海洋科技领先、海洋经济发达、海洋生态环境优美、海洋文化繁荣、海洋国际交流合作活跃的全球海洋中心城市。③

青岛的文化特色还在于其独特的城市历史风貌。一座城市的历史风貌是城市文化底蕴的象征，保护历史风貌对城市品质提升有多重的正面影响。据统计，自德国强占青岛起至中华人民共和国成立后，青岛市区拥有来自德、日、英等 20 余个国家建造的各类外国风格建筑共 1000 余栋，正因如此，青岛有“万国建筑博览会”的美誉。④ 正是由于这座城市集中展现了近现代中国殖民地与半殖民地、半封建社会城市的历史形态与发展轨迹，青岛于 1994

---

① 王韡. 五步成诗化茧成蝶：济南城市软实力的跃升之路［EB/OL］.（2022-06-21）［2023-05-19］. https://www.thepaper.cn/newsDetail_forward_18671394.

② 鞠平. 蔚蓝计划 · “海”好有你|青岛：十年树典和海洋十年［EB/OL］.（2023-10-20）［2023-12-25］. http://www.jiaodong.net/news/system/2023/10/20/016107988.shtml.

③ 勋祥. 创新引领走在前|重磅意见！青岛市委市政府发文，“引领型现代海洋城市”这样打造［EB/OL］.（2022-04-12）［2023-07-29］. https://www.dailyqd.com/guanhai/168664_1.html.

④ 张子忠. 城市历史风貌保护与青岛建设世界知名特色城市［EB/OL］.（2022-04-14）［2023-07-30］. http://qdsq.qingdao.gov.cn/szfz_86/qdsj_86/desq2005n9y_86/tz_86/202204/t20220414_5498912.shtml.

年由国务院批准为国家历史文化名城，成为全国 99 座历史文化名城之一。

　　青岛意识到保护城市历史风貌，对于延续城市文脉、保存历史记忆、提升城市生活品质的巨大作用。城市历史风貌得到良好的保护传承，可以折射出城市的发展历程与地域特点，增强城市辨识度，成为支撑城市品牌建立、城市对外形象展示的一部分。城市的历史风貌可以给本地居民提供稳定和统一的城市意象，能够提升市民的归属感、自豪感和认同感。为此，青岛不遗余力地保护城市历史风貌和文化遗产。2011 年发布的《青岛历史文化名城保护规划（2011—2020）》提出规划目标，整体保护青岛"山、海、岛、城"融为一体的城市空间格局，全面保护各个时期的历史文化遗存。① 2021 年 7 月，青岛市自然资源和规划局又发布了《青岛历史文化名城保护规划（2020—2035 年）》，进一步提出要彰显青岛在古代文明、近现代及新中国历史发展中的重要地位；传承和延续"山、海、城、岛"融为一体的城市空间格局及"红瓦绿树、碧海蓝天"的城市风貌特色，塑造城市历史文化氛围，提升人居环境品质；弘扬青岛开放、多元、包容的海洋文化特色的保护目标。在市域历史文化遗产保护方面，提出保护青岛市域"一核五线五片多点"的历史文化格局和"三山、三水、三湾"的山水格局。②

三、厦门：高素质高颜值城市

　　厦门位于福建省东南部的沿海，是一座有"城在海上，海在城中"之称的海湾型城市。独特的地理和自然条件，令厦门具备了发展文旅产业的良好基础。厦门获得过首批"中国优秀旅游城市"、"中国旅游休闲示范城市"、全国十大"大美之城"等荣誉称号。自 2005 年起，厦门连续获六届"全国文明城市"荣誉称号。自 1996 年以来，厦门一直保持"国家卫生城市"的称号。此外，厦门还获得过"全国十佳宜居城市""国际花园城市""联合国人居奖"等含金量极高的国内外荣誉称号。

---

① 青岛市自然资源和规划局.《青岛历史文化名城保护规划（2011—2020）》［EB/OL］.（2017-09-04）［2022-12-09］. http://cmsdept. qingdao. gov. cn: 8081/n28356038/upload/170904171219928640/170904172326951787. pdf.

② 青岛政务网.《青岛历史文化名城保护规划（2020—2035 年）》批前公示［EB/OL］.（2021-07-16）［2023-05-30］. http://www. qingdao. gov. cn/zwgk/xxgk/zygh/ywfl/ghgl/202107/t20210716_3178815. shtml.

2020 年，厦门市委十二届十二次全会审议通过《厦门高素质高颜值现代化国际化城市发展战略（2020—2035）》，这是继《1985 年—2000 年厦门经济社会发展战略》之后的第二个 15 年发展战略，该战略前瞻展望了厦门未来城市发展目标定位，提出了未来 15 年发展思路和总体要求。该战略提出，到 2035 年，厦门将建设成为"五中心一基地"，成为自由港特征经济特区和高素质高颜值现代化国际化国家中心城市，率先实现全方位高质量发展超越，率先基本建成社会主义现代化强国的样板城市。①

2017 年 9 月，习近平总书记在厦门出席金砖国家领导人第九次会晤，赞誉厦门已经发展成"高素质的创新创业之城"和"高颜值的生态花园之城"，是"一座经济蓬勃发展、人民安居乐业、对外交流密切的现代化、国际化城市"。②"高素质、高颜值、现代化、国际化"是对厦门城市定位和发展目标的高度概括。本书选取了"打造高颜值城市""文旅发展与城市品牌建设""打造国际化城市"三方面，介绍厦门的城市文明发展经验。

在厦门的城市文明建设中，"高颜值"是一个高频出现的关键词。2020 年 6 月，厦门出台了《加快建设高颜值厦门行动方案（2020—2025）》，围绕提升城市规划水平、加强城市基础设施建设、持续打造城市宜居环境、深入实施乡村振兴战略、始终坚持绿色生态发展、着力提升城市管理服务等六大方面，推出国土空间生态修复专项行动、空气质量提升行动、"美丽河湖"建设行动等 18 项具体的子行动方案。③ 2020 年 12 月，厦门市委十二届十二次全会审议通过《厦门高素质高颜值现代化国际化城市发展战略（2020—2035）》提出，要保护厦门高颜值生态底色，凸显"城在海上、海在城中""山海相拥、城景相依"的"生态花园"城市特质；传承历史文脉，增添城市人文底蕴，打造更富现代化国际化魅力、更具闽南文化特色、更有大爱情怀的高颜

① 黄怀. 权威解读 |《厦门高素质高颜值现代化国际化城市发展战略（2020—2035）》［EB/OL］.（2020-12-30）［2023-07-20］. https://www.investxiamen.org.cn/detail/3361.html.

② 胡昌升. 加快建设高素质高颜值现代化国际化城市［EB/OL］.（2020-12-16）［2023-07-16］. http://www.qstheory.cn/dukan/qs/2020-12/16/c_1126857747.htm.

③ 许晓婷，黄语晴.《加快建设高颜值厦门行动方案（2020—2025）》行动方案出炉［EB/OL］.（2020-06-23）［2023-07-20］. https://www.investxiamen.org.cn/detail/2498.html.

值生态花园之城。① 厦门的城市规划充分考虑了城市景观的设计和保护。全长 23 公里的厦门山海健康步道串联起狐尾山、仙岳山等岛内重要的生态节点，是观光休闲的好去处。② 鼓浪屿历史文化街区保留了独特的历史文化景观，使市民和游客能够深入体验厦门独具特色的文化氛围。③ 滨海旅游浪漫线环绕着同安湾岸线，并配有彩虹跑道、生态公园、球场沙滩、草地湿地，中山路、集美学村、沙坡尾等具有老厦门历史韵味的片区风貌也得到了保护提升。④

　　作为一座拥有悠久历史和独特文化的国际化滨海城市，得天独厚的自然和人文资源促成了厦门文旅产业的蓬勃发展。2023 年，厦门提出将全力以赴加快打造"文化中心、艺术之城、音乐之岛"，加快建设世界一流旅游休闲城市，全方位推进文化和旅游深度融合高质量发展。⑤ 根据《厦门市公共文化设施规划（2020—2035 年）》的设想，厦门市政府计划在厦门岛内外打造 15 个文化设施集聚区，实现公共文化服务均等化和标准化全覆盖。⑥ 为进一步优化公共文化服务环境，厦门市还打造了海沧文化中心、思明区文化中心等一系列特色文化设施，为市民和游客提供了更多的文化参与机会。为了支持厦门市艺术事业的发展，保护本土艺术家和文化创意企业，厦门市逐渐建立了一个以艺术创作、交流和展示为主的文化产业体系，同时还建立了厦门艺术家协会、艺术中心、艺术展厅、艺术村等艺术交流平台。

　　厦门城市文明建设的一个突出特征是，将文旅发展和城市品牌打造有机结合起来。被誉为"琴岛"的鼓浪屿是厦门市最具特色的旅游景区之一，鼓浪屿成立的"厦门艺术协会""鼓浪屿合唱团"等音乐社团，举办的"鼓浪

---

① 黄怀. 权威解读|《厦门高素质高颜值现代化国际化城市发展战略（2020—2035）》［EB/OL］.（2020-12-30）［2023-07-20］. https://www.investxiamen.org.cn/detail/3361.html.

② 吴海奎. 厦门定了一个小目标! 健康步道将达 500 公里［EB/OL］.（2022-09-11）［2023-07-30］. https://www.thepaper.cn/newsDetail_forward_19867769.

③ 国家文物局. 鼓浪屿：历史国际社区［EB/OL］.（2021-07-23）［2023-07-31］. http://www.ncha.gov.cn/art/2021/7/23/art_2539_170161.html.

④ 林丽明，潘抒捷，陈挺. 厦门：多措并举建设高颜值之城　宜居和颜值双提升［EB/OL］.（2020-07-03）［2023-07-31］. http://wmzh.china.com.cn/2020-07/03/content_41207001.htm.

⑤ 吴君宁. 厦门：加快建设世界一流旅游休闲城市［EB/OL］.（2023-02-22）［2023-07-31］. http://m.news.cn/fj/2023-02/22/c_1129386265.htm.

⑥ 林晓云，龚小莞. 厦门将打造 15 个文化设施集聚区!《厦门市公共文化设施规划（2020—2035）草案》获批［EB/OL］.（2021-05-29）［2023-07-29］. https://new.qq.com/rain/a/20210529A0939J00.

屿钢琴节"等音乐活动，厦门市音乐学校等音乐艺术教育机构，鼓浪屿钢琴博物馆等音乐博物馆，都体现了这座岛屿浓厚的音乐氛围和艺术底蕴。另外，在厦门每年举办的诸多各类音乐活动，如厦门音乐季、厦门青少年音乐艺术节、鼓浪屿音乐节、嗨浪音乐节、民族器乐专场音乐会等，不仅形成了良好的城市音乐文化氛围，也吸引了大量游客前来观赏。

"厦门马拉松"（简称"厦马"）也是厦门城市文旅产业发展和城市品牌打造相结合的典型案例。"厦马"不仅提升了厦门的国际知名度和城市形象，还促进了厦门体育事业跃进式发展。在经过 20 年的发展后，"厦马"已发展成为国内外知名赛事，厦门也被誉为"马拉松城市"。每年举办的"厦马"，促进了赛道沿线建筑、道路、市容、景观的改造与提升。① 跑步已经成为厦门市民最喜爱的运动。厦门大力构建全民健身公共服务体系，名为"近邻运动场"的体育场馆遍布城市，市民在家门口就能享受随时运动的便利。② 厦门体育产业的发展也得益于"厦马"。厦门在 2018 年成立了体育产业集团，成功增办厦门铁人三项公开赛、厦门田径公开赛、中国家庭帆船赛等一系列赛事，打造出一批新的品牌赛事。一系列品牌赛事又产生对品牌体育用品企业的吸引力，推动了厦门体育产业发展，形成了以竞赛表演业为龙头、体育用品制造业和体育服务业为支撑的产业格局。③

作为中国最早开放的 5 个经济特区之一，厦门是中国改革开放的重要窗口之一。21 世纪开始，厦门进入转型升级，通过延续充分利用国际资本发展经济和扩大开放的思路，主动融入世界经济大循环，拥抱经济全球化进程，致力于成为中国"引进来"和"走出去"的重要枢纽。近年来，厦门注重创新发展，形成了"三区三中心"的发展战略——即自贸区、自主创新示范区和中国（福建）自由贸易试验区，以及国际金融中心、国际航运中心和国际会议展览中心。厦门着力构建开放型经济体制，实现了从出口加工区、保税区、保税港区到自贸试验区的迭代升级。厦门进出口总额居福建省首位，累

---

① 康淼，付敏. 瞭望｜"马拉松城市"厦门，向着体育强市努力奔跑 [EB/OL]. (2023-04-17) [2023-07-19]. http://fj. news. cn/xhskfj/2023-04/17/c_1129531674. htm.

② 李晓辉. 厦门近邻运动场今年将增至 500 处　目前已免费开放 358 处 [EB/OL]. (2023-03-11) [2023-07-27]. https://news. xmnn. cn/xmxw/202303/t20230311_67971. html.

③ 廖灿亮. 厦门的"山海之约"：运动定义时尚　体育促进消费 [EB/OL]. (2023-04-20) [2023-07-29]. http://yjy. people. com. cn/n1/2023/0420/c244560-32669160. html.

计实际使用外资规模、外商投资企业、在厦门投资的世界 500 强外资企业数量都在全国同级别城市中名列前茅。2023 年 5 月，厦门市政府印发了《进一步促进外资扩增量稳存量提质量的若干措施》，提出要进一步扩大外资规模、优化外资结构、提升利用外资水平，维护外商投资企业合法权益，推动外资高质量发展。[①] 对比厦门和宁波在"国际贸易"二级指标上的一些关键指标，可以看到厦门和宁波在利用外资水平和海关进出口贸易总额方面基本持平，但是在航空港货邮吞吐量和接待过夜境外旅游者人数等方面，宁波与厦门存在相当的差距（见表 8-9）。

表 8-9　厦门与宁波的国际贸易关键指标对比（2019—2021 年）

关键指标	2019 年		2020 年		2021 年	
	厦门	宁波	厦门	宁波	厦门	宁波
航空港货邮吞吐量（万吨）	33.05	10.67	27.84	11.9	29.77	11.3
实际利用外资水平	134.16 亿人民币	23.63 亿美元	166.05 亿人民币	24.68 亿美元	186.36 亿人民币	32.74 亿美元
海关进出口贸易总额	6412.79 亿人民币	1330.76 亿美元	6950.04 亿人民币	1412.77 亿美元	8876.52 亿人民币	1845.28 亿美元
接待过夜境外旅游者人数（万人）	270.01	76.22	89.88	5.60	30.44	4.82

厦门的国际化，还体现在厦门致力于成为国际交往的重要窗口。举办国际会议，是厦门吸引外资、提升国际形象的重要手段。厦门市成功举办了多届金砖国家峰会、亚太经合组织领导人非正式会议等重要国际会议，吸引了全球目光，提升了厦门作为国际化大都市的知名度和影响力。厦门举办的各类商贸会议也为数众多，例如厦门举办的中国国际投资贸易洽谈会，已发展成为全球最具影响力的双向投资促进洽谈会之一。[②] 此外，厦门工业博览会暨

---

① 厦门市政府. 厦门市人民政府关于印发进一步促进外资扩增量稳存量提质量若干措施的通知（厦府规〔2023〕7 号）[EB/OL]. (2023-05-17) [2023-07-28]. https://www.investxiamen.org.cn/show/736.html.

② 中华人民共和国商务部. 第 23 届中国国际投资贸易洽谈会将于 9 月 8 日至 11 日在厦门举办 [EB/OL]. (2023-03-03) [2023-07-30]. http://www.mofcom.gov.cn/article/zwjg/zwsq/zwsqoz/2023 03/20230303397337.shtml.

海峡两岸机械电子商品交易会、中国厦门国际石材展览会、中国（厦门）国际游艇展览会、海峡两岸（厦门）文化产业博览会、海峡两岸经贸交易会等贸易博览会，都获得了世界范围内的影响力。

通过上述对比，可以看到成都、深圳、杭州和上海四个城市的优势在于其城市文明发展的均衡性。无论是较为基础的文明有礼、生态良好、社会和谐等指标，还是较为新颖的文化旅游和国际传播指标，这些对标城市在文明城市的各类评价指标上都不存在明显的短板。另外，四个城市都有一个或多个方面体现出明显的优势。比如，成都的"公园城市"、深圳的"志愿者之城"、杭州的"生活品质之城"和上海的"江南文化、海派文化和红色文化"城市文化定位，都体现了城市文明的鲜明特色。

与国内同类竞争城市的对比显示，济南、青岛和厦门虽然在经济体量、人口规模等方面都不足以与国际中心城市和国内一线城市相比，但是它们都非常善于发掘自身的特点和优势。例如，济南虽然长期是一个存在感不强、缺乏足够城市特色的城市，但近年来对于城市 IP 的打造和传播，颇具互联网时代的城市传播特色，也旗帜鲜明地提出将建设济南的文化软实力放在城市发展的中心位置。同样，青岛对城市海洋文明和特色的历史风貌的强调，厦门对文旅产业和体育文化特色的坚持，帮助它们找到了城市文明塑造的创新之路。可见，对于资源和禀赋稍逊于一线城市的新一线城市，明确自身的发展定位至关重要。

相对于上述这些特色鲜明的城市，宁波虽然是在现代文明、历史文明、地方文明和国际文明各方面表现均不逊色的"优等生"，但是能够给人留下的记忆点并不突出、城市形象也不够鲜明。如何发掘城市特色、呈现明晰的城市性格，如何将城市建设和城市文化有机结合、有效地进行国内和国际传播，是宁波未来发展亟须解决的问题。

| 第九章 |

国际先进城市建设经验分析

第一节

国际先进城市的认定标准

在城市文明建设过程中，我们可以从国外先进城市建设经验中吸取诸多经验和教训。一些西方的城市发展理念提出较早且具有相当程度的前瞻性，它们在诸如平衡城市规划和生态环保、提高城市交通效率和安全性、改善城市公共空间活力、促进城市经济的可持续发展，以及改善城市民生和社会福利等方面，都积累了丰富的经验。此外，西方国家城市发展中产生的人与自然的发展矛盾、经济与社会发展不均衡等问题，也是中国城市文明建设的前车之鉴。

本书认为，体现国际先进城市文明的城市通常在经济、社会、文化、环境等各个方面表现出较高水平，如城市治理良好、文明秩序完善和生活质量较高等。这类城市往往拥有高标准的基础设施、优良的居住环境和丰富的文化底蕴，能吸引更多的人才、企业和投资，促进经济和社会的可持续发展。尽管国际上并没有一个通行的"文明城市"的说法，但是有一些城市排名的内涵与本书界定的文明城市的含义相近，基于此，我们对世界范围内最具影响力的城市综合排名进行了梳理，如表9-1所示。

表 9-1 国际城市综合实力评价体系

中文名	英文名	发布机构	关键评价指标
全球宜居城市	Global Liveability Index	经济学人智库（Economist Intelligence Unit，EIU）	社会稳定、医疗保健、文化与环境、教育、基础设施
城市生活质量排名	Quality of Living City Ranking	美世咨询公司（Mercer）	基础设施、安全、教育、医疗、休闲
世界最佳城市	World's Best Cities	Resonance 国际咨询公司（Resonance Consultancy）	城市地点、城市设施、城市生活、城市居民、城市繁荣、城市品牌
安霍尔特-益普索城市品牌指数	The Anholt-Ipsos City Brands Index	西蒙·安霍尔特（Simon Anholt）与益普索咨询公司（Ipsos）	存在感、地点、基础设施、居民、活力、潜力
全球城市实力指数	Global Power City Index	城市战略研究所（Institute for Urban Strategies）	经济、研发、文化、交通可达性、环境、生活质量
全球城市指数	Global Cities Index（GCI）	科尔尼咨询公司（Kearney）	商业活动、人力资本、信息交流、文化体验、政治参与
全球城市潜力排名	Global City outlook（GCO）	美国科尔尼管理咨询公司（A. T. Kearney）	个人福祉、经济、创新、治理
世界城市分类	GaWC City Classification	全球化与世界城市研究网络（GaWC）	城市在高级产业服务领域（如金融、法律）的表现
全球城市500强	Global Top 500 Cities	全球城市实验室（Global City Lab）	经济能力、文化旅游、行政管理、居住生活、城市声誉、人才创新
Numbeo 城市生活质量指数	Numbeo Quality of Life Index	Numbeo 网络数据库	生活成本和购买力、住房负担能力、污染指数、安全指数、卫生服务质量、交通、气候
国际交往中心城市指数	International Exchange Centers Index	清华大学中国发展规划研究院、德勤中国国际交往中心研究院	吸引力、影响力、联通力

从上述城市排名的评价指标中，可以看到这些排名主要对城市的宜居性、品牌排名、竞争力、发展潜力、创新力、连接能力和吸引力等方面进行排名。

对这些排名重新进行归类，又大致可分为两类：城市宜居性排名和城市竞争力排名。

一、城市宜居性排名

城市宜居性排名主要关注的是城市的宜居性，即城市环境是否适合生活、人们的生活质量和居住质量如何、在该城市的生活体验和满意度如何。城市宜居性排名中最具代表性的，是英国经济学人智库的"全球宜居城市指数"、Resonance 国际咨询公司的"世界最佳城市"排名、安霍尔特–益普索的"城市品牌指数"和 Numbeo 数据库的"城市生活质量指数"。

1. 全球宜居城市

英国经济学人智库作为经济学人集团旗下的经济分析智库机构，经济学人智库每年都会发布关于"全球最佳宜居城市"的"全球宜居城市指数"。该指数根据 5 项标准（社会稳定、医疗保健、文化与环境、教育、基础设施），通过 30 余个定性和量化因素对参与评选的 140 个城市进行评级。5 项标准具体的子类别如下①：

- 社会稳定。衡量指标包括：轻微犯罪的普遍性；暴力犯罪的普遍性；恐怖威胁；军事冲突威胁；国内动乱/冲突威胁。
- 医疗保健。包括：私营医疗服务的提供情况；私营医疗服务的质量；公共医疗服务的提供情况；公共医疗保健的质量；非处方药的可用性；一般医疗保健指标。
- 文化与环境。包括：湿度/温度；气候舒适度；政府腐败程度；国际社会或宗教限制；审查制度的严格程度；体育活动的可用性；文化可得性；食品和饮料；消费商品和服务。
- 教育。包括：私立教育的可用性；私立教育的质量；公共教育评级。
- 基础设施。包括：道路网络的质量；公共交通的质量；国际连通性的质量；优质住房的提供情况；能源供应的质量；水供应的质量；电信通信质量。

---

① Economist Intelligence Unit. Global Liveability Index 2023 Report [EB/OL]. (2023-06-21) [2023-08-28]. https://services.eiu.com/campaigns/global-liveability-index-2023/.

各项指标根据专家和记者的主观评价和客观数据进行计算，然后得到一个城市评级。根据 2023 年 EIU 发布的全球城市宜居指数，排名前 10 位的城市分别为：维也纳、哥本哈根、苏黎世、卡尔加里、温哥华、日内瓦、法兰克福、多伦多、阿姆斯特丹、大阪和墨尔本（并列第 10 名）。

2. 世界最佳城市

"世界最佳城市" 是由加拿大的咨询公司 Resonance Consultancy 发起的，该公司每年都会对全球 250 余个人口超过 100 万的城市的整体表现，通过 "6P" 模型进行评估①，具体如下：

● 城市地点（Place）：城市自然和建筑环境的感知质量，包括天气、安全、社区和地标以及户外等子类别。

● 城市设施（Product）：城市的主要机构、景点和基础设施，包括机场连通性、景点、博物馆、大学排名、会议中心和职业运动队等子类别。

● 城市生活（Programming）：城市中的艺术、文化、娱乐和烹饪场景，包括购物、文化、餐馆和夜生活等子类别。

● 城市居民（People）：考察城市的移民率和多样性，包括外国出生居民数量和教育程度等子类别。

● 城市繁荣（Prosperity）：通过城市的就业状况和企业总部情况来衡量，包括财富 500 强公司和家庭收入，以及就业率和收入平等情况等子类别。

● 城市品牌（Promotion）：人们在社交网站上分享的关于城市的故事、评价和推荐的数量，包括 Google 搜索结果、Google 趋势、Facebook 签到、Instagram 主题标签和 TripAdvisor 评论等子类别。

根据如上类别的表现，Resonance Consultancy 对全世界城市进行打分。2023 年该榜单的前十位城市分别为：伦敦、巴黎、纽约、东京、迪拜、巴塞罗那、罗马、马德里、新加坡、阿姆斯特丹。

3. 城市品牌指数

安霍尔特-益普索城市品牌指数（The Anholt-Ipsos City Brands Index，简称 CBI），是由益普索咨询公司与政治学家西蒙·安霍尔特（Simon Anholt）合作

---

① Resonance. The World's Best Cities［EB/OL］.（2022-11-10）［2023-08-31］. https://www.worldsbestcities. com/rankings/worlds-best-cities/.

开发的城市评价指数，旨在衡量发达经济体和新兴经济体的人们对城市的看法。① 城市品牌指数（CBI）从如下六个方面对 50 个国家进行了排名：

- 存在感（Presence）：考察城市的国际地位，以及在全球范围内人们熟悉或了解该城市的程度，同时也衡量城市在科学、文化和管理方面的全球贡献。

- 地点（Place）：考察人们对每个城市的地理层面的看法，包括气候的舒适度、环境的清洁度以及建筑和公园的吸引力。

- 基础设施（Prerequisites）：考察人们如何看待城市的基本品质，包括对基础设施的满意度、生活成本可负担程度、基础设施的包容性，以及公共设施（如学校、医院、交通和体育设施）的质量。

- 居民（People）：评估该城市的居民是否热情好客，人们是否认为他们会很容易找到并融入一个与其语言和文化相同的社区，以及是否会感到安全。

- 活力（Pulse）：考察城市是否有足够的有趣的活动或事物填补居民的空闲时间，以及城市在发现新事物方面的兴奋程度。

- 潜力（Potential）：衡量城市中的经济和教育机会。如找工作的容易程度，以及是否便于做生意或接受高等教育。

该指数在澳大利亚、巴西、中国、法国、德国、印度、俄罗斯、韩国、英国和美国等十个国家，通过收集在线访谈数据，然后对各个城市的表现进行打分。2022 年 CBI 指数排名前十名的城市分别为：伦敦、巴黎、悉尼、纽约、罗马、华盛顿、巴塞罗那、多伦多、东京、柏林和旧金山并列第十名。

4. 城市生活质量指数

Numbeo 是一个提供全球各国主要城市生活条件数据（如生活成本、医疗保健、交通、犯罪和污染等）的网络数据库。在该数据库中，生活质量指数（Quality of Life Index）通过搜集以下七类有关城市生活质量的信息，对世界

---

① IPSOS. London maintains top "city brand" ranking from 2020 to 2022. Paris rises to second and Sydney lands in third［EB/OL］.（2022-04-25）［2023-08-15］. https://www.ipsos.com/en/anholt-ipsos-city-brands-index-2022.

各个城市进行评分和排名①：

● 生活成本和购买力：通过在某城市购买商品和服务（如日用品、餐厅、交通和公用事业的开销）相对购买力与该市居民的平均净工资来衡量。

● 住房负担能力：用房价收入比（即房屋价格中位数与家庭可支配收入中位数的比值）来衡量。

● 污染指数：对城市总体污染程度的衡量，通过该城市的水污染情况和空气质量来进行评估。

● 安全指数：通过犯罪指数对给定城市整体犯罪水平进行估算。

● 医疗卫生：通过医疗专业人员、医疗设备、医疗成本等因素，对城市医疗系统整体质量进行评估。

● 交通：通过工作通勤时间、交通中碳排放和交通系统整体效率的综合指标来进行评估。

● 气候：对一个城市气候宜人度的测算，通过该城市的露点和平均温度来估计。

通过对如上数据进行加权计算，Numbeo 数据库会为每个城市生成一个生活质量指数。根据 2023 年 Numbeo 的年中排名，荷兰的海牙和鹿特丹位列生活质量得分的前两名，3—10 名为卢森堡、维也纳、巴伦西亚、阿姆斯特丹、赫尔辛基、马德里、雷克雅未克和哥本哈根。② 根据 Numbeo 的城市生活质量指数，宁波的各项指标得分和相对于其他城市的平均表现水平（截至 2023 年 9 月）如表 9-2 所示。

表 9-2　宁波在 Numbeo 城市生活质量指数各项指标中的得分（2023 年 9 月）

指标	得分	得分相对平均水平
购买力指数	51.84	低（即居民购买力较弱）
安全指数	87.79	非常高（即城市非常安全）
健康服务质量指数	56.11	中等

---

① NUMBEO. About Quality of Life Indices At This Website ［EB/OL］. (2023-07-28)［2023-07-28］. https://www.numbeo.com/quality-of-life/indices_explained.jsp.

② NUMBEO. Quality of Life Index by City 2023 Mid-Year ［EB/OL］. (2023-10-24)［2023-10-24］. https://www.numbeo.com/quality-of-life/rankings.jsp.

续表

指标	得分	得分相对平均水平
生活成本指数	39.04	非常低（即城市生活成本较低）
住房负担能力指数	25.56	非常高（即房价相对收入水平非常高）
通勤时间指数	35.00	中等
污染指数	83.01	非常高（即城市污染水平非常高）

二、城市竞争力排名

城市竞争力排名主要关注城市的竞争力，和全球人才、贸易、金融和信息网络中的中心性。如果一个城市的竞争力排名较高，说明这个城市有较强的控制全球经济的能力、创新能力、吸纳全球人才的能力，或者对国际游客有较强的吸引力。关注城市竞争力排名的指标体系主要有科尔尼咨询公司的"全球城市指数"、GaWC 的"世界城市分类"、全球城市实验室的"全球城市500 强"。

1. 全球城市指数

由国际知名咨询公司科尔尼发布的全球城市指数报告，提出了两个城市竞争力的测量指标：衡量城市综合能力的全球城市综合排名（GCI）和衡量城市潜力的全球城市潜力排名（GCO）。其中，全球城市综合排名旨在量化一个城市吸引、留住和促进全球资本、人才和创意流动的能力，衡量了全球 156个城市在五个维度共计 29 个指标上的表现①：

- 商业活动：资金流量、市场活力、大型企业的数量。
- 人力资本：教育水平。
- 信息交流：互联网信息访问和其他媒体资源。
- 文化体验：大型体育赛事、博物馆或展览。
- 政治事务：政治活动、智库、大使馆。

全球城市潜力排名是对全球城市保持或增强全球影响能力的评估。GCO

---

① 科尔尼. 2022 年全球城市指数报告 [EB/OL]. (2022-10-24)[2023-08-31]. https://www. kearney. cn/documents/1258856/293585297/科尔尼 2022 年全球城市指数报告 _ VF. pdf/750f219b - 6ee5-9e79-a5e8-89e372ec7610?t = 1666706304000.

排名围绕四个维度 13 项标准进行测量：

- 居民幸福感：安全、健康、平等、环保表现。
- 经济状况：长期投资和地区生产总值。
- 创新：创业，包括专利、私人投资和孵化器。
- 治理：长期稳定性，包括透明度、政治治理质量、经商便利度。

2022 年，全球城市综合排名的前十位城市为纽约、伦敦、巴黎、东京、北京、洛杉矶、芝加哥、墨尔本、新加坡、香港。全球城市潜力排名的前十位为伦敦、巴黎、卢森堡、慕尼黑、斯德哥尔摩、纽约、都柏林、哥本哈根、阿布扎比、阿姆斯特丹。宁波作为全球 156 个城市之一入选了榜单，全球城市综合排名为 127 位，全球城市潜力排名为 65 位。宁波 2017—2022 年的全球城市综合排名和全球城市潜力排名，见表 9-3。

表 9-3　宁波的全球城市综合排名和全球城市潜力排名（2017—2022 年）

指标	2017 年	2018 年	2019 年	2020 年	2021 年	2022 年
全球城市综合排名	—	123	119	122	126	127
全球城市潜力排名	—	62	73	74	74	65

数据来源：科尔尼咨询公司《穿越风暴，掌舵未来：2022 年全球城市指数报告》。

2. 世界城市分类

英国卢弗堡大学创办的全球化与世界城市研究网络（Globalization and World Cities Research Network，GaWC）是一个国际知名的城市研究机构，主要工作是评估世界各个城市在全球经济体系中的地位。GaWC 的世界城市分类（GaWC City Classification）是该机构发布的一份城市排名榜单，主要关注城市在全球化进程中的经济联系，特别是在高级产业服务领域（如金融、法律、广告和咨询等）的表现。GaWC 的世界城市名册将城市分为多个等级，主要包括以下四个层次[①]：

- Alpha（α）级：此级别的城市与主要经济国家/地区相连，高度融入世界经济，在全球服务业体系中具有重要的领导地位，通常是世界金融、商

---

① GaWC. The World According to GaWC ［EB/OL］. (2023-01-17) ［2023-06-20］. https://www.lbo-ro.ac.uk/microsites/geography/gawc/gawcworlds.html.

业和文化中心。Alpha 级别又细分为 Alpha++、Alpha+、Alpha 和 Alpha-四个子级别。例如，纽约和伦敦属于 Alpha++级。

● Beta（β）级：此级别的城市是将中等经济区域与世界经济联系起来的城市，在全球服务业体系中具有一定的影响力，但规模和影响力相对较小。例如，悉尼、墨西哥城和莫斯科等城市属于 Beta 级别。

● Gamma（γ）级：此级别的城市是将较小的经济区域与世界经济联系起来的城市，在全球服务业体系中具有一定的地区性影响，但在全球范围内的影响力有限。例如，布达佩斯、雅加达和利马等城市属于 Gamma 级别。

● Sufficiency 级：此级别的城市在全球服务业体系中具有一定的自给自足能力，但在全球范围内的影响力较弱。

根据 2020 年的排名，分类为 Alpha++的城市是伦敦和纽约，Alpha+级别的城市有 7 个，分别为香港、新加坡、上海、北京、迪拜和东京。

3. 全球城市 500 强

全球城市实验室（Global City Lab）是一家城市研究、咨询和测评的专业机构，该机构建立了城市品牌估值模型（City Brand Valuation Model，简称 CBV），每年发布《全球城市 500 强》报告。该报告从经济能力、文化旅游、行政管理、居住生活、城市声誉、人才创新等六个维度，计算全球各国城市的发展水平和品牌价值，具体评价指标如下[①]：

● 经济能力：衡量城市在经济发展和商业活动方面的表现，通过城市的地区生产总值、就业率以及城市中上市公司和跨国公司总部数量等指标来测量。

● 文化旅游：城市的文化积淀、对游客的吸引力及旅游行业的管理能力，通过游客数量、国际化程度、景点数量、机场建设等指标测量。

● 行政管理：城市的管理能力，通过城市贪污整治力度、政府效率、政府稳定性等指标测量。

● 居住生活：城市居民的生活环境、便捷度、生活质量，通过城市犯罪率、人均收入、平均寿命、医院数量、交通便捷性、空气质量等指标衡量。

---

① 全球城市实验室. 2021 全球城市 500 强 ［EB/OL］. （2021-12-31）［2023-08-28］. http://globalcitylab. com/city500brand/2021/#system.

● 城市声誉：城市在城市品牌宣传方面的努力，以及城市品牌的大众认知，通过城市社交媒体活跃度、城市搜索关键词趋势、社交媒体评价等指标衡量。

● 人才创新：城市在人力资源和创新能力、政府在人才创新方面的投入，通过重点大学数量、创业公司数量、专利数量、人才政策等指标衡量。

在 2021 年的"全球城市 500 强"排行榜上，位列前十名的城市分别为纽约、伦敦、东京、巴黎、新加坡、悉尼、洛杉矶、多伦多、上海、香港。中国的前十名为上海、香港、北京、深圳、广州、台北、苏州、杭州、南京、高雄。宁波位列全球城市 500 强榜单的 177 位，上榜 40 个中国城市的 18 位。宁波的各项得分分别为：地区得分 3 分、经济能力 2 分、文化旅游 5 分、行政管理 3 分、居住生活 3 分、城市声誉 4 分，人才创新和品牌价值分别估值为 1070.87 和 1067.5 亿美元。

综上所述，城市宜居性和城市竞争力两类排名具有一定程度的重叠和交叉。一方面，城市越宜居，就越能够吸引人才和游客，越能促进城市文化的多元性，从而保证城市的全球竞争力；另一方面，城市越具有竞争力，那么城市的经济和环境状况就越好，越能维持良好的城市治理能力，也越能提供优良的城市生活品质。另外，不同的国际城市排名存在着一定程度的相似性，如对生活成本、政府治理、气候宜人性的考量，强调人才的吸引力，等等。还应该注意到，国际主流的城市综合排名已经淡化了以人均地区生产总值、地区生产总值总量等单一维度的经济指标作为城市文明程度的衡量标准。与之相对的一些社会发展指标，如城市的包容性、居民的生活满意度、城市生活的趣味性、对人才的吸引力、城市的创新能力、城市文化的丰富性等要素，对于评价一个城市的文明程度愈加重要。

除上述两大类综合性的城市排名外，一些创新性的城市发展评价指标数量也在增加，如全球智慧城市指数（Global Smart City Index）、可持续发展城市指数（Arcadis Sustainable Cities Index）、创新城市指数（Innovation Cities Index）、安全城市指数（Safe Cities Index）、商业与职业发展最佳城市（Best Places For Business And Careers），等等。这些创新指标的关注点往往集中于某一特定领域，能够作为上述两类指标的有效补充。

第二节
国际先进城市建设经验

根据各权威机构拟定的城市宜居性和竞争力衡量标准，本书选取了一些在多个城市排名中都排名靠前，而且城市发展战略和实践都颇具特色的城市，包括：阿姆斯特丹、多伦多、伦敦、纽约、东京和新加坡（见表9-4）。下文将分别介绍它们的文明城市建设经验。

表9-4 国外文明城市简介和文明城市建设关键实践[①]

城市	城市简介	文明城市关键实践
阿姆斯特丹	荷兰的首都和人口最多的城市，拥有丰富的文化遗产，是世界最受欢迎的旅游城市之一和最具多元文化的城市之一	可持续发展与绿地政策；城市公共文化发展
多伦多	加拿大最大的城市之一，加拿大的经济、文化和金融中心，以多元文化和社会包容性著称	社会包容型城市；文化多元城市
伦敦	英国首都，世界金融和文化中心城市，多项世界遗产和知名文化机构的所在地	文化创意产业发展；公共空间保护
纽约	世界最大的城市之一，对全球的金融、商业、教育和文化都颇具影响力的国际大都市	"一个纽约"城市战略规划；纽约就业计划；纽约创意计划
东京	现代化的国际大都市，世界最繁忙、发达和人口稠密的城市之一，亚洲金融和贸易的中心城市	未来东京战略规划；社会包容；智慧东京；全球城市战略
新加坡	城市国家，拥有发达的贸易和科技产业，有"花园城市"的美称，亚洲的金融中心城市	城市法制化管理；智慧城市；自然之城

----

① 根据维基百科、城市官方网站等资料整理。

一、阿姆斯特丹：活力之城

阿姆斯特丹是荷兰的首都和最大城市，是世界著名的旅游城市和国际大都市。阿姆斯特丹被全球化与世界城市研究网络（GaWC）评为 Alpha 级别的世界城市，位于欧洲前列。2022 年，阿姆斯特丹被经济学人智库评为全球第九大宜居城市，在环境和基础设施的生活质量方面排名全球第 12 位。2022 年5 月，阿姆斯特丹的三个执政党联合提交了《阿姆斯特丹协议（2022—2026）》，设定了城市未来 4 年的发展计划，包括：建设一个包容性的城市、城市可持续性发展和开辟绿色空间、负责任的增长、城市安全和打击犯罪四大发展目标。[①] 本书选取公共文化建设和可持续发展两个方面，来介绍阿姆斯特丹的文明城市发展经验。

阿姆斯特丹以自由、多元、包容和开放的城市精神和城市文化著称。作为世界一流的文化和艺术中心，融入城市中的各种表演、博物馆、音乐会和艺术家，丰富了居民的生活，提升了游客的游览体验，也增强了城市对跨国企业的吸引力。为了维持城市的文化吸引力和文化红利，阿姆斯特丹出台了许多举措。

第一，加大对城市公共空间艺术建设的投资。在城市扩张的同时不损害紧凑和多样的城市风貌，取决于如何有效地利用城市公共空间。为此，阿姆斯特丹成立了公共艺术策展机构"阿姆斯特丹艺术委员会"（Amsterdamse Kunstraad），旨在协调阿姆斯特丹的城市规划部门、城市遗产保护部门和阿姆斯特丹艺术基金，以类似于机构艺术作品的方式推广、保护和规划公共艺术。[②]

第二，加大对博物馆和图书馆等文化基础设施的投资，改善文化服务分配均衡性。阿姆斯特丹的热门景点往往十分拥挤，而城市边缘地区又面对游客和文化服务稀缺的问题。为此，阿姆斯特丹致力于发展远离市中心的四个

---

① CITY OF AMSTERDAM. Policy：Art throughout the city［EB/OL］.（2021-06-13）［2023-08-01］. https://www.amsterdam.nl/en/policy/policy-culture-arts/art-throughout-city/.

② World Cities Culture Forum. The Goochem Cultural Marketing Chatbot［EB/OL］.（2022-10-05）［2023-07-26］. http://www.worldcitiescultureforum.com/case_studies/the-goochem-cultural-marketing-chatbot.

文化中心，并规划在城市郊区建造新博物馆，阿姆斯特丹博物馆等文化机构也计划向城市其他地区提供服务。阿姆斯特丹主张为居民提供在当地社区体验艺术和文化的机会，不仅方便人们参与文艺表演和展览活动，也加强了邻里社区内部的联系。①

第三，出台促进城市各群体文化参与的措施，尤其是积极探索通过数字技术建立公众与文化机构之间的联系。例如，"我是阿姆斯特丹"（iamster-dam.com）是一个阿姆斯特丹市文化服务的推广网站，但是该网站调研后发现，青年群体很少登录该网站获取服务信息。为此，阿姆斯特丹开发了一个智能会话应用程序"Goochem"，可以通过与用户对话获得信息，提供高度个性化的文化产品信息和建议，激发熟悉数字技术的年轻人的文化参与。② 另外，阿姆斯特丹制定了一项"老年友好文化城市行动计划"，为老年人提供文化服务。阿姆斯特丹市已委托阿姆斯特丹公共图书馆与市政府的文化部门合作，为老年群体进行围绕卫生、福利、教育和文化的交叉领域的项目开发。③

城市绿地能够承载市民的休闲、工作、社交、体育、游戏、节庆等活动，为市民种植农作物和学习食物知识提供场所，也能够有效应对城市拥挤和气候变化带来的挑战，在城市生态中的作用十分显著。为此，阿姆斯特丹出台了《绿色基础设施愿景》《阿姆斯特丹2040年结构愿景》和《绿色愿景2020—2050》等城市绿色发展战略，明确了将阿姆斯特丹建设成为绿色城市和生物多样性城市的发展方向。在阿姆斯特丹城市可持续发展的愿景中，最重要的着力点是公园、社区绿色空间和和阿姆斯特丹森林。④

公园是城市的公共花园，是体现城市开放和包容的空间，应该对所有人开放，所以如何改善公园的"可达性"是一个至关重要的问题。尽管近年来

① CITY OF AMSTERDAM. Policy：Art throughout the city［EB/OL］.（2021-06-13）［2023-08-01］. https://www.amsterdam.nl/en/policy/policy-culture-arts/art-throughout-city/.

② World Cities Culture Forum. The Goochem Cultural Marketing Chatbot［EB/OL］.（2022-10-05）［2023-07-26］. http://www.worldcitiescultureforum.com/case_studies/the-goochem-cultural-marketing-chatbot.

③ World Cities Culture Forum. Age Friendly Cultural City Programme［EB/OL］.（2022-10-17）［2023-07-22］. http://www.worldcitiescultureforum.com/case_studies/age-friendly-cultural-city-programme.

④ CITY OF AMSTERDAM. Policy：Green space［EB/OL］.（2020-12-30）［2023-07-20］. https://www.amsterdam.nl/en/policy/policy-green-space/.

该市公园参观的人数大幅增加，但是公园的使用并不均衡；一些公园和绿地游人众多，而另一些因设计不当或位置不佳而鲜有人光顾。如果能够改善公园与公园之间、绿地与城市其他地区之间的连接，公园和绿地的使用频率将得到提升。延长运动场开放时间、学校花园为社区居民提供园艺课程、在通往公园的路线中设置有吸引力和安全的空间、设置咖啡馆等休闲场所，都能够增加公园的访问人数。打通公园与公园之间的连接路线，建设连接绿地和水区的区域自行车道网络，也有助于避免一些公园过度拥挤的状况。①

社区中的绿色空间具有重要的公共空间功能，也能激发人们进行更多户外运动。为此，阿姆斯特丹市政府致力于为社区居民提供绿色空间中的运动设施（如步行、跑步、骑自行车路线）、儿童绿色环境（如学校操场的绿色空间）、社区内优质绿色空间（如墙上花园和微型公园）、城市农业和绿色社区。阿姆斯特丹市政府还鼓励居民自己布置绿色空间，并为市民种植墙上花园、布置房屋的绿色立面或建造屋顶花园提供经济补贴。②

占地1000公顷的"绿肺"阿姆斯特丹森林（Amsterdamse Bos）的地位尤其特殊。首先，森林中的20万棵树木，有助于吸收二氧化碳，也有益于改善城市空气质量，同时也是野生动物重要的栖息地。阿姆斯特丹在公园建立了生态区，帮助动物更容易进入河岸和水源。通过打通北荷兰省自然和娱乐区之间的连接路线，野生动物更容易在森林的绿地之间移动，能够有效防止其栖息地的碎片化和孤立化。③ 另外，阿姆斯特丹森林的社会功能也十分突出，它是城市实现艺术和文化、体育和就业等政策目标的重要场所。阿姆斯特丹森林每年能够吸引600万名游客，也是许多文化活动和节日庆典的举办场所。阿姆斯特丹森林拥有公园、林地和水源，为城市和户外休闲活动和体育运动提供了充足的空间，吸引大量市民来此参加体育锻炼。公园和林地的维护提供了大量的低技能就业岗位，为劳动力市场上处于不利地位的弱势群体提供

---

①② CITY OF AMSTERDAM. Policy：Green space ［EB/OL］. （2020-12-30）［2023-07-20］. https://www.amsterdam.nl/en/policy/policy-green-space/.

③ CITY OF AMSTERDAM. Policy：Forest ［EB/OL］. （2020-12-30）［2023-07-21］. https://www.amsterdam.nl/en/policy/policy-green-space/policy-forest/.

了就业机会①。

二、多伦多：多元化之城

多伦多是加拿大的政治、经济、文化中心，是知名的国际大都市，在金融、媒体、教育等产业具有领先地位。多伦多文明城市建设的最大特点，是将城市整体发展策略、市民生活质量、城市规划和社会政策整合起来，这一特点集中体现在多伦多的城市战略计划中。该计划由多伦多市议会的愿景、城市的座右铭、多伦多公共服务的使命几个部分组成，如表9-5所示②。

表9-5 多伦多的城市愿景、座右铭和使命

愿景	• 让多伦多成为一个充满关爱的城市 • 让多伦多成为一个清洁、绿色和可持续发展的城市 • 让多伦多成为一个充满活力的城市 • 多伦多致力于提升居民的生活质量
座右铭	多元化是我们的力量
使命	为一个伟大的城市和它的人民服务

多伦多城市发展的战略重点是，通过让城市变得更加宜居、健康、安全、繁荣、可负担和具有韧性，来提升城市居民的生活质量，即：致力于打造一个让家庭和个人能够居住在安全和负担得起的住房中的城市；致力于建设一个为人员和货物提供安全、负担得起和便利的交通选择的城市；致力于建设一座保护和改善所有人生活质量的城市；致力于建设一个为气候变化做好准备的城市。③

除了城市整体战略计划，多伦多还有针对性地对具体的城市领域进行规划。例如，为改善城市公共空间、提升城市活力，2019年12月，多伦多市议

① CITY OF AMSTERDAM. Policy: Forest［EB/OL］. (2023-01-12)［2023-07-17］. https://www.amsterdam.nl/en/policy/policy-green-space/policy-forest/.

② City of Toronto: Long-Term Vision, Plans & Strategies［EB/OL］. (2017-08-04)［2023-07-11］. https://www.toronto.ca/city-government/accountability-operations-customer-service/long-term-vision-plans-and-strategies/.

③ City of Toronto: Corporate Strategic Plan.［EB/OL］. (2017-08-04)［2023-07-11］. https://www.toronto.ca/wp-content/uploads/2019/10/8ec8-Strategic-Plan-One-Pager.pdf.

会审议通过了《多伦多公共艺术战略（2020—2030）》。该战略制定了一项十年计划，提出了在多伦多推进公共艺术建设的愿景，将公共艺术变成推动社区发展、公众参与和城市设计的重要工具，和展现艺术家的创意实践与城市历史和多样性的平台。[①] 另外，多伦多作为世界可持续发展城市的翘楚，长期致力促进环境与可持续创新的发展，通过发展与生态效益相协调的科学技术，提高资源与能源利用率。多伦多还通过成立大气基金、发放绿色债券，为可持续交通、可持续能源和环境相关的基础设施提供资金。[②]

多伦多是世界上最多元化的城市之一。据统计，超过一半的多伦多居民出生在加拿大之外的国家。多伦多希望人口的多样性可以成为城市文化和发展的动力来源，为此，多伦多发布了公平和多样性的城市愿景，提出五个发展目标：居民的多样性让多伦多变得更好；通过公平对待社区和员工、公平提供服务、与社区协商并确保每个人都能参与决策，来承认所有人的尊严和价值；承认土著社区的独特地位、文化多样性及其自决权；认识到受人权保护的群体面临的歧视和障碍；在政府和社区中为所有人创造一个平等的环境，对劳动力和社区实施积极的变革，实现所有居民得到公平对待，创造一个没有歧视、骚扰和仇恨的和谐环境。[③]

对于城市新移民，多伦多也制定了相应的支持计划。市议会通过的《城市一体化宪章》，要求市政府作为政策制定者、服务提供者、雇主以及商品和服务的购买者，为所有居民提供平等的机会。[④] 作为政策制定者，多伦多市政府将制定关于新移民的长期计划，为其提供更多的培训和资源，以应对未来移民数量快速增长的问题。作为社区机构、政府相关部门和其他合作伙伴的召集人和合作者，多伦多市政府让新移民参与到政策制定、项目执行和评估

①　City of Toronto：Public Art Strategy［EB/OL］.（2019-07-31）［2023-07-11］. https：//www. toronto. ca/explore-enjoy/history-art-culture/public-art/public-art-strategy/.

②　City of Toronto：Environmental，Social & Governance Performance Report［EB/OL］.（2022-02-14）［2023-07-11］. https：//www. toronto. ca/city-government/budget-finances/city-finance/investor-relations/environmental-social-governance-performance-report/.

③　City of Toronto：Equity，Diversity & Inclusion［EB/OL］.（2017-08-18）［2023-07-11］. https：//www. toronto. ca/city-government/accessibility-human-rights/equity-diversity-inclusion/.

④　City of Toronto：Toronto Newcomer Strategy［EB/OL］.（2021-06-09）［2023-08-02］. https：//www. toronto. ca/city-government/accountability-operations-customer-service/long-term-vision-plans-and-strategies/toronto-newcomer-strategy/.

过程中，也积极地将关于新移民的政策信息传递给雇主、房东和相关政府部门。城市新移民因语言能力和技能的欠缺，在获取社会、经济和娱乐等城市服务过程中仍然面临障碍。对此，多伦多的公共图书馆、紧急避难所、信息热线和公共卫生等机构，都致力于开展相应活动，弥补新移民获取城市服务的不便。在许多新移民居住的社区，多伦多将建设更多的社区中心、图书馆和其他服务设施以提供服务。在就业方面，多伦多将为新移民提供更丰富的高级职位、实习机会和奖学金。通过购买新移民企业和专业人士提供的商品和服务，确保社会资源向新移民倾斜。

三、伦敦：世界创意之都

作为世界上杰出的金融和商业服务中心和创意城市，伦敦长期以来一直是世界最重要的城市之一。2018 年，伦敦被 GaWC 评为 Alpha++级世界一线城市第一名。2022 年，日本的城市战略研究所发布的《全球城市实力指数》报告，连续第 12 年将伦敦列为第一名。2022 年，科尔尼咨询公司发布的《2022 年全球城市指数报告》中，伦敦位列世界第二，仅次于纽约。

伦敦始终将创意和文化产业作为城市发展的重要内容，致力于推动伦敦成为世界创意之都。文化遗产、时装周、设计节、博物馆和美术馆每年吸引数百万游客前往伦敦；电影和电视、时尚、出版、音乐、设计和科技等文化创意行业，为伦敦贡献了巨大的经济价值和众多的劳动岗位。① 2018 年 12 月，伦敦市政府发布了《面向所有伦敦人的文化：伦敦市长的文化战略》，提出了"爱伦敦、文化和优质增长、富有创意的伦敦人、世界城市"四大文化发展愿景。② 本书将从保护公共场所和公共空间、扶持文化创意产业两个方面，介绍伦敦的创意城市建设。

伦敦是公认的全球艺术和文化之都，拥有享誉全球的剧院、音乐场所、博物馆和画廊。随着近年来伦敦市房屋租金和商业税率的持续上升，音乐表演场所、酒吧、创意工作空间等文化创意空间在不断减少，从而压缩了艺术

---

① City of London. London's creative industries | London City Hall ［EB/OL］. （2022-08-04） ［2023-08-05］. https://www.london.gov.uk/programmes-strategies/arts-and-culture/londons-creative-industries.

② City of London. Culture Strategy for London | London City Hall ［EB/OL］. （2018-12-01） ［2023-08-02］. https://www.london.gov.uk/take-part/culture-strategy-london.

家与文化创意从业人员的生存空间。为此，伦敦市长在其伦敦计划"首都的空间和城市发展战略"中提出保护艺术家工作室、音乐场所、酒吧和俱乐部。2017 年，伦敦市长萨迪克·汗启动了伦敦有史以来第一个"24 小时伦敦"愿景，致力于将伦敦打造成全球领先的"24 小时城市"。① 伦敦市政府针对夜间经济推出了夜间经济基础设施保护、女性夜间安全宪章、音乐场所拯救等多个专项计划。以"音乐场所拯救计划"为例，2017 年伦敦市政府推出了与音乐专业人士合作起草的《伦敦草根音乐场所拯救计划》，提振伦敦夜间经济的重要支柱音乐产业，帮助草根音乐场所数量维持稳定。②

　　2021 年，大伦敦地区议会审议并正式发布《大伦敦规划 2021》（简称《规划》），要求伦敦所有的发展规划与开发计划都需要保护现有的文化场所和设施，并支持在城镇中心和公共交通便利的地方开发建设新的文化场所。《规划》鼓励各地区深入了解本区现有的文化场所，评估其独特性和重要性，并制定相应的政策来保护文化资产和社区空间。《规划》还考虑将空置物业和土地在白天和夜间用于创意产业的快闪店或做临时用途，以激发城镇中心、文化区和其他地区的活力，促进其多元化发展，还提出在新开发项目中包含新的文化场所、户外文化活动设施和空间。③

　　伦敦关于创意产业的组织管理与战略规划、专业人才培养、创新氛围营造、产业资金支持等支持举措，共同提升了伦敦城市的创意能力，促进了创意经济的稳步发展。1999 年，依据《大伦敦市政管理机构法令》（the GLA Act 1999），伦敦市政府设立了文化战略委员会，负责规划、协调和发展各类文化机构、文化合作组织和地区文化联盟，以及制定和执行文化战略。④ 2002 年，伦敦发展署成立了创意产业委员会，致力于评估和支持全市创意产业。

---

①　Mayor of London：London's first ever 24-hour vision | London City Hall [EB/OL]. (2017-07-25) [2023-08-12]. https://www.london.gov.uk/programmes-strategies/arts-and-culture/arts-and-culture-publications/londons-first-ever-24-hour-vision.

②　Mayor of London：Saving London's music venues | London City Hall [EB/OL]. (2017-01-15) [2023-08-15]. https://www.london.gov.uk/programmes-strategies/arts-and-culture/music/saving-londons-music-venues.

③　Mayor of London：The London Plan [EB/OL]. (2021-03-02) [2023-08-15]. https://www.london.gov.uk/sites/default/files/the_london_plan_2021.pdf

④　PARTICIPATION E. Greater London Authority Act 1999 [EB/OL]. (1999-11-11) [2023-08-16]. https://www.legislation.gov.uk/ukpga/1999/29/contents.

2004 年，伦敦发展署成立了"创意伦敦"工作协调小组，制定了促进伦敦创意产业发展的十年行动计划，提出在伦敦建立十个创意中心，重点扶持电影、时装、设计、数字传媒、音乐等高增长创意产业，支持行业品牌公司建立全球声誉等。①

伦敦拥有许多久负盛名的高等院校和世界一流的创意教育机构，是文化创意、科技和人才的摇篮。伦敦政府提高了大专院校等知识基地与创新型企业的联系，为实用型人才培养奠定了基础。政府还扶持了与各类创意产业配套的专业技能培训机构，资助公共文化机构开设剧院管理、影视制作、时尚设计等短期课程，以确保所有伦敦人都有机会接受创意产业的相关培训。②2008 年，伦敦建立"2012 伦敦文化技能基金"，扶持以社区为基础的创意技能、培训及就业项目，让更多年轻人及普通市民参与艺术相关的活动。2009年，为增强创意企业的抗风险能力，确保创意企业在研发及人才培训方面的投入，伦敦发展署和地方政府共同开展"城市工程"，为设计师、工程师及艺术家提供先进的数字技术设备、技能培训课程、灵活的工作空间，及数字和传统产品设计等咨询服务。政府还扶持了大量创意文化节庆活动，为多元化的伦敦提供了展示舞台。例如，通过城市展示周活动，为年轻的音乐家、艺术家提供音乐、设计、时尚等表演的机会和平台；将广场提供给年轻的雕塑家展出作品；鼓励学生展示创意作品，等等。

四、纽约：全球城市

纽约是一个全球性的贸易和金融中心城市，也是世界艺术、时尚、文化和娱乐中心城市。纽约在老年友好、教育、经济发展和多元文化等方面取得了突出的成绩，其中一些已经成为都市治理的国际典范。良好的城市治理表现与纽约的城市战略规划密不可分。2019 年，纽约发布了《"一个纽约"2050：建设一个强大和公平的城市》战略计划，提出了城市发展的四大愿景

---

① London City Hall. London's Creative Sector：2004 Update [EB/OL]. (2004-04-01) [2023-08-16]. https://www. london. gov. uk/programmes-strategies/business-and-economy/business-and-economy-publications/londons-creative-sector-2004.

② Mayor of London. How we're supporting creative skills and talent, London City Hall [EB/OL]. (2023-06-13) [2023-08-16]. https://www. london. gov. uk/programmes-strategies/arts-and-culture/london-world-city-culture-0/how-were-supporting-creative-skills-and-talent.

"增长、公平、可持续性、韧性"，分别对应"繁荣的城市、公正和公平的城市、可持续发展的城市、韧性的城市"四大发展目标。① 除了"OneNYC 2050"这类城市总体规划，近年来纽约也推进了众多细分领域的发展战略计划，如表 9-6 所示。②

表 9-6　纽约的主要城市发展领域和战略计划

领域	战略计划	责任部门
文化	纽约创意计划：为所有纽约人的文化计划	文化事务部
经济发展和就业	纽约就业计划：创造良好的工作	市长办公室
经济适用房	纽约住房计划 2.0	住房和发展部
社区发展	社区区域计划	城市规划部
公共交通	快速行进：现代化纽约市交通计划	大都市交通局
公园	纽约公园计划：迈向一个公平未来的框架	公园和娱乐部
老龄服务	纽约年龄友好计划：各年龄友好城市的新承诺	老龄事务部

创造高质量的就业岗位、提升居民就业率，对于城市发展和居民福祉至关重要。2017 年，纽约市长白思豪提出，要通过市政府的行动在未来十年内创造 10 万个优质就业岗位，提升纽约居民的收入。对此，《纽约就业计划》提出了创造中产阶层就业机会、确保纽约人能够获得工作机会、为未来的工作做好准备的三大战略目标。③ 在后新冠疫情时代，纽约的经济出现了明显的复苏，同时也有很多问题亟待解决。对此，纽约市长亚当斯在 2022 年 12 月推出一项名为《"新"纽约：让纽约为所有人服务》的行动计划，着眼于"使纽约成为最佳工作场所"④。该行动计划提出了三个总体目标：把纽约的商业区重新规划为充满活力的全年全天候无休的目的地；让纽约人工作更加

① CITY OF NEW YORK. OneNYC [EB/OL]. (2019-04-02) [2023-07-29]. https://onenyc.cityofnewyork.us/.

② CITY OF NEW YORK. Call to Action-CreateNYC [EB/OL]. (2019-07-08) [2023-07-30]. https://createnyc.cityofnewyork.us/take-action/.

③ CITY OF NEW YORK. New York Works：Creating Good Jobs [EB/OL]. (2020-06-01) [2023-05-08]. https://newyorkworks.cityofnewyork.us/wp-content/uploads/2020/06/NewYorkWorks-1.pdf.

④ The official website of the City of New York. Mayor Adams, Governor Hochul Release [EB/OL]. (2022-12-14) [2023-05-30]. http://www.nyc.gov/office-of-the-mayor/news/907-22/mayor-adams-governor-hochul-release-making-new-york-work-everyone-action-plan.

便捷；支持就业和创新的增长，帮助本地就业者在未来关键行业中就业。为了实现这些目标，该行动计划制定了10个战略和40个具体行动倡议。

纽约是美国创意产业的中心，而纽约的城市文化发展计划在促进纽约的文化生态和改善纽约的城市问题方面发挥了关键作用。2015年5月，纽约市长白思豪签署了由纽约市文化事务局领导的文化倡议"纽约创意计划"，旨在支持和发展该市的文化产业，并鼓励艺术家和文化组织参与，促进纽约文化生态的包容性、公正性和可持续性，让所有纽约市民都能够享受到文化活动和艺术表演的机会。该项计划还希望能借助艺术家的力量，帮助解决犯罪、移民和家庭暴力等社会问题。2017年，创意计划正式发布，包括五项行动目标①：

- 增加对文化的公平资助和支持。
- 在文化部门中培养包容性。
- 加强文化部门与政府之间的联系。
- 解决文化行业的负担能力问题。
- 为公立学校的学生提供高质量的艺术教育。

2019年，纽约又提出了"CreateNYC 2019"行动计划，目标是增强文化组织和社区的可持续性，提高文化机构和项目的多样性、公平性和包容性，加强文化教育和参与，推动文化经济发展，加强文化政策和治理，提出了对艺术家的支持、对文化机构的资金支持、对公共艺术的支持等25项支持举措。在行动计划中，明确了增加对纽约市少数族裔、残疾人等社区和群体的文化支持。通过推广"文化通行证"计划，使更多人能够免费或低价参观博物馆、剧院和其他文化机构。②

CreateNYC项目的一大特点是，在政府、社会组织、艺术家等利益相关方之间建立伙伴关系和沟通机制，通过小型项目来解决社会问题。PAIR（公共艺术家驻留项目），是较能代表CreateNYC特色的项目。该项目将艺术家嵌入各个市政府部门至少一年，并借助艺术的力量解决社会问题，改善与城市居

---

① CITY OF NEW YORK：About the Cultural Plan-Create NYC［EB/OL］.（2017-07-19）［2023-07-14］. https://createnyc.cityofnewyork.us/the-cultural-plan/main/.

② CITY OF NEW YORK：The Action Plan-Create NYC［EB/OL］.（2023-07-29）［2023-07-29］. https://createnyc.cityofnewyork.us/the-action-plan/.

民关系。在实施过程中，纽约的文化事务部和城市机构之间开展对话，以决定合作伙伴机构的关注目标。政府公开呼吁艺术家进入社区，或者根据艺术家对居住所处理的特定问题的了解，针对性地与他们取得联系。最后，艺术家提出了与该机构一起实施面向公众的项目方案并开展项目。

通过纽约市文化部门的公私合作伙伴关系，为文化建设项目提供公共投资，也是 CreateNYC 项目的特色。例如，2018 年 1 月启动的"市长文化影响补助金"，为 7 个艺术组织和城市机构之间的伙伴关系提供资金或实物支持，以解决各种紧迫的城市问题。① 例如，社会组织"酷文化"（Cool Culture）与卫生和精神卫生部合作，推进了全市 93 个家庭庇护所的艺术参与。吉布尼舞蹈组织（Gibney Dance）与市长打击家庭暴力办公室合作，将舞蹈作为防止青少年约会暴力和促进健康关系的工具。国家图书基金会与青年和社区发展部开展了阅读提升项目，建立阅读小组并免费分发书籍。② 借助纽约政府机构的影响力，合作伙伴艺术组织的节目数量、资金和受众发展机会得到提升，既增加了纽约市居民获得文化服务的机会，也实现了提升低收入社区福祉的目标，创造了巨大的社会和经济价值。

五、东京：安全城市与多彩城市

超高的国际化水平、发达成熟的交通体系、健全的基础设施——这就是东京。自 2019 年来，这座超级大都市在应对新冠疫情和气候危机等全球性挑战的同时，也直面了少子高龄化、劳动力短缺和城市数字化转型等自身发展难题。2017 年 9 月，东京制定了名为《都市营造的宏伟设计——东京2040》（简称《东京2040》）的城市总体规划，提出面对日趋严峻的少子化、高龄化等问题，应当立足对东京长期发展的思考，把握技术革新和全球化为城市发展带来的机遇，实现"安全城市" "多彩城市"和"智慧城市"三大愿景。③

社会包容是东京文明城市建设的一大突出特点，主要体现在应对老龄化

---

①② World Cities Culture Forum. Mayor's Grant for Cultural Impact［EB/OL］.（2023-07-29）［2023-08-17］. http://www.worldcitiescultureforum.com/case_studies/mayors-grant-for-cultural-impact.

③ 段瑜卓，田晓濛，杨春.《东京2040》：安全、多彩、智慧的新东京［EB/OL］.（2019-07-05）［2023-08-17］. https://www.thepaper.cn/newsDetail_forward_3847456.

社会和建设"儿童第一社会"两个方面。2021 年东京都老龄化率已高达 28.9% ；与此相对的是，未来东京都 15 ~ 64 岁人口规模呈现逐年下降趋势。① 随着两者占比差距逐年拉大，东京都的老龄化和劳动力问题将日益严峻。对此，《东京 2040》规划提出，让老年人健康寿命进一步延长，运用老年人的经验与知识，参与社会活动作出更广泛的贡献，同时将应对老龄化问题纳入城市总体规划。在东京提出的多个城市发展战略中，都针对老龄化提出了相应策略，如推进老年人多样化的工作方式、支持有工作意愿的老年人就业，推进老年人日常使用的公共空间及公共设施的无障碍化，建设老年人可安全放心行走的街道环境。同时，建设一个老年人可以安心生活的社区，构建一个区域性综合关爱系统，维护老年人生活设施及居住条件；确保护理人员等老年服务人员的劳动力供应，同时为专业医疗服务提供保障，特别是建立健全居家医疗的环境，构建与老龄化相适应的急救医疗体制，等等。②

东京重视儿童的成长，希望在社区中为孩子打造一个舒适的成长氛围，创造"快乐育儿型"社会。《东京 2040》规划中提出，东京将帮助特定人群在出生、育儿、护理等生命阶段选择多种灵活的生活方式，建设协助育儿、护理的机制。在育儿期间，东京都政府发放育儿礼包、确保充足保育人员、扩大托儿服务和课后托管服务，减免多孩家庭学费。儿童的成长教育方面，积极推进"东京式教育模式"，因材施教开设特色学校，推广智能学校项目、全球学生项目。东京还大力推动育儿友好型社区建设，促进儿童友好出行，加强道路安全管理并在地铁内设置育儿支援场所；建设具有儿童馆、多功能广场、学习角等功能的复合型公共设施，促进多代交流；营建儿童游乐场，作为儿童接触自然、参与社区活动的场所。

东京于 2020 年 2 月制定了"智慧东京"战略，面向 2040 年"智慧东京"的未来愿景提出了城市数字化转型的路径与举措，推动城市数字化转型。③

---

① 金盈盈. 日本老龄化应对之策参鉴 ［EB/OL］.（2021 - 02 - 04）［2023 - 08 - 17］. https://sghexport. shobserver. com/html/toutiao/2021/02/04/353541. html.

② 申立，吴芳芳. 应对老龄化的全球城市规划经验及启示——以纽约、伦敦、东京、首尔等为例 ［J］. 北京规划建设，2017（5）：18-22.

③ 上海科技发展研究中心. 东京城市数字化转型的战略举措与启示 ［EB/OL］.（2021-03-22）［2023 - 08 - 03］. https://stcsm. sh. gov. cn/cmsres/38/3864128abafe4dba91549978adba14cc/ffe3719bc0fff14f44bcdc612d1f1f59. pdf.

"智慧东京"实施战略旨在通过数字化服务来提高东京市民的生活质量，实现安全、多元、智慧三大城市建设目标。为此，东京市政府提出了"互联东京""都厅数字化"和"城市数字化"三大任务。"互联东京"的主要任务是推进5G 技术的试点和信息基础设施建设，强调"数据"的重要作用，提出基于气象数据、基础设施数据、生活数据和经济数据，打造开放式大数据平台。"都厅数字化"主要包括 7 个核心项目：未来办公空间营造、"5 个 less"项目、一站式在线手续办理、政府数据开放、初创企业与公民科技协同项目、内部管理事务流程改造以及数字化能力提升等。① "城市数字化"提出了安全城市、多元城市、智慧城市三大应用场景。

东京政府于 2022 年 6 月提出"促进东京发展成为全球城市"的战略，旨在将东京打造成"世界首选城市"，除了发展 2020 年东京奥运会和残奥会所创造的遗产外，通过把握和灵活应对全球趋势，提高对减少碳排放、数字化转型和实现包容性社会的意识，提高国际影响力。"全球城市"战略从"沟通""连接"和"培养"三个角度，明确提出提升东京国际影响力的倡议。②

第一，"沟通"角度。东京积极打造全球商业中心，提出"全球金融城市东京"愿景 2.0，吸引海外企业投资东京，支持外国企业快速收集在东京发展业务所需的信息。发展东京站周边城市，创建一个国际商业和城市旅游中心，借助东京周边密集的会议，奖励旅游、学术会议和展览会（MICE）和国际论坛优势，吸引世界人才聚集于此交流互动。增强东京的品牌行业力量，甄选东京市传统手工匠人的工艺作品，向海内外宣传推广，进行文化软传播。通过吸引和举办国际体育赛事、举办全球性活动，向全世界高效传播城市形象。③

---

① 上海科技发展研究中心. 东京城市数字化转型的战略举措与启示［EB/OL］.（2021-03-22）［2023-08-03］. https://stcsm. sh. gov. cn/cmsres/38/3864128abafe4dba91549978adba14cc/ffe3719bc0fff14f44bcdc612d1f1f59. pdf.

② Office of the Governor for Policy Planning-Tokyo Metropolitan Government. Policy for Promotion of the Global City Strategy |Promotion of International Strategies|［EB/OL］.（2022-08-17）［2023-08-30］. https://www. seisakukikaku. metro. tokyo. lg. jp/en/diplomacy/strategy/.

③ Office of the Governor for Policy Planning-Tokyo Metropolitan Government. Policy for Promotion of the Global City Strategy|Promotion of International Strategies|［EB/OL］.（2022-06-23）［2023-08-28］. https://www. seisakukikaku. metro. tokyo. lg. jp/en/diplomacy/2022/07/images/POLICY% 20FOR% 20THE% 20PROMOTION%20OF% 20THE% 20GLOBAL% 20CITY% 20STRATEGY_June% 2023% 2C% 202022_1. pdf.

第二，"连接"角度。积极构建国际城市网络，举办综合性国际会议，通过文化和艺术活动推动多边城市外交，通过姐妹城市、友好城市、备忘录等，推进与世界主要城市的交往。加强与国际城市网络、企业和其他组织的合作，为解决环境问题作出贡献。通过对东京景点的战略性传播，以及对入境游恢复有预期的内容开发，实现旅游业的持续增长。①

第三，"培养"角度。通过培养具有丰富全球思维、能够活跃在国际舞台上的本土人才，支持东京向全球城市转型。东京配备专门的职业指导网站和东京国际招聘中心，吸引接纳海外高技能专业人才。另外，东京大力培养能够帮助提升东京国际影响力的东京都政府员工；利用城市外交资源资金，以扩大国际人才基础。②

六、新加坡：法治城市与花园城市

新加坡仅用了不到半个世纪的时间，就变成了国际公认的"花园城市"，成为世界最发达的国家之一。截至 2022 年，在研究机构 ECA International 的城市排名中，新加坡连续 16 年被评为全球最宜居城市。新加坡通过前瞻性的长远规划，有效的法制化建设和管理，与自然和谐共生，将"智慧"技术广泛嵌入城市生活的方方面面，极大提升了城市生活品质。

2022 年，世界正义工程（World Justice Project）发布了世界法治排名榜单，新加坡在 140 个国家和地区当中，位列全球第 17 名，位居亚洲第二。③ 素来以法律严明著称的新加坡，城市治理最大的特点就是完善的法治化管理。通过完备的法制体系和立足国情的法制思想，新加坡建立起一整套完备具体的法制社会秩序，其覆盖范围大到公共权力的约束，小到随地吐痰的惩戒，甚至人们日常的生活细节都有章可循。政府通过立法制定严密的制度规范人们的社会行为，行政机关通过严谨执法来保障国家的城市管理政策的

---

①② Office of the Governor for Policy Planning-Tokyo Metropolitan Government. Policy for Promotion of the Global City Strategy｜Promotion of International Strategies｜［EB/OL］. （2022-06-23）［2023-08-28］. https://www. seisakukikaku. lg. metro. tokyo. lg. jp/en/diplomacy/2022/07/images/POLICY% 20FOR% 20THE% 20PROMOTION% 20OF% 20THE% 20GLOBAL% 20CITY% 20STRATEGY_June%2023% 2C% 202022_1. pdf.

③ World Justice Project. WJP Rule of Law Index ［EB/OL］. （2022-11-11）［2023-07-28］. https://worldjusticeproject. org/rule-of-law-index.

落实。严密的法律网络覆盖了社会经济生活和城市管理的各个方面。到目前为止，新加坡的法律多达数百部，如此严密的法律体系和广泛的法律调节范围，成为新加坡居民行为规范的重要支撑。①

法德兼施是新加坡重要法制思想之一。新加坡认为法律道德兼施，以道德促法治才能治理好国家。② 新加坡政府大力号召公民保持和发扬儒家"八德"等传统美德，高度重视培养公民的国家价值观和家庭价值观。1991 年，新加坡政府发布《共同价值观白皮书》，提出了"国家至上，社会为先；家庭为根，社会为本；关怀扶持，同舟共济；求同存异，协商共识；种族和谐，宗教宽容"的共同价值观。③ 立足于国情，新加坡政府把东方儒家伦理文化和西方民主法治观念相融合，为新加坡形成现代化法治社会作出了重要贡献。

新加坡是一座与自然和谐共处的城市。新加坡国家公园局（National Parks Board，NParks）是"花园城市"建设的主要负责机构，多年以来陆续出台多项关于绿化的政策。④ 1973 年，新加坡政府开始实施城市美化计划，这也是新加坡政府首次正式提出建设"花园城市"的目标。1975 年，新加坡政府正式立法并成立了公园和休闲部（Parks and Recreation Department），并出台法律规定预留土地用于公园和绿化缓冲区。2013—2019 年，新加坡新增公共绿地面积 500 余公顷，公园的数量也超过了 350 个。随着"花园城市"的发展，新加坡的绿地系统逐渐成型。⑤

对于土地资源稀缺、人口密集的新加坡来说，保持大面积的原始绿地显然与城市发展相矛盾。新加坡政府采取了一种折衷的方法，在居住区及其附近建立更多的公园和公共空间，以弥补城市建设造成的大面积原始绿地的损失。⑥ 新加坡希望现有的 350 余座公园能呈现不同的主题，发挥不同的功能，

---

① 北京民生智库. 民生智库 | 新加坡的城市治理模式 [EB/OL]. （2021-01-21）[2023-04-23]. https://www.thepaper.cn/newsDetail_forward_10888734.

② 施诚. 新加坡法制建设研究 [J]. 传承，2014（10）：139-141.

③ 李双伍. 国外如何培育"不想腐"的社会氛围 [J]. 当代世界，2015（2）：18-20.

④ National Parks Board. About Us [EB/OL]. （2022-04-06）[2023-07-30]. https://www.nparks.gov.sg/about-us.

⑤ National Parks Board. Mission and History [EB/OL]. （2023-02-18）[2023-07-31]. https://www.nparks.gov.sg/about-us/mission-and-history.

⑥ 黄可. 花园城市新加坡，颜值有多高？[EB/OL]. （2022-03-28）[2023-03-30]. https://www.thepaper.cn/newsDetail_forward_17335909.

并能够通过公园连接通道联系在一起，形成公共绿地网络；即将目前矩阵式的公园绿地系统、绿化系统和扩大的水域空间相互连接，形成网络化、一体化的生态空间。新加坡国家公园体系对绿色开放空间做了详细分类，主要包含自然保护区、各类城市公园、公园连接网络、树木保护区、社区花园、自然步道、垂直绿化等类型。其中，自然保护区不仅是生物多样性保护的前沿阵地，也是满足公众高品质休闲需求的重要场所。新加坡设立了 4 处主题不同的自然保护区，并规划了 20 处自然区域，从而确保城市空间与生态空间的有机融合。[①]

瑞士洛桑国际管理发展学院（IMD）的《2023 年智慧城市指数》（Smart City Index 2023）报告，综合对 118 个全球城市进行了排名，新加坡连续三年稳居全球智慧城市排行榜的前列。[②] 自 20 世纪 80 年代实施"国家电脑化计划"起，到"IT2000 智慧岛计划""信息通信 21 世纪计划""智慧城市发展蓝图""智慧国"计划，新加坡的数字化水平持续升级，将政务、交通、医疗、教育等方方面面的"智慧"体验广泛嵌入民众日常生活。目前新加坡实施的"智慧国 2025"建设规划，倡导"连接"（Connect）、"收集"（Collect）和"理解"（Comprehend）的"3C"核心理念，通过将建设"智慧城市"上升至新加坡的国家战略层面，确立了数字政府、数字经济、数字社会三大战略转型重点。[③]

新加坡政府通过全面精准地获取、采集各类必要数据信息，对于隐私和敏感数据进行有效的数据安全保护，并建立各类应用场景的数据库表来进行存储利用，例如市政管理、交通运输、税收、卫生等各类民生保障方面，让所得的数据信息能够服务于民；同时，这些数据也为政府对未来城市运营管

---

① National Parks Board. City in Nature [EB/OL]. (2020-03-04) [2023-04-30]. https://www.greenplan.gov.sg/key-focus-areas/city-in-nature/.

② IMD. Asian and European citizens see their cities as the "smartest", finds 2023 IMD Smart City Index-IMD News [EB/OL]. (2023-04-04) [2023-04-31]. https://www.imd.org/news/competitiveness/asian-and-european-citizens-see-their-cities-as-the-smartest-finds-2023-imd-smart-city-index/.

③ 吕娜. 全球数治 | 新加坡"智慧国"建设的"3C"理念 [EB/OL]. (2021-11-19) [2023-04-05]. https://www.thepaper.cn/newsDetail_forward_15458705.

理进行科学研判和决策制定提供了依据。① 新加坡明确了政府是服务提供方，更是平台提供者。通过设立专门的政府公开数据一站式门户网站，开放涉及经济、教育、环境、金融等政府机构的数据集。在政府内部，确立了"数据分享原则"，提出了数据应便于查阅、应提供数据用于共同创建、应及时发布数据、应以机读格式共享数据、数据应尽可能原始等原则。②

新加坡政府通过开放创新的理念吸引社会各方参与到城市数字化建设中，通过制定总体战略规划、优化资金扶持政策、建立基础研究平台等措施，充分发挥调控、引导与服务功能。新加坡政府鼓励民众从智慧城市服务的消费者转变为共同的创造者和贡献者，每个公民都可以通过数字化工具来改善其社区治理能力。公民和社会团队可以利用政府网站上的开放数据创建各类基于数字化社区治理的解决方案，并与政府端的需求结合促成解决方案。新加坡政府也实施了公职人员的数字化能力培育方案，帮助其获取数据科学方面的技能，实现深化政府内部数字化的目标。③

上述国际先进城市的城市文化、治理模式、发展历史各具特色，城市的文明特点也足够鲜明。尽管发展方式各异，从它们的城市文明建设经验中仍可提炼出四点共性：

第一，国际城市文明建设十分善于制定契合城市特质的战略计划，并且通过战略计划协调各类利益相关者（如市政府、市民、社会组织和企业等）的行动。而且，战略计划不仅着眼于长远，还与城市建设的方方面面形成了有机整体。例如，多伦多的城市座右铭是"多元化是我们的力量"，为此推进的诸多配套服务都是围绕服务于城市的老年、新移民群体等多样的弱势群体，旨在消除他们获得城市经济和社会服务的各种阻碍。又如，伦敦的《大伦敦规划 2021》等整体规划，也与伦敦的夜间经济、创意空间、公共艺术、文化遗产保护和文化创意产业紧密融合，服务于城市的整体发展目标。

---

① 克而瑞科创. 从新加坡"智慧国"建设看城市数字治理 [EB/OL]. (2022-09-28) [2023-04-05]. http://mp. weixin. qq. com/s? _ _ biz = MzI4ODQzMTU0NQ = = &mid = 2247498464&idx = 2&sn = e-d78c5d93d80c5ccfd74d6dfe75bc198&chksm = ec3c3636db4bbf206019effbf9e948118e7c73970a326c0b2a32432eb369b0931ca6fd63f828#rd.

② 殷利梅. 新加坡电子政务总体规划（2011—2015）及启示 [J]. 信息化建设, 2011（11）: 4.

③ 沈霄, 王国华. 基于整体性政府视角的新加坡"智慧国"建设研究 [J]. 情报杂志, 2018, 37（11）: 7.

第二，政府不是进行城市文明建设的唯一主体。例如，阿姆斯特丹市政府通过与公共图书馆合作，为老年人进行交叉领域的项目开发；与艺术基金和艺术家合作，为社区居民提供文化服务；与学校合作，为居民提供运动场所和园艺课程。正是有多方主体的共同参与和共同努力，阿姆斯特丹的城市建设活动才丰富多样、富有活力。

第三，项目制运行。上述国际城市大多善于通过小型项目的方式，解决某个社区、某一群体的部分问题。例如，纽约的"纽约创意计划"，通过建立纽约文化部门、艺术组织、城市机构之间的公私伙伴关系，通过开发一系列小型项目，以艺术为工具解决犯罪、家庭暴力等社会问题，提升阅读率。

第四，善于采纳前沿的城市发展理念，走在城市建设实践的前列。例如，阿姆斯特丹和伦敦将城市公共艺术视作激活城市活力、塑造城市形象的关键部分，多伦多和纽约将各个群体都能平等地享受社会服务、提升福祉视作城市的关键使命，东京和新加坡都致力于确立自身在全球经济和文化体系的中心位置。敢于吸纳国际前沿的城市发展思路，用积极的姿态拥抱城市发展的未来机遇和艰巨挑战，令这些城市傲立于国际城市的竞争舞台。

第十章

"文明范式"城市理念下
文明典范之都建设的制度安排

通过对宁波建设文明典范之都的背景、地方历史文明、现代文明、国际文明及国内外先进城市对比分析可以看出，宁波是一个兼具海洋文明和陆地文明特色的港口城市，拥有悠久的历史文明和地方自身特色文明，经济发达，现代化程度高，作为海丝之路起始港，在我国商贸和文化交流方面起到重要作用，这些均为宁波打造文明典范之都构建了坚实的基础。宁波作为副省级计划单列市，虽非国内一线城市或省会城市，但以目前的城市体量及其区位，却是能够代表中国式现代化城市文明发展的一个典型样本。也正是如此，宁波城市文明的发展才更具有中国式现代化城市文明新形态的一般意义上的典型性。

城市的演进是没有确切的终点和固定的形态的，它会随着人类文明的研究而变化，并以自身的结构、功能和空间分布的变化来体现人类文明的成果及演进阶段。以"文明范式"城市理念观照文明典范之都建设，需要建立相关制度机制，将"文明范式"城市发展理念融入城市发展空间实践中。

第一节
文明典范之都创建特点与城市发展挑战

在文明城市创建基础上，宁波文明典范之都建设在提升宁波城市文明的过程中，展现出了一套综合性的实践经验和发展模式，简言之，可以从以下几个关键元素和机制予以理解。

一、文明典范之都创建的特点

1. 文明溯源与文化传承创新

宁波深挖地方历史文明。作为拥有 8000 余年文明史的城市，海洋文明与农耕文明的交融，孕育了独特的地域文化。河姆渡文化和井头山遗址的发现，以及自唐代以来与海外持续不断的港口商贸海上活动，不仅证实了宁波是中华文明的重要发祥地之一，也展示了宁波在古代海上丝绸之路上的重要地位，增强城市的文化自信，为城市发展提供了源源不断的精神动力。以宁波帮为代表的诚信、务实、创新的商业精神和开放包容的文化特质在当代依然影响着宁波的经济社会发展。宁波正是秉承"文化/文明自觉"的理念，推动城市文明建设和文化创新，对传统文化与现代文明有机融合做出了积极探索。

2. 经济高质量发展与创新驱动

宁波推动产业结构优化，聚焦高端制造业、绿色低碳产业和现代服务业，通过政策引导和市场机制，促进产业向高技术含量、高附加值方向发展。发展高新技术产业，特别是在新材料、生物医药、智能制造等领域，推动传统产业转型升级，形成多元化的经济结构，激发企业创新活力，培育新的经济增长点。建立了一批国家级和省级的创新平台，强化创新驱动，通过实施人才引进计划吸引海内外高层次科技人才和团队，为城市创新发展注入新鲜血液。形成创新生态圈，提升城市竞争力。

3. 以人为本与社会共建共享

宁波在实践中突出人文关怀，如构建"甬有颐养""甬有善育"等民生工程，关注特殊群体需求，完善社会救助体系，展现了以人为本、服务群众的核心价值取向。市民精神风貌的培育和良好品格的弘扬，成为推动城市文明持续升级的重要驱动力。同时，注重社会包容性，通过多元化政策和社区服务，促进不同文化和背景的居民和谐共处。关注民生福祉，通过提供高质量的教育、医疗、住房等公共服务，提升居民生活质量。

4. 生态文明与可持续发展

宁波在追求经济发展的同时，高度重视环境保护和社会公平正义，通过实施一系列扶贫政策，加大对教育、医疗、住房等公共服务领域的投入，努力缩小城乡差距。对应全国文明城市创建的要求，推进社会经济可持续发展，力求解决城市发展过程中的资源、环境、交通等问题，努力构建全域文明之城，通过深入挖掘历史文化底蕴，保护古建筑、传统村落，推动乡村振兴战略，积极开展文明实践活动等，追求城市与乡村文明的一体化发展。

5. 社会治理与智慧城市建设

宁波利用数字化手段，推动政务服务"最多跑一次"改革，优化政务服务流程，提高行政效率，增强市民的获得感和满意度。推进数字政府和智慧城市建设，利用大数据、云计算等技术提高城市管理效率和服务水平。在城市管理、公共服务、公共安全等方面实现了智能化、精细化，为市民提供了更加便捷、高效的服务。宁波在教育、医疗、住房等公共服务领域也积极探索数字化转型。通过搭建一站式服务平台，市民可以足不出户办理各类公共服务事项，大大提高了服务便捷性。宁波智慧城市建设和社会治理彰显了我国在数字化治理方面的显著成效，也为其他城市提供了可借鉴的经验，体现了城市建设的数字文明。

6. "港通天下"与文明交流互鉴

宁波作为"一带一路"倡议的重要节点城市，发挥作为古丝绸之路"活化石"的角色，积极参与国际交流与合作，通过宁波舟山港这一国际物流枢纽，加强了与沿线国家的经贸往来，也成为连接中国与世界的重要桥梁。通过举办中东欧博览会等国际性活动，搭建了国际经贸合作的新平台，促进了文化交流和人文互鉴。在国际传播方面，建立海外中国文化中心，推广中华文化，提升了城市的国际形象。同时，利用社交媒体等新媒体平台，加强与国际社会的互动交流，让世界更好地了解宁波。注重国际友好城市的建设，与世界各地的城市建立了友好关系，通过互访、交流、合作，共同推动城市文明的进步。这些国际交流互鉴的实践，不仅提升了宁波的国际地位，也为宁波的文明典范城市建设提供了宝贵的经验和资源。

7. 政策引导与制度保障

宁波市委、市政府出台的《宁波打造全国文明典范之都行动纲要（2022-2026年）》，明确了五大典范目标，通过顶层规划设计和政策措施落实，确保文明典范之都建设有序高效推进，充分体现了政府主导下的战略规划和长远布局的重要性。同时，建立长效机制，确保文明典范城市建设的持续性和创新性，如定期评估和调整城市发展战略。鼓励公众参与，通过公众咨询、社会监督等方式，确保城市发展更加符合市民需求和期望。

以上对宁波打造文明典范之都实践中的一些重要元素和机制进行了简单回溯和概括。综合而言，这一城市文明建设实践体现了历史与现代、本土与国际、人文与生态、政府与社会多元互动的特点，通过文化自觉引领，实现传统与现代、本土与全球的深度融合，以及社会各方积极参与和共同治理的机制，促进了宁波城市文明的高质量发展。

但同时我们也看到，宁波与国内外先进城市相比仍有不足，这些城市文明建设的一些经验仍值得借鉴学习。例如，在商业资源集聚度、城市枢纽性、城市活跃度等方面，成都表现更为突出；而杭州、上海等在文化产业发展方面，通过打造特色文化街区、支持文化创意产业、举办国际文化节庆等方式，成功地将文化资源转化为经济增长点；国际城市如阿姆斯特丹、多伦多、伦敦、纽约和新加坡等在城市战略规划上，注重长远发展和可持续发展，制定了更为全面系统的城市规划和发展战略。

二、未来城市发展的挑战

未来的世界将会如何发展，将给城市文明带来哪些挑战？联合国《2021/2022 年人类发展报告》指出，人类自古以来就要与不确定性共存，但是现在全球不确定性已经进入到了一个新的时代。报告还指出，尽管疾病、战争、环境破坏等并不是世界面对的新问题，但是今天这些问题层层叠加、相互作用，加上为了缓解这些压力进行的社会变革和广泛的两极分化，给世界各个国家和世界上的每一个人带来了全新的不确定性。①

首先，全球城市也同样面临着这些不确定性的挑战。联合国人居署发布的《新城市议程》指出，到 2050 年，世界城市人口预计将增加近一倍，全球城市化率在 2050 年将达到 68%，如果人口、经济活动、社会和文化互动、环

---

① 联合国开发计划署. 2021/2022 年人类发展报告［EB/OL］.（2022-09-08）［2023-09-07］. https://news.un.org/zh/story/2022/09/1108961.

境等影响越来越集中在城市，那么住房、基础设施、基本服务、粮食安全、卫生、教育、体面工作、安全和自然资源等方面的可持续性都会遭遇重大挑战。① 联合国人居署发布的《世界城市报告 2022》（简称《报告》）对未来城市的发展进行了展望，《报告》指出各国的城市面对四大挑战：一是人口结构的变化。在人口数量和人口密度的变化之外，城市人口的年龄结构也将发生改变，未来城市将有更多的老年人和更少的儿童。二是城市贫困和不平等问题。城市创造财富，也集聚着贫困和不平等。发展中国家的贫民窟、发达国家的无家可归者，都在显示城市贫困和不平等的普遍性。三是绿色城市和可持续发展。极端气候事件和自然灾害的增加将会给城市带来极大挑战。同时，城市也生产了世界上大部分碳排放。四是城市治理的挑战。巨大的城市、复杂的内部和外部环境都会带来城市管理的复杂性。未来中低收入国家的人口密度增加，会给城市土地供应、基础设施和服务施加巨大压力。因此，城市需要努力适应冲击与应对压力，引导世界走向一个具有公正和可持续的城市未来。②

其次，全球城市面临愈加激烈的竞争。在全球化的时代，城市之间既有相互合作，又有相互竞争，无论竞争与合作是发生在同一国家不同城市之间还是不同国家城市之间。丝奇雅·沙森（Saskia Sassen）在其著作《全球城市：纽约、伦敦和东京》（*The Global City：New York，London，Tokyo*）中提出，国际生产性服务企业由于高度依赖于城市集聚经济和跨国网络，因此会在少数国际节点城市中聚集。伴随全球化时代国际生产性服务业的高速发展，世界城市的社会结构和空间结构也会被重新塑造。而一个城市是否能成为"全球城市"，取决于该城市在全球经济体系中发挥的作用和角色定位。③

而如何在激烈的全球竞争中占据主动，对人才的吸引是城市成功的关键，佛罗里达也强调创意人才对城市发展的重要性④。而影响人才吸引力的因素，

---

① 联合国. 新城市议程［EB/OL］. （2016-12-23）［2023-01-23］. https：//habitat3. org/wp-content/uploads/NUA-Chinese. pdf.

② 联合国人居署. World Cities Report 2022［EB/OL］. （2022-06-27）［2022-11-01］. https：//unhabitat. org/sites/default/files/2022/06/wcr_2022. pdf.

③ 丝奇雅·沙森. 全球城市：纽约、伦敦、东京［M］. 周振华，译. 上海：上海社会科学院出版社，2005：1-5.

④ 理查德·佛罗里达. 创意阶层的崛起［M］. 司徒爱勤，译. 北京：中信出版社，2010：4.

包括城市的教育资源、人才政策和生活环境及文化魅力和宜居环境，包括城市的历史文化底蕴、文化活动和设施，以及居住条件、公共服务设施和生态环境等。前述城市评价指标部分也指出，全球城市吸引力是指在文化积淀、制度氛围、宜居环境以及可预期的增长前景等软、硬实力共同作用结果下，形成的对全球资本、信息、人才等各种优质资源的吸附和集聚能力。

综上所述，宁波文明典范之都建设在地方历史文明、现代文明及国际文明交流互鉴方面的基础和创建特点，以及面临的全球城市发展挑战，是“文明范式”视野下更好创建文明典范之都重要的现实依据。文明典范之都建设对“文明范式”理念的落实，需要对城市空间结构、功能、规划等进行优化，而对此，需要进行制度化建设，在物理空间和制度空间形塑城市文明。

第 二 节

“文明范式”城市理念下文明典范之都的制度建设

即如“全国文明城市创建”的制度化一样，文明范式理念下的文明典范之都建设也需要制度化的安排才能真正落实。以下，将依据“文明范式”城市理念，基于宁波文明典范之都建设实践，将理论和实践结合，系统阐述“文明范式”城市制度化内涵、目标、载体、内容及实现路径等，进一步为宁波文明典范之都建设提供支撑。

一、“文明范式”城市制度化建设内涵

制度化是一个跨学科领域，涉及政治学、社会学、经济学等多个学科。许多知名学者对制度化理论进行了深入探讨，提出了不同的视角和理论框架。道格拉斯·诺斯（Douglas North）将制度化定义为“一系列相互关联的规则，这些规则定义了在特定环境中组织和个体之间的权力关系，以及他们之间的

互动方式"①。诺斯强调制度塑造激励、约束、影响个体和组织的行为，认为制度化是社会经济发展和变迁的关键因素。玛丽·道格拉斯（Mary Douglas）作为一位人类学家，她强调共享的意义和符号系统在理解制度行为中的重要性，并认为制度具有独特的认知过程和推理方式，这些方式塑造了它们的行动和政策。② 凯瑟琳·西伦（Kathleen Thelen）在她的研究中将制度化定义为"一种社会实践，通过规范和规则的共同使用，使得人们的行为具有一定的可预测性和稳定性"。她认为制度化是一种社会学习和社会化的过程，通过建立共享的规范和规则，使得个体和组织能够预期和适应彼此的行为。③ 彼得·霍尔（Peter Hall）等将制度化定义为"一种社会安排，通过形式化的规则和程序来管理和规范行为"。④ 他们认为制度化是一种形式化的组织方式，通过制定明确的规则和程序，来确保人们的行为遵循一定的准则和原则。但制度化是一种动态的过程，不是静态的，通过人们的实践和互动不断塑造和演变。⑤

概言之，制度化是一个将规则、准则或程序正式确立并固化的过程，它构成了组织或社会结构中的核心组成部分。这一过程涉及将各种规范和标准整合成一个系统，并确保它们得到普遍的认同与遵循。因此，制度化是构建和维护一个有序、公平社会秩序的关键途径。不同学者观点虽然侧重点有所不同，但他们都强调了制度在塑造社会行为、协调利益冲突和维护社会秩序方面的重要作用。这些观点为"文明范式"城市制度化建设提供了重要的理论基础和分析框架。

结合文明典范之都建设实践，其核心观点可概括如下：

制度作为社会秩序的基础：制度是社会秩序和社会稳定的关键。它们提供了行为规范、决策框架和权力分配机制，使得社会成员能够在一个共同的

---

① North D. C. Institutions, institutional change and economic performance [M]. Cambridge: Cambridge University Press, 1990: 3

② Douglas M. How institutions think [M]. Syracuse University Press1, 1986: 22

③ Thelen K. Historical Institutionalism in Comparative Politics [J]. Annual Review of Political Science, 1999, 2 (1): 2.

④ Hall P. A, Taylor R. C. R. Political Science and the Three New Institutionalisms [J]. Political Studies, 1996, 44 (5), 936-9573.

⑤ Schmidt V. A. Discursive Institutionalism: The Explanatory Power of Ideas and Discourse [J]. Annual Review of Political Science, 2008, 11, 303-326.

规则体系下互动。

制度的多层次性：制度化建设涉及从宏观的国家法律、政策到微观的社区规则和习俗。这些制度相互关联，共同构成了城市文明建设的制度框架。

制度的动态性：制度并非一成不变，它们会随着社会环境的变化而调整和演进。文明范式城市的制度化建设需要不断地适应新的社会需求和技术变革。

制度的效率与公平：在设计和实施制度时，需要平衡效率和公平。制度应该能够促进资源的有效分配，同时确保所有社会成员都能在公平的基础上参与社会生活。共同富裕、公平正义是文明范式城市建设的核心价值。

制度的合法性与认同：制度的有效性很大程度上取决于公众对其合法性的认可。制度化建设需要建立在公众的认同和支持之上，这通常通过市民的参与和透明度来实现。文明城市创建为"文明范式"城市建设或文明典范制度建设在此方面打下了良好的基础。

制度的创新与适应性：面对全球化、城市化等挑战，城市文明的制度化建设需要创新，以适应不断变化的环境。这包括可能引入新的治理模式、技术应用和国际合作机制。

根据"制度化"内涵，"文明范式"城市理念下文明典范之都建设的制度化，是指在这一实践过程中，首先是从全球视野建立城市发展的"文明"视野及形成关于"文明"的社会大众共享的内涵和意义，在社会层面形成关于"文明范式"城市建设的共识与认同，尤其是相关政府管理部门。其次是建立规范社会各类主体养成"文明"这一行为习惯和生活方式的制度体系。第三，同时培养对构建"文明范式"城市制度化支持作用的标志性城市空间结构及文化环境。第四，构建适合"文明范式"城市视野下文明典范之都建设的制度化创新，包括新的治理理念、方式、技术应用及国际交流合作等。

二、"文明范式"城市制度化建设目标

以"文明范式"打造文明典范之都，其一重要的问题就是这种制度化建设的目标是什么？如前所述，城市发展的"文明范式"，是从文明的视角或基于文明的框架去认识城市的发展，以文明的理念分析城市建设面临的问题并指导城市建设，强调以人为核心，市民至上，能够在较高的水平上，平衡物

质与精神、生态与发展、文化与认同、公平与正义等方面，使城市在"文明"的轨道上发展。因此，当以"文明范式"理念进行文明典范之都建设时，其核心的价值导向就是"文明"，这种文明代表着一种契合人类发展的价值取向，也包含具有更强包容性的人类命运共同体的共通价值或公共价值，是基于中国式现代化实践的"新文明观"。

因此，"文明范式"城市（文明典范之都）制度建设的目标是打造以文明理念为核心的代表中国式现代化新形态的城市样本。围绕"一心四维""文明范式"城市核心要素，致力于构建富裕、宜居、生态、人文、法治及国际化的城市生活环境，全面提升城市的整体文明程度和居民的文明素质，使城市成为人与自然和谐共生、历史与现代交融、物质文明与精神文明协调发展的现代化文明城市。其目前短期目标是，围绕"文明范式"城市建设确立一系列可量化、可操作的具体指标，比如前述文明范式城市指标，逐步推进文明典范之都建设制度的落地生根。

制度建设的本质是建立相应的规范秩序，其基础其实是法治。因此，在具体落实中，需要相应的法治基础，坚持社会发展的公平正义，坚持执法为民。一方面，通过充分调动人民群众参与城市"文明范式"或"文明典范之都"创建的积极性和自主性，激发基层的创造性，从而在治理实践中不断提升人民的法治意识和法律素养。另一方面，通过法律制度建设，更好地维护人民群众在政治、经济和文化方面的权益，尊重和保护人民的各项权利，为人民幸福生活打造公平正义的社会环境，塑造更高水平的现代城市文明。

三、"文明范式"城市制度化建设的载体

我国全国文明城市的创建活动之所以能够持续 20 余年并取得显著成效，关键在于构建了一个具有鲜明中国特色的城市文明建设模式，并成功将其转化为一个广受人民群众欢迎、具有高度公信力的民生项目。这一模式的核心是《全国文明城市测评体系》，作为一个标准化的评估工具，它为全国各地的文明城市创建提供了全面的、系统的指导，确保了创建工作的常态化和长效化。因此，"文明范式"城市或文明典范之都建设同样需要依赖于这样的评估体系和实践抓手。

第一，"文明范式"下文明典范之都的制度化载体是测评体系。具体而言

包括三个部分：一是基础部分。即《全国文明城市测评体系》，这已成为我国城市文明建设的一个底色。而且这个指标体系也会随着时代的演变进行动态调整，以更好适应城市发展新的需求，2005 年至今，已有多个版本公布，从中也可看出不同时期对文明城市创建认识的变化。二是主体部分。建立"文明范式"城市或文明典范之都评价指标体系，本研究也探索尝试提出了一个评价指标体系，当然，其还需要进一步论证和检验。这是推进"文明范式"城市建设制度化安排中必不可少的一项工作。三是各种专项类城市创建评价指标体系。比如有关城市生态、安全、法治、金融、幸福感等城市某一方面发展情况的测量。这类指标的提出有的是针对短期内较为突出的城市问题，有的是强调城市发展的某一理念，但这些评价体系在不同程度上也推动着城市文明的进步，如全国卫生城市、旅游城市等创建，评价体系也是指引城市进行局部治理的制度载体。

第二是政策法规载体。推进文明典范之都建设需要不断完善和细化涵盖城市规划、环境保护、交通管理、住房保障、教育资源配置、医疗卫生服务、社区综合服务等方面的法律法规，并结合本地实际推出一系列适应老龄化社会和儿童友好型城市的创新举措。例如，通过实施国家标准与地方创新相结合的方式，为老年人提供更安全便捷的出行环境，诸如延长绿灯时间以照顾老年人行动不便的特点。在社区服务方面，宁波出台了专项管理办法，大力扶持 3 岁以下婴幼儿照护服务，建设了众多 5A 级居家养老服务中心，确保"一老一小"群体的需求得到满足。这些政策法规的制定与执行，构成了宁波文明典范之都建设坚实而全面的制度基础。

第三是组织机构载体。文明城市创建的一个重要经验就是需要多元主体的高效协同与积极参与。文明典范之都创建的制度建设同样需要多元组织机构的参与，包括政府、企事业单位、社区及行业协会等。政府部门要发挥顶层设计和宏观调控的主导作用，制定相关政策并监督执行；企事业单位作为城市建设与服务的主体力量，需要积极承担社会责任，提供优质公共服务；基础社区组织需要充分发挥贴近居民的优势，引导居民共建共享美好家园；行业协会和非政府组织等社会力量亦扮演重要角色，公益活动的开展是彰显城市文明的重要内容，推动行业自律和公众参与，才能更好形成全民共建、共治、共享的城市文明建设格局。

第四是空间设施载体。空间及相关设施载体，是承载城市文明或"文明范式"城市理念的可直接感知部分，也是形塑城市形象的"骨架"，构成市民日常生活的重要组成部分。"文明范式"城市的建设需要借助城市空间及相关设施将城市文明元素融入城市规划和管理之中，使公园绿地、图书馆、体育场馆、公共交通工具等公共空间既满足功能性需求，又承载起传播城市文化和文明理念的作用。《宁波打造全国文明典范之都行动纲要（2022—2026年）》（简称《纲要》）提出的"文化地标塑韵行动"① 就是通过对宁波文化地理空间及文化设施的规划重塑城市文明空间布局，更好展现宁波城市文化底蕴，发挥文旅、文化公共服务等功能。当然，城市文明空间载体是多维立体的，不仅囊括城市宏观地理文明景观，还包括更多居民日常生活的微观空间，它们在不同层面塑造城市文明和居民生活体验。

第五是教育宣传载体。教育和宣传是提升城市文明水平的关键，也是文明典范之都制度化建设的重要载体，需要通过多种渠道和方式，构建全方位、立体化的教育宣传体系，加强对城市文明理念的普及和推广。通过学校教育、媒体网络宣传、公益广告等基本方式，增强市民的文明意识，引导市民自觉践行文明行为，共同营造文明和谐的城市环境。此外，需要发挥在家庭教育和家风建设方面的突出优势，通过建立举办家风传承活动和文明家庭评选长效机制，引导广大家庭树立优良家风，进一步夯实城市文明的社会基础。扎实开展志愿服务活动，鼓励社会各界人士参与，通过"点单式"志愿服务模式，精准对接群众需求，促进城市文明实践的深化和拓展。

四、"文明范式"城市制度化建设的内容及路径

从制度化建设的内容和路径看，制度化建设多种载体实际上已涉及这部分内容，但从"文明范式"城市制度化建设整体来看，推进"文明范式"城市的制度化建设，还需要在明确制度化建设目标的情况下，围绕政策立法、经济社会治理、文化和生态、国际文明交流等内容进行有步骤的推进和完善。

---

① 张昊. 宁波打造全国文明典范之都行动纲要来了［EB/OL］.（2022-11-03）［2023-03-08］. http://news.cnnb.com.cn/system/2022/11/03/030409482.shtml.

1. 注重立法先行，完善政策法规体系

"文明范式"理念下文明典范之都建设的制度化的有效实施，首先需要在政策立法层面进行深入探索。宁波作为中国历史文化名城和现代化港口城市，其立法工作需要紧密结合城市特色，制定和完善一系列法律法规。在现有法律法规的基础上，特别针对宁波的历史文化遗产保护、海洋生态文明建设、以及"一带一路"倡议下的国际交流合作等方面，制定或修订相关法律法规，确保文明典范之都建设有法可依。如针对新阶段城乡发展要求和技术创新，以及宁波丰富的历史文化资源，需要不断修改完善《宁波市历史文化名城名镇名村保护条例》等；针对城市快速发展带来的环境问题，修订有关环境生态保护相关政策法规，强化环境监管和生态治理。作为"一带一路"沿线重要节点城市，还需制定相关法规，促进国际交流与合作，保障和提升宁波在国际交往中地位和影响力。为了确保相关政策法规的有效实施，可以设立由法律专家、对外贸易专家、文化遗产保护专家、海洋生态专家等多学科背景的人员组成的专项法律顾问团队，为宁波的文明典范之都建设提供全方位的法律支持和咨询。

2. 强化规划引领，融入文明理念

规划引领是"文明范式"城市建设制度化的重要内容，文明理念和文明框架要素需要通过顶层规划融入城市建设之中。因此，文明典范之都建设要强化以文明理念进行城市整体规划，将城市发展与文明建设同步推进，彰显深厚的历史底蕴和现代文明气息。充分结合宁波山海相依的地理特点、丰富的历史文化遗产及新时代开放包容的城市特质，构建具有宁波地方文化特色的城市文明建设规划。在城市空间布局上，注重城市发展与历史文化传承相协调、公共艺术空间的设计与配置，以提升城市的文化内涵和美学品位；在基础设施建设中，推广绿色建筑和智慧城市理念，打造宜业宜居的生活环境，让文明元素渗透城市的每一处肌理。凸显宁波的海洋特色，推动海洋生态文明建设，在沿海地区规划生态保护区，发展蓝色经济等。

3. 健全标准体系建设，提升文明治理水平

《全国文明城市测评体系》等相关城市测评指标体系，为"文明范式"城市制度化建设奠定了基础，但真正实现"文明范式"城市制度化建设、实现文明典范之都建设目标，仍需要健全城市发展的相关标准体系，建立一套完整的城市文明标准体系，提升城市文明治理水平。除了本研究提出的基于党的二十大新文明观的"一心四维"文明范式城市评价框架指标，还可进一步研究完善涵盖城市设施、公共服务、环境保护、社会治理、公民素质提升等领域的城市文明评价指标体系和操作指南。如，可以制定《宁波市城市公共空间管理标准》，明确公共空间的使用规范和维护责任，提升城市公共空间的管理水平；建立市民文明行为评价体系，通过评价和激励机制，引导市民形成良好的文明习惯等。这些标准的制定和实施，将有助于提升宁波城市治理的科学化、规范化水平。推进行业和区域标准化建设，通过明确的标准引导和约束各方面的行为。

4. 推进社会治理创新，激发社会活力

积极探索社会治理新模式是"文明范式"城市制度化建设的必然要求。作为一种新的城市文明建设理念，必然要求社会治理有所创新，以适应新的城市发展要求。对此，需要不断推动政府职能转变，实现政府、市场、社会三者的有效协同。鼓励社会组织和市民参与城市文明建设，通过志愿服务、社区服务等形式，形成政府引导、社会协同、公众参与的治理格局。可以借鉴"枫桥经验"，推动社区治理创新，建立政府、社区、居民三方共治的治理模式。通过设立社区议事会，让居民参与到社区事务的决策中，增强社区的凝聚力和居民的归属感。鼓励发挥社会组织的作用，如支持志愿者组织参与城市环境美化、文化活动推广等。同时，建立和完善城市文明建设的激励机制，对在文明建设中表现突出的个人和集体给予表彰和奖励。

5. 加强教育宣传，培育文明理念

宣传教育不仅是"文明范式"城市制度化建设的重要载体，也是塑造城市文明理念的重要手段和内容。在多年文明城市创建经验基础上，针对建设全国文明典范之都新要求，需要进一步完善城市文明宣传教育体系，并使之制度化。其中，基于"文明范式"城市建设的文明理念培育及社会公平正义社会环境建设是两个重点任务。如前所述，这一制度化可从国民教育、媒体宣传和公益广告、公共文化服务以及志愿者活动等方面构建规范的制度体系，在全社会营造"文明氛围"及公平正义的价值信仰，使"文明"成为城市居

民价值共识。对此,可充分挖掘转化宁波深厚的历史文明资源,凸显海洋和陆地文明交汇而形成的地方文明化特色,可将城市文明教育纳入国民教育体系,通过学校教育、社区教育、媒体宣传等多种途径,普及文明知识,提升市民的文明素养。在中小学开设文明礼仪课程,培养学生的公民道德和社会责任感。利用丰富的博物馆、图书馆等文化场所,举办各类文明主题活动,让市民在参与中感受宁波深厚的具有鲜明特征的城市文明魅力。

6. 坚持动态评估与持续改进

为了确保文明典范之都建设的持续推进,还需要建立一套动态评估机制。这包括定期对城市文明建设的各项指标进行监测和评估,如市民满意度调查、城市环境质量监测、公共服务效能评估等。评估结果应向社会公开、接受市民监督。同时,根据评估结果和市民反馈,应及时调整和优化文明典范之都建设的策略和措施。针对评估中发现的问题和不足,制定针对性的改进措施;对市民提出的新需求和建议,可纳入下一阶段的工作计划等。通过动态评估和持续改进,可以确保宁波的文明典范城市建设始终符合市民需求和城市发展的实际,不断提升城市文明水平。

通过上述内容和路径,可以逐步完善文明典范之都制度化建设,落实"文明范式"城市理念,构建起具有中国风范、中国式现代化文明新形态特征的文明典范城市,为全国文明城市创建提供可借鉴的经验,为全球城市文明发展提供新思路和新模式。

综上所述,"文明范式"理念下文明典范之都建设的制度化安排,是一个包含多维内容的过程,需要逐步实施完善。围绕"文明范式"城市制度化建设的目标,在不同制度化层面落实和体现"人民中心""人民城市"的理念,以及共同富裕、物质文明和精神文明协调发展、人与自然和谐共处以及文明交流互鉴的中国式现代化文明发展理念。因此,"文明范式"城市或宁波文明典范之都的制度化建设首先需要注意站在全球城市文明发展视野,将城市的文明交流互鉴作为城市文明建设的重要部分,并建立多层次交流机制。其次,在"数字文明"时代,以数字化、智能化为代表的"智慧城市"发展本身构成"文明范式"城市建设的重要部分,但需要以"文明"的理念进行观照,建立城市发展的"文明"伦理,让技术更好地为人服务。最后,文明典范之都建设需要注意做大做细原则。目前在凸显地方历史文明底蕴以及对外文明交流互鉴整体传播上，仍与宁波自身资源禀赋不匹配，与国家对外传播的战略要求尚有差距。在城市居民个体文明素养及基层微观生活场景中，仍有不"文明"现象存在，因此，文明典范之都建设应从大处着眼，小处着手，在做大做细上下功夫，在宏观上构建"文明范式"的对外"文明"轮廓，在微观层面营造基于城市居民个体的更文明的日常生活环境。

第三节
推进宁波文明典范之都建设的实践方案

文明典范之都的制度化建设为其提供了落实的保障，如何围绕"文明范式"城市理念，推进文明典范之都建设，还需要具体的实践方案。本节在前述章节论述基础上，围绕"文明范式"城市内涵、评价指标及宁波文明典范之都建设基础现状等，构思策划系列项目，形成建设宁波文明典范之都建设的具有一定系统性、可操作性的实践方案。从宁波文明典范之都建设的总体状况看，目前宁波文明城市建设在宏观层面、微观层面仍需进一步提升。宏观层面主要是凸显国际视野，加强国际文明的交流互鉴，微观层面主要是市民个体及基层社区等文明行为及文明环境建设。总体上需要在"做大做细、做特做优"上下功夫。

据此，本研究从理论创新、文明研究、文明交流、城市融入以及品牌打造五大方面进行项目策划设计，提出两大"理论创新"及六大"文明研究""文明交流""文明品牌"和四大"城市融入"共 24 个项目（见表 10-1）。需要说明的是，对宁波市在《纲要》中提及的项目不再涉及。项目方案虽提供操作上的参考性，但同时要结合"文明范式"城市制度化建设论述，更需要从如何更好创建文明典范之都的思路上去认识已有方案及创新举措。

表 10-1 文明典范之都建设策划项目

序号	项目大类	项目子类	内容概要
1	城市文明理论创新工程	中国式现代化城市文明发展自主理论创新	在党的二十大精神指导下，构建基于宁波实践与马克思主义原理相结合的中国特色城市发展理论体系
		马克思主义基本原理与浙东学术文化相结合理论创新	推动浙东学术文化与马克思主义原理结合，促进其现代化转化和宁波城市精神象征的形成
2	海洋文明研究与传播工程	中华文明溯源之宁波海洋文明溯源工程	深入挖掘河姆渡—井头山史前文化，揭示宁波海洋文明地位与贡献，建立遗址展馆等
		国际海洋文明研究中心	联合国内外机构成立研究中心，研究海洋文明历史影响及现状，推广海洋文化理念
		"百年变局：海陆文明交汇与全球文明新秩序"全球论坛	组织全球性论坛，探讨宁波在海陆文明交汇背景下的国际地位与全球文明秩序调整中的作用
		国际"海洋文明与港口文化论坛"	举办以海洋文明与港口文化为主题的国际论坛，推动全球交流互鉴
		国际"浙东学术文化交流大会"	通过研讨会等活动，研讨浙东学术文化，并与其他文明进行对话交流
		海洋文化节庆和海洋文明推广活动	开展开渔节、港口文化节等活动，提高市民海洋文明素质，扩大影响力
3	城市文明交流互鉴工程	宁波国际文化交流中心	创设国际文化交流中心和平台，支持跨文化交流与合作，打造宁波特色文化品牌
		国际文化交流项目资助	设立资助机制，鼓励和支持本地与国际的文化交流项目合作
		文化/文明使者计划	邀请国内外文化名人担任使者，参与国际交流，提升宁波文化国际影响力
		国际友城计划	建立友好城市关系，开展各类文化交流活动，提升宁波国际化水平
		建立以"文明"为主题的城市国际传播体系	构建以"文明"为主题的城市国际传播新理念和叙事体系，增强全球传播效果
		打造全球文明交流互鉴的城市传播平台	将宁波建设成"一带一路"倡议节点上的重要文明交流互鉴传播平台

续表

序号	项目大类	项目子类	内容概要
4	城市文明融入项目工程	宁波创意计划	发展文化产业,实现文化共享共融,推行"文化通行证"等措施
		文化供给包容性项目	提升文化场所包容性;实施邻里生活和历史记忆项目;开发包容性文化服务
		代际融合的文化活动参与	开展"一老一小"文化活动;数字为老志愿服务活动;非遗跨界出圈
		打造儿童活动网络城市融入系统	合理规划布局城市内儿童活动场所和基础服务设施,构建适宜儿童活动的城市通道网络
5	城市品牌打造工程	打造中国高端制造品牌	依托试点优势,打造具有国际竞争力的高端制造品牌
		打造国家金融、保险综合实验区品牌	创新金融保险模式,塑造综合实验区品牌
		打造跨境电商产业品牌	充分利用试验区政策,打造国际影响力的跨境电商品牌
		打造宁波城市安全品牌—韧性城市品牌	构建韧性城市体系,保障城市安全,提升安全韧性水平
		城市教育品牌	加强教育投入,建立高水平大学和科研机构,强化教育品牌的塑造
		城市生态品牌	强化生态保护,推动绿色产业发展,打造生态友好型城市品牌

一、城市文明理论创新工程

1. 中国式现代化城市文明发展自主理论创新

以党的二十大精神为指导,在中国式现代化背景下,以宁波文明城市创建和文明典范之都建设实践经验为主线,串联国内文明城市创建历史经验,以及横向全球城市文明发展经验,进行系统的总结提炼,建构基于马克思主义基本原理与中国城市文明建设实践相结合的具有中国特色的自主城市发展理论或知识体系。通过文明典范之都建设,宁波可对此继续探索深挖,为中国式现代化自主知识体系建构贡献宁波力量。

2. 马克思主义基本原理与浙东学术文化相结合理论创新

落实两个结合中的"第二个"结合。马克思主义基本原理与宁波本土文化基因有着很多的共同之处，比如马克思主义对"实事求是""实践"以及对经济和文化关系的认识等，都可以在浙东学术文化中找到契合点，两者可以发生化学反应，而不是机械拼盘。通过与马克思主义原理结合，推动浙东学术文化现代化转化，让经由"结合"而形成的新文化不仅成为宁波新的城市精神象征，也成为中国式现代化的文化形态。具体可以通过理论和实践案例进行总结、探索创新。

二、海洋文明研究与传播工程

充分借助"一带一路"倡议及"全球文明"倡议战略背景，对宁波城市文明进行深入系统的研究，凸显宁波海洋文明起源遗址意义及其城市文明形成的海陆交汇特征，构建宁波地方历史文明演进体系和文明交流互鉴机制。

1. 中华文明溯源之宁波海洋文明溯源工程

支持推进河姆渡—井头山史前文化发掘整理，及中心展馆建设等重大文化项目，开展宁波海洋文明溯源工程，与良渚文化遗址等形成呼应，构建中华文明起源拼图的宁波海洋文明部分。通过对河姆渡遗址和井头山遗址的深入发掘与整理，揭示宁波地区在史前时期海洋文明中的独特地位和贡献，向世界展示宁波深厚的文化底蕴和独特的海洋文明魅力。

2. 成立国际海洋文明研究中心

利用好宁波海洋文明起源地优势，探索与国外知名高校、权威研究机构联合成立国际海洋文明研究中心，以宁波海洋文明遗址发掘为基础，致力于研究海洋文明的历史、影响及现状。中心可以开展海洋文化研究、海洋文明交流等活动，推广海洋文明理念，为宁波的文明典范之都建设提供学术支持。

3. 举办"百年变局：海陆文明交汇与全球文明新秩序"全球论坛

在百年变局和全球文明秩序调整的大背景下，依托宁波海陆文明交汇的特点，结合"全球文明"倡议和"一带一路"倡议精神，联合相关部门或机构，谋划具有全球性的相关主题论坛，提高宁波的城市国际化水平及在全球城市网络中的连接度，扩大宁波城市文明的对外传播及文明交流互鉴。

4. 举办国际"海洋文明与港口文化论坛"

以"海洋文明和港口文化"为主题，谋划举办国际性的海洋文明与港口文化论坛，凸显宁波海洋文明、港口文化特色和基因。论坛可邀请国内外专家学者，共同探讨海洋文明的发展趋势与港口文化的创新融合，推动全球海洋文明交流互鉴，为构建人类命运共同体贡献力量。

5. 举办国际"浙东学术文化交流大会"

以浙东学术文化为主题，邀请国内外学者开展"浙东学术文化交流大会"，与"阳明文化论坛""宁波帮大会"等构成系列宁波本土文化研讨和传播的平台。也可基于宁波城市文明特点，尝试组织文明对话系列活动，邀请国内外知名学者和专家参与，就海洋文明、数字文明、生态环境、现代制造、城市与居民幸福感等全球性议题进行跨文化交流探讨。活动形式可以包括讲座、研讨会、辩论赛等，旨在促进不同文明之间的交流与互鉴。

6. 海洋文化节庆和海洋文明推广活动

以海洋文化为主题，策划和举办各类节庆活动，优化提升"中国（象山）开渔节"，继续举办"中国（宁波）国际港口文化节"等活动。让市民和游客更好地了解和体验宁波的海洋文化，提升宁波海洋文明的知名度和影响力。同时开展市民海洋文明素质提升项目：通过开展各类教育活动和培训课程，提高市民对海洋文明的认识和素质。可以组织海洋文化知识竞赛、海洋文明主题研学活动等，培养市民对海洋文明的热爱和尊重。

三、城市文明交流互鉴工程

1. 成立宁波国际文化交流中心

以"中东欧"和"海丝之路"为基础，搭建国际性文化交流平台，包括文化交流论坛、在线文化课程、虚拟博物馆等，为不同国家的文化工作者、学者和爱好者提供一个共享资源和交流的平台，促进跨文化交流和合作。如中东欧国家或海丝之路节点城市国际文化交流展览会；依托现有资源，成立宁波国际文化交流中心，作为海丝节点城市国家或中东欧国家各地文化交流的常设机构，为各国文化机构和艺术家提供交流平台。可以鼓励本土文化艺术的创新和传承，打造具有宁波特色的文化品牌，向全球展示宁波的文明底蕴。

2. 国际文化交流项目资助

设立市级文化交流项目资助机制，支持本地文化团体、学术机构和个人与国际伙伴开展文化交流项目。资助包括艺术交流、学术研讨、文化考察等，鼓励本地文化界与国际专家、学者、艺术家进行合作，促进文明之间的相互启发和共同发展。

3. 文化/文明使者计划

谋划推出文化/文明使者计划，邀请国内外的文化名人、学者和艺术家作为宁波的文化使者，代表宁波参与国际文化交流活动，并向外界展示宁波深厚的历史文化底蕴、丰富的文化遗产和现代文化创新成就。通过文化使者，增强宁波在国际文化交流中的影响力和知名度，塑造宁波作为开放包容、底蕴丰厚的文化交流文明城市形象，推动宁波城市文明国际化传播与发展。

4. 国际友城计划

积极推进宁波与其他国家和地区的友好城市建立计划，通过缔结友好城市关系，促进国际间的文化交流与合作。在友城计划下，可以开展各类文化交流活动，如文艺演出、艺术展览、文化讲座等。通过持续深化国际友城关系，宁波可以提升其在全球的城市影响力和知名度，将自身打造成为国际化人文交流的重要窗口与桥梁。

5. 建立以"文明"为主题的城市国际传播体系

构建以新文明观为指导，以"文明"以为主题的城市国际传播体系，突破目前城市传播体系视野和内容，以及政绩式、宣传式、猎奇式的传播方式，主动设置具有国际公共价值的议题及内容。以文明为理念和策略的城市国际传播需要建立新的传播理念和叙事体系。

6. 打造全球文明交流互鉴的城市传播平台

充分利用宁波作为"一带一路"沿线节点城市条件，响应"全球文明"倡议和"一带一路"倡议的全球文明战略视野，以宁波整个城市空间为载体，打

造能够对构建 "人类命运共同体" 新秩序的具有重要支撑作用的代表性文明交流互鉴的城市传播平台，推动宁波城市从文明孕育生成空间向 "全球文明交流互鉴传播平台" 转变，提升宁波在全球城市网络中地位及资源配置能力。

四、城市文明融入项目工程

(一) 宁波创意计划：促进所有宁波人的文化共享共融

策划一个兼具社会效益、文化效益及经济效益的文化发展计划。主要包括：支持和发展宁波的文化产业，鼓励艺术家和文化组织参与，促进宁波文化生态的包容性、公正性和可持续性，让所有宁波市民都能够享受到文化活动和艺术表演的机会。并通过文化的共建共享共融，发挥文化的社会、经济功能。如加大对文化的资助和支持；加强文化机构、政府及艺术家之间的联系；推动文化经济发展，加强文化政策和治理等。可实施推广 "文化通行证" 计划，使更多人能够免费或低价参观博物馆、剧院和其他文化机构。

(二) 文化供给包容性项目

"文明范式" 城市是城市中的所有群体都能平等享受城市文化资源的城市。包容性本身也是文明内涵的体现。我们的调研发现，残障人士、老年人、外籍人士、有小孩的家庭、外来务工人员、低收入群体文化参与机会较少。尤其是残障人士和老年人，由于行动不便、身体缺陷、认知障碍（如阿尔茨海默症）等原因，主动或被动放弃了文化参与的机会。城市文明应体现在将包容性战略融入文化服务供给中。为此，我们策划了三个文化供给包容性项目，分别为文化场所的包容性提升项目、邻里生活和历史记忆项目、包容性文化服务开发项目。

1. 文化场所的包容性提升项目

本项目的主要目标是提升宁波主要文化场所（图书馆、博物馆、美术馆和文化表演场所）的物理包容性、信息包容性和数字包容性。在主要文化场所进行包容性改进，不仅可以增加各群体文化资源获得的机会，还向更广泛的社会树立了包容性城市最佳实践的标杆，有助于倡导社会各界关注弱势群体的生活处境，有利于塑造宁波包容性城市的城市品牌。

①物理包容性：文化场所应为乘坐轮椅和其他助行器的人提供坡道、升

降机，以增强物理可达性。

②信息包容性：调整文化机构的官方网站、应用程序和微信公众号设计，使其符合无障碍访问的国际标准。为展览活动制作音频节目，为戏剧演出和音乐表演提供字幕，提供博览会文本的盲文版本，增加线上视频的手语翻译，以满足各类残障人士的需求。

③数字包容性：运用全新的技术手段，录制展览视频、制作虚拟现实展览等，为残障人士和老年人提供远距离亲临现场的机会。

宁波市政府可以通过聘请相关领域的专家和社会组织形成专业指导小组，为文化场所提供指导和学习资源、举办研讨会，为符合要求的文化场所颁发"文化包容性场所"徽章。

2. 邻里生活和历史记忆项目

在世界各地的城市中，城市社会和经济的快速变革促使人们越来越多地对社区和个体身份展开思考。通过开发一个由社会组织主导的"生活史"项目，将城市的老年人与其所居住或成长的社区联系起来，可以使老年群体和整个城市从中受益。项目由致力于老年人福祉的社会组织、社区服务站、学校与志愿者联合组织，重点收集、保存和分享构成宁波老年群体生活故事的材料，包括采访、照片、信件、期刊、印刷材料和视频。每位老年人的记忆和生活史在每周一次的"社区记忆研讨会"上分享。项目不仅可以在社区内进行，也可以在养老院等老年人聚集的封闭环境中开展。另外，对老年人开展的资料搜集和录像采访，会产生大量的口述历史材料，通过建立一个在线数字档案馆，将已收集的所有资料，例如照片、信件和视频纳入其中，不仅有助于宁波历史记忆的保留，也可以激发年轻居民和游客对宁波城市历史和社区历史的兴趣。

3. 包容性文化服务开发项目

残障人士和老年人，由于特殊的身体（如认知障碍、视力障碍、听力障碍、肢体障碍）情况，对文化产品有特殊的需求。对于这类需求，文化产品和公共文化服务明显存在供给不足的问题。宁波市政府可通过和相关机构、艺术团体、学校、艺术家和社会组织合作，如宁波交响乐团、宁波博物馆、宁波美术馆等文化机构和文化场所，根据弱势群体的特殊需要，基于本机构或团体的资源和能力，为残障人士和老年人开发更具包容性的文化产品和文化演出服务。例如，为视力障碍者制作广播剧、开发电影讲述节目，开展艺术品触摸计划，开发阿尔茨海默症和智力障碍人群友好的表演，等等。

(三) 代际融合的文化活动参与

提升普通市民的文化获得、文化参与、文化享受与文化发展机会，以及在此浸润之下的市民文化素养和文明行为，是文明典范之都建设的重要内容，也是其做细的一个体现。以下项目将通过代际融合的方式，促进宁波市民更好地参与文化活动、提升文化素养、促进文明行为。

1. "一老一小" 文化活动

中国有句俗话叫作 "老来宝"，意为越来越像小孩的老人。可见，"一老一小" 两个群体本身具有天然的接近性和共通性，具有代际融合的潜力。尤其在当下隔代抚养的现实语境下，可以在社区、图书馆、文化礼堂等场所，策划开展如代际阅读（讲故事、演故事、拍故事）、传统手工、唱唱跳跳等菜单式、持续化的文化活动。

2. 数字为老志愿服务活动

青年人是网络世界、数字社会的主力军，老年人却成为 "数字难民"。志愿服务组织通过建立专门的以青年人为主的 "数字为老服务" 志愿协会，按照初阶的智能手机使用、微信使用，到中高阶的视频拍摄剪辑、网络购物、智能导航等，帮助老年人更好融入数字社会。通过志愿服务平台，青年人数字为老志愿服务积分储蓄卡可换取宁波市所有公共文化场所和相关文艺演出等的入场券，以鼓励更多青年人的参与，城市也能在此过程中实现青年发展型城市建设和老年友好型社会建设的有机融合。

3. 非遗传播跨界出圈项目

非遗传承要体现 "见人见物见生活" 的原则，实现多场景的跨界传播。比如，将体验感比较强的非遗项目和电影院观影活动进行对接，根据电影（尤其是儿童动画电影）中的主要形象、物件，推出非遗沉浸式体验活动。比如，结合《蜘蛛侠》电影，开展观影者捏面人，草席编织、竹刻蜘蛛侠等活动，以吸引更多儿童、青年观影者的参与。此外，非遗项目还可以在青年人、儿童的主要活动场所与书法、音乐、体育、饮食等进行跨界组合，实现多场景沉浸式传播。

(四) 打造儿童活动网络城市融入系统

儿童活动网络城市融入系统，或称之为儿童城市活动网络系统，即构建适宜儿童活动的城市通道网络。合理规划布局城市内儿童活动场所和基础服务设施，满足区域内儿童生活成长需要；规划布局应远离环境污染区域，与自然要素紧密结合，让儿童与自然有更多的接触机会。建立起步行和骑行绿色网络体系，将儿童青少年经常去的活动场所、公共基础设施和商业服务设施通过"绿色廊道"串联起来。最终达到儿童活动网络融入城市开放体系，使儿童活动与城市生活最大限度的融合。

五、城市品牌打造工程

城市品牌是城市文明的重要体现，品牌打造综合考虑文明典范之都建设的多个维度，参考评价指标框架，我们从总体行业层面提出以下几个方面的品牌建设。

1. 打造中国高端制造品牌

宁波是《中国制造 2025》首批试点城市，肩负着引领制造业向高端迈进的历史使命。依托深厚的工业基础和创新能力，宁波需全力打造具有国际竞争力的制造品牌。通过持续的技术创新、质量提升和品牌建设，推动宁波的制造业走向世界舞台的中心，展现中国制造的精湛工艺和卓越品质。同时，依托宁波舟山港这一国际物流枢纽，推动内外贸一体化发展，拓展全球市场网络，致力于打造一批具有国际影响力的高端制造品牌，以实际行动引领全国制造业转型升级，为中国制造迈向全球价值链中高端贡献力量。

2. 打造国家金融、保险综合示范区品牌

宁波不仅是国家重要的制造业基地，还是金融和保险创新的前沿阵地。作为国家保险创新综合试验区、金融试验区以及文化金融合作示范区，宁波正积极探索金融和保险领域的新模式、新路径。通过制度创新、服务创新和

科技创新，构建完善的金融生态体系，塑造起一个集金融创新高地、保险示范区和文化金融特色于一体的国家金融保险综合示范区品牌，为国内外企业和投资者提供一流的金融服务和保险保障。这一品牌的打造，将进一步巩固宁波在国家金融和保险领域的领先地位。

3. 打造跨境电商产业优势和品牌

作为跨境电子商务的先行者，宁波应充分利用其跨境电子商务综合试验区的政策优势，借助中国—中东欧国家经贸合作示范区的独特平台，积极拓展与中东欧国家的电商合作，探索和创新跨境电商发展新模式，推动双边贸易的便利化和多元化。同时，浙江自贸区宁波片区的设立，进一步为宁波的跨境电商产业注入新的活力。通过整合"两区"优势，宁波可打造具有国际影响力的跨境电商产业品牌，形成全球范围内跨境电商的重要枢纽和知名品牌集聚地，引领中国电商产业走向世界的新高度。

4. 打造宁波城市安全品牌——韧性城市品牌

安全，不仅是现代城市文明关注的核心问题，也是全球城市发展指向的公共价值。根据国际标准，一个安全城市的标准应该包括有效的警力部署、高效的防控措施、严格的法律法规和智能化的安全技术等多个方面。只有在这些方面得到充分满足的情况下，我们才能真正实现安全城市的目标。宁波市第十四次党代会将"推进韧性城市建设""提升城市安全韧性水平"等目标任务写入报告，显示了领导者对城市安全发展的重视。基于此，可构建城市安全韧性品牌。

5. 城市教育品牌

教育是城市文明的重要构成部分，尤其是具有深厚底蕴的知名高校，是体现城市文明的一个重要标志。宁波基础教育得到普遍认可，但高等教育始终是短板，这一问题已被讨论很多，不再赘述。概言之，要有支撑得起宁波发展的高水平大学和研究机构，需要长远规划。建立高水平大学不仅是本地培养、吸纳高端人才的蓄水池，其还有非常强的外部效益，培养的人才即使外流，有能力有机会也会回馈培养他们的高校和城市。

6. 城市生态品牌

城市生态作为国际城市发展的核心公共价值，不仅是现代文明的象征，更是城市可持续发展的基石。宁波在积极推动经济社会文化繁荣的同时，需要高度重视并着力构建城市生态品牌。可通过强化生态保护、提升环境治理效能、推动绿色低碳产业发展、优化城市空间布局等多维度策略，打造人与自然和谐共生的生态友好型城市。倡导全民参与的城市生态文明建设，形成全社会共建共享的良好格局。让"生态友好"成为宁波鲜明的城市名片和标签，树立起全国乃至全球范围内城市生态品牌的典范。

主要参考文献

◎ 中文著作

[1] 习近平. 习近平谈治国理政（第三卷）［M］. 北京：外文出版社，2020.

[2] 王遂今. 宁波帮企业家的崛起［M］. 杭州：浙江人民出版社，1989.

[3] 王瑞成，孔伟. 宁波城市史［M］. 宁波：宁波出版社，2010.

[4] 白友涛，等. 引入与融合：城市国际化研究［M］. 南京：东南大学出版社，2008.

[5] 冯天瑜. 中华文化史［M］. 上海：上海人民出版社，1990.

[6] 成朝晖. 人间·空间·时间：城市形象系统设计研究［M］. 北京：中国美术学院出版社，2011.

[7] 吕洪霞. "宁波帮"家族企业制度创新研究［M］. 杭州：浙江大学出版社，2011.

[8] 刘家沂. 序［M］//白斌，顾苗央. 浙江海洋文明史话. 杭州：浙江工商大学出版社，2020.

[9] 刘勤，周静. 以海为生：社会学的探析［M］. 北京：海洋出版社，2015.

[10] 许纪霖. 家国天下：现代中国的个人、国家与世界认同［M］. 上海：上海人民出版社，2017.

[11] 许德明，朱匡宇. 文明与文明城市：全国文明城市测评体系研究［M］. 上海：上海人民出版社，2005.

[12] 孙善根. 宁波帮史略［M］. 宁波：宁波出版社，2015.

[13] 苏勇军. 浙东海洋文化研究［M］. 杭州：浙江大学出版社，2011.

[14] 何平. 文化与文明史比较研究［M］. 济南：山东大学出版社，2009.

[15] 杨念群. 儒学地域化的近代形态：三大知识群体互动的比较研究［M］. 北京：生活·读书·新知三联书店，1997.

[16] 张传保，赵家荪，陈训正，等. 鄞县通志［M］. 宁波：宁波出版社，2006.

[17] 张丽华. 城市文明治理：中国特色城市治理模式研究［M］. 上海：东方出版中

心，2021.

[18] 苟建华. 城市国际化水平测度与世界名城建设方略研究——以杭州为例 [M]. 北京：经济管理出版社，2021.

[19] 鱼宏亮. 知识与救世：明清之际经世之学研究 [M]. 北京：北京大学出版社，2008.

[20] 郭艳飞. 中国文明城市建设报告 [M]. 北京：中国时代经济出版社，2009.

[21] 浙江省文物考古研究所. 河姆渡：新石器时代遗址考古发掘报告 [M]. 北京：文物出版社，2003.

[22] 陶水木，徐海松，王心喜，等. 浙江地方史 [M]. 杭州：浙江人民出版社，2012.

[23] 黄建国，高跃新. 中国古代藏书楼研究 [M]. 北京：中华书局，1999.

[24] 章学诚. 文史通义（上）[M]. 北京：中华书局，1985.

[25] 章学诚. 文史通义新编新注 [M]. 杭州：浙江古籍出版社，2005.

[26] 章学诚. 章学诚遗书 [M]. 北京：文物出版社，1985.

[27] 樊百川. 中国轮船航运业的兴起 [M]. 北京：中国社会科学出版社，2007.

[28] 薛凤旋. 中国城市文明史 [M]. 北京：九州出版社，2022.

◎ **中文译著**

[1] 布鲁斯·马兹利什. 文明及其内涵 [M]. 汪辉，译. 刘文明，校. 北京：商务印书馆，2020.

[2] 丝奇雅·沙森. 全球城市：纽约、伦敦、东京 [M]. 周振华，译. 上海：上海社会科学院出版社，2005.

[3] 托马斯·库恩. 科学革命的结构（第四版）[M]. 金吾伦，胡新和，译. 北京：北京大学出版社，2016.

[4] 乔尔·科特金. 全球城市史 [M]. 王旭，等译. 北京：社会科学文献出版社，2014.

[5] 刘易斯·芒福德. 城市发展史——起源、演变与前景 [M]. 宋俊岭，宋一然，译. 上海：上海三联书店，2018.

[6] 阿诺德·汤因比. 人类与大地母亲 [M]. 徐波，等译. 马小军，校. 上海：上海人民出版社，2019.

[7] 阿诺德·汤因比. 历史研究 [M]. D. C. 萨默维尔，编. 郭小凌，王皖强，林远，等译. 上海：上海人民出版社，2010.

[8] 阿诺德·汤因比. 文明经受考验 [M]. 王毅，译. 上海：上海人民出版社，2016.

[9] 阿诺德·汤因比. 变动的城市 [M]. 倪凯，译. 上海：上海人民出版社，2021.

[10] 迪特·哈森普鲁格. 中国城市密码 [M]. 童明，赵冠宁，朱静宜，译. 北京：清华

大学出版社，2018.

[11] 罗伯特·E.帕克，等. 城市——有关城市环境中人类行为研究的建议 [M]. 杭苏
红，译. 北京：商务印书馆，2020.

[12] 罗萨. 加速：现代社会中时间结构的改变 [M]. 董璐，译. 北京：北京大学出版
社，2015.

[13] 凯文·林奇. 城市的印象 [M]. 项秉仁，译. 北京：中国建筑工业出版社，1990.

[14] 法里德·扎卡利亚. 后美国世界：大国崛起的经济新秩序时代 [M]. 赵广成，林民
旺，译. 中信出版社，2009.

[15] 恩格斯. 英国工人阶级的状况 [M]//马克思恩格斯全集（2）. 中共中央马克思恩格
斯列宁斯大林著作编译局，译. 北京：人民出版社，2013.

[16] 理查德·佛罗里达. 创意阶层的崛起 [M]. 司徒爱勤，译. 北京：中信出版社，2010.

[17] 菲利普·巴格比. 文化与历史：文明比较研究导论 [M]. 李天纲，陈江岚，夏克，
译. 北京：商务印书馆，2018.

[18] 塞缪尔·亨廷顿. 文明的冲突与世界秩序的重建（修订版）[M]. 周琪，等译. 北
京：新华出版社，2018.

◎ 中文论文

[1] M.C.白吉尔，董果良. 近代中国企业主的类型 [J]. 社会科学战线，1985（4）.

[2] 万媛媛，苏海洋，刘娟. 生态文明建设和经济高质量发展的区域协调评价 [J]. 统计
与决策，2020，36（22）.

[3] 习近平. 习近平关于文明的重要论述 [J]. 人民论坛，2019（26）.

[4] 王一超，朱璐平，周丽旋，等. 珠三角城市群生态文明建设水平评价与展望 [J]. 环
境保护，2023，51（7）.

[5] 王发明. 城市国际化水平综合评价指标体系的构建 [J]. 统计与决策，2009（22）.

[6] 王思勤. 七星级慈善城市：宁波 [J]. 社会与公益，2022（1）.

[7] 王焱麒. 从西方文明到全球文明：城市文明的中国转向 [J]. 社会科学战线，2022（5）.

[8] 王瑞媛，刘燕梅. 海外社交媒体中西安城市形象研究——基于优兔平台的考察 [J].
新闻研究导刊，2023，14（8）.

[9] 韦路，陈曦. 2022中国城市国际传播影响力指数报告 [J]. 对外传播，2023（1）.

[10] 尤建新，等. 公众满意理念及公众满意度评价 [J]. 上海管理科学，2004（2）.

[11] 牛耕，何雨可，赵国昌. 城市品牌与流动人口居留意愿：来自"文明城市"评选的
证据 [J]. 人口研究，2022（6）.

[12] 文学禹. 中国式现代化视域下生态文明建设研究 [J]. 湖南社会科学, 2023 (2).

[13] 方同义, 陈正良. 试论浙东学术的精神特质和民间影响——兼述浙东、湖湘、岭南地域文化的异同 [J]. 浙江社会科学, 2015 (8).

[14] 方其军. 从渔猎文明向农耕文明过渡: 余姚井头山遗址发掘始末 [J]. 宁波通讯, 2020 (12).

[15] 孔繁斌, 郑家昊. 建设人民满意的服务型政府——中国共产党对行政体制理论的创新探索 [J]. 中国行政管理, 2021 (7).

[16] 北京师范大学新闻传播学院海外网络传播力课题组. 国际传播新格局下中国城市海外网络传播力分析 [J]. 对外传播, 2022 (2).

[17] 卢小明. 河姆渡人饮食考察 [J]. 农业考古, 2000 (3).

[18] 田文林. 百年大变局呼唤"新文明观" [J]. 当代世界, 2023 (4).

[19] 史永. 起底"宁波帮"记邓小平号召全世界"宁波帮"建设宁波 [J]. 宁波通讯, 2021 (13).

[20] 成云雷, 那述宇. 论城市文明结构 [J]. 内蒙古社会科学 (汉文版), 2002, 23 (5).

[21] 吕晓斌. 文明交流互鉴的价值意蕴、原则遵循和实践路径 [J]. 河南社会科学, 2023, 31 (1).

[22] 朱峰. "新一线城市"青年友好型城市政策创新研究 [J]. 中国青年研究, 2018 (6).

[23] 任丽梅. "文化"与"文明"内涵的马克思主义解读与时代要求 [J]. 学术论坛, 2016, 39 (8).

[24] 邬晓燕. 文明范式变革与社会主义生态文明新形态 [J]. 中州学刊, 2023 (1).

[25] 刘先春, 张艳霞. 人类文明新形态的生成逻辑、核心内涵和世界意义 [J]. 理论学刊, 2023 (1).

[26] 刘佳, 刘贤明, 李煜轩. 文明城市评选与旅游经济发展: "锦上添花"还是"雪中送炭"? [J]. 旅游科学, 2022 (6).

[27] 刘金波. 超大城市国际传播能力建设研究 [J]. 新闻与传播评论, 2022, 75 (6).

[28] 刘彦秀, 孙根紧. 全国文明城市评选是否促进了旅游经济高质量发展? ——来自准自然实验的经验证据 [J]. 资源开发与市场, 2022 (9).

[29] 刘哲, 刘传明. 文明城市对产业结构升级的影响效应研究——来自文明城市评选的准自然实验 [J]. 产业经济研究, 2021 (1).

[30] 刘晶磊. 抓准创建文明城市的"突破口"——创建文明城市理论与实践研讨会述要 [J]. 社会科学, 1998 (3).

[31] 刘德斌. 百年变局中的历史转换与战略机遇 [J]. 世界历史, 2020 (6).

[32] 齐昕，郭东杰. 经济创新驱动水平测度及空间分布格局——基于浙江县域样本的研究 [J]. 商业经济与管理，2021（3）.

[33] 许军华，原源. 大学国际化与城市国际化——以中国西部城市成都市为例 [J]. 西南交通大学学报（社会科学版），2012，13（4）.

[34] 孙久文，蒋治. 高质量建设青年发展型城市的科学内涵与战略构想 [J]. 西安交通大学学报（社会科学版），2022，42（6）.

[35] 孙国平，王永磊. 从井头山遗址看宁波地理环境与海洋文化的关系 [J]. 宁波通讯，2020（18）.

[36] 苏婧，等. 国际传播的文化转向：发掘文明交流互鉴中的传播研究 [J]. 新闻与写作，2023（5）.

[37] 杜仕菊，程明月. 文明城市创建：践行社会主义核心价值观的引擎 [J]. 华东理工大学学报（社会科学版），2016，31（6）.

[38] 李军鹏. 面向社会主义现代化新发展阶段的政府职能转变 [J]. 中共中央党校（国家行政学院）学报，2021，25（4）.

[39] 李远. 以深化交流互鉴开创全球文明发展新时代 [J]. 当代世界，2023（4）.

[40] 李丽纯，李松龄，夏传文. 长沙城市国际化水平比较研究 [J]. 经济地理，2011，31（10）.

[41] 李言，毛丰付. 城市品牌建设如何影响数字企业创业？——基于文明城市评选视角的分析 [J]. 经济与管理研究，2022（9）.

[42] 李英魁. 试论宁波"海上丝绸之路"兴起的历史上限 [J]. 东方博物，2004（4）.

[43] 李剑鸣. 文明的概念与文明史研究 [J]. 华中师范大学学报（人文社会科学版），2016，55（1）.

[44] 杨太辛. 浙东学派的涵义及浙东学术精神 [J]. 浙江社会科学，1996（1）.

[45] 杨太辛. 浙东学术精神的传递途径和传承机制 [J]. 浙江社会科学，2005（3）.

[46] 杨轶清. 钱业领袖秦润卿 [J]. 浙江经济，2013（18）.

[47] 吴光. 简论"浙学"的内涵及其基本精神 [J]. 浙江社会科学，2004（6）.

[48] 吴建永. 马克思恩格斯文明范式的逻辑理路与人类文明新形态 [J]. 北京社会科学，2022（11）.

[49] 何玉芳，李戈. 习近平生态文明思想视域下中国式现代化的生态图景 [J]. 城市与环境研究，2023（2）.

[50] 何艳玲. 中国行政体制改革的价值显现 [J]. 中国社会科学，2020（2）.

[51] 何瑞芝. 全国宁波旅外同乡团体概况 [J]. 宁波旅沪同乡会月刊，1935（145）.

[52] 邹升平，高笑妍. 经济高质量发展的研究进路与深化拓展 [J]. 宁夏社会科学，2023（3）.

[53] 沈雨梧. 论海外宁波帮企业家的素质 [J]. 宁波经济，1996（3）.

[54] 沈霄，王国华. 基于整体性政府视角的新加坡"智慧国"建设研究 [J]. 情报杂志，2018，37（11）.

[55] 宋炳林，陈琳. 长三角五大都市圈中心城市国际化水平比较研究 [J]. 浙江社会科学，2017（6）.

[56] 张可云，项目. 中国省会城市国际化水平比较研究 [J]. 地域研究与开发，2011，30（4）.

[57] 张志刚. 文明城市建设的理论范式 [J]. 学术交流，2002（1）.

[58] 张志安. 议题、机制与话语：中国式现代化与城市国际传播的关键问题 [J]. 社会主义论坛，2023（6）.

[59] 张春雨，肖珺. 内部融合与国际交往：中国跨文化城市建设路径与评估指标建构 [J]. 新闻与传播评论，2022，75（6）.

[60] 张素敏. 浅论文明城市创建活动 [J]. 现代哲学，1994（2）.

[61] 张逸龙，徐敏. 宁波慈善信托崛起势正劲 [J]. 宁波通讯，2023（5）.

[62] 张蕴岭，杨光斌，魏玲，等. 如何认识和理解百年大变局 [J]. 亚太安全与海洋研究，2019（2）.

[63] 张守广. 从传统商帮到江浙团的支柱 [D]. 南京：南京大学，1994.

[64] 陈梅龙. 秦润卿与上海钱庄业 [J]. 民国档案，1997（3）.

[65] 陈立新. 世界变局与历史观的复兴 [J]. 中国社会科学，2021（4）.

[66] 陈怡安，齐子翔. 城市国际化水平评价指标体系及实证研究——以天津滨海新区为例 [J]. 经济体制改革，2013（1）.

[67] 陈修颖，苗振龙. 数字经济增长动力与区域收入的空间分布规律 [J]. 地理学报，2021，76（8）.

[68] 陈培永. 深入思考马克思恩格斯关于文明问题的研究 [J]. 马克思主义理论学科研究，2023（6）.

[69] 陈雪雪. 马克思恩格斯文明观多维论析 [J]. 浙江学刊，2022（6）.

[70] 邵九华. 河姆渡遗址主要考古成果 [J]. 浙江学刊，1994（4）.

[71] 邵波，等. 我国城市国际化水平比较研究 [J]. 上海工程技术大学学报，2007，21（2）.

[72] 范玉刚. 文化治理视域下的城市文明典范塑造 [J]. 理论视野，2023（4）.

[73] 范可. 全球化语境下的文化认同与文化自觉 [J]. 世界民族，2008（2）.

［74］林卡，王丽铮. 城市国际化指标体系研究［J］. 浙江社会科学，2019（12）.

［75］林李月，等. 流动人口对流入地的环境感知及其对定居意愿的影响——基于福州市的调查［J］. 人文地理，2016，31（1）.

［76］林剑. 文化与文明之辨［J］. 学术研究，2011（3）.

［77］金林祥. 甬上证人书院与清代浙东学派［J］. 清史研究，1994（2）.

［78］金家厚，鲍宗豪. 论城市文明的秩序意蕴［J］. 天津社会科学，2011（2）.

［79］金家厚. 我国都市公共文化需求的形成及趋势［J］. 长白学刊，2009（3）.

［80］金家厚. 城市文明的衡量维度与发展取向——以上海市为例［J］. 城市问题，2010（10）.

［81］周生杰. 陈训慈与二十世纪浙东学术更新［J］. 中国矿业大学学报（社会科学版），2022，24（2）.

［82］周金康，陈依元. 关于建设宁波港城新文化的构想［J］. 浙江社会科学，1996（6）.

［83］周蜀秦. 基于特色竞争优势的城市国际化路径［J］. 南京社会科学，2010（11）.

［84］郑文平，张冬洋. 全国文明城市与企业绩效——基于倾向性匹配倍差法的微观证据［J］. 产业经济研究，2016（5）.

［85］赵凤章. 健全市政设施档案为建设现代化文明城市服务［J］. 档案，1984（4）.

［86］赵强. 走向全球城市命运共同体：都市时代全球化与城市化关联的哲学反思［J］. 江海学刊，2022（6）.

［87］赵群毅. 中国城市文明的历史基因及新时代重塑［J］. 中国名城，2021，35（8）.

［88］胡凡，马毅. 文化与文明的界定及其关系［J］. 学习与探索，2006（2）.

［89］费孝通. 对文化的历史性和社会性的思考［J］. 思想战线，2004（2）.

［90］费孝通. 关于"文化自觉"的一些自白［J］. 学术研究，2003（7）.

［91］费孝通. 反思·对话·文化自觉［J］. 北京大学学报（哲学社会科学版），1997（3）.

［92］袁旭宏，潘怡锦，张怀志. 创建文明城市对地方债务融资的影响效应研究［J］. 财经理论与实践，2022，43（6）.

［93］贾文山，江灏锋. 千年视野下百年未有之大变局与中国路径［J］. 现代国际关系，2022（7）.

［94］高力克，顾霞. "文明"概念的流变［J］. 浙江社会科学，2021（4）.

［95］唐磊. 深圳国际城市形象：域外"专家意见"与"大众感知"［J］. 深圳大学学报（人文社会科学版），2020，37（2）.

［96］黄少安，周志鹏. 非经济领域锦标赛与经济增长——基于"五连冠"全国文明城市的分析［J］. 财经问题研究，2020（7）.

[97] 曹诗图. 文化与地理环境 [J]. 人文地理, 1994 (2).

[98] 曹策, 李逸飞, 楚尔鸣. 城市荣誉评选与城投债规模扩张——基于全国文明城市的准自然实验 [J]. 山西财经大学学报, 2022, 44 (7).

[99] 逯进, 赵亚楠, 苏妍. "文明城市"评选与环境污染治理: 一项准自然实验 [J]. 财经研究, 2020, 46 (4).

[100] 詹新宇, 王一欢. 荣誉的力量: 共建共享全国文明城市增强企业纳税遵从了吗 [J]. 财贸经济, 2022, 43 (10).

[101] 鲍宗豪. 中西方城市文明比较研究 [J]. 社会科学, 2005 (9).

[102] 鲍宗豪. 文明城市: 一种中国特色的可持续城市化新模式 [J]. 马克思主义研究, 2011 (3).

[103] 鲍宗豪. 文明城市论 [J]. 河北学刊, 2005 (4).

[104] 鲍宗豪. 可持续城市化问题研究 [J]. 求是学刊, 2006 (4).

[105] 蔡后奇, 洪晓楠. 文化自觉的主体性维度——对文化自觉"时间轴"的哲学反思 [J]. 学术研究, 2014 (3).

[106] 谭倩. 中国式现代化的生态文明向度: 科学理据、价值蕴含及其话语构建 [J]. 南京社会科学, 2023 (7).

[107] 余丹林, 魏也华. 国际城市、国际城市区域以及国际化城市研究 [J]. 国外城市规划, 2003, 18 (1).

[108] 魏红征. 城镇化背景下城市文明建设探析 [J]. 广西社会科学, 2013 (12).

◎ 英文文献

[1] Banham R. The Theory and Practice of Garden City Planning [M]. London: Faber and Faber, 1965.

[2] Chandler Tertius. Four Thousand Years of Urban Growth: An Historical Census [M]. Lewiston, NY: Edwin Mellen Press, 1987.

[3] Childe V. G. The Urban Revolution [J]. Town Planning Review, 1950, 21 (1).

[4] Hargittai E. Minding the Digital Gap: Why Understanding Digital Inequality Matters [M]// S. Allan (ed.), Media Perspectives for the 21st Century. 1st ed. London: Routledge, 2010: 10.

[5] Fishman R. Bourgeois Utopias: The Rise and Fall of Suburbia [M]. New York: Basic Books, 1987.

[6] Floridi L, Taddeo M. What is data ethics? Philosophical Transactions of the Royal Society

A: Mathematical [J]. Physical and Engineering Sciences, 2019, 377 (2146).

[7] Hall P. A, Taylor R. C. R. Political Science and the Three New Institutionalisms [J]. Political Studies, 1996, 44 (5).

[8] Harvey D. The Condition of Postmodernity: An Enquiry into the Origins of Cultural Change [M]. Oxford: Blackwell, 1989.

[9] Jacobs J. The Death and Life of Great American Cities [M]. New York: Random House, 1961.

[10] Le Corbusier. Towards a new architecture [M]. Frederick Etchells, Trans. London: John Rodker, 1927.

[11] Douglas M. How institutions think [M]. New York: Syracuse University Press, 1986.

[12] Nancy Micozzi, Tan Yigitcanlar. Understanding Smart City Policy: Insights from the Strategy Documents of 52 Local Governments [J]. Sustainability, 2022, 14 (16).

[13] North D. C. Institutions, institutional change and economic performance [M]. Cambridge: Cambridge University Press, 1990.

[14] Sassen S. The Global City: New York, London, Tokyo [M]. Princeton: Princeton University Press, 2001.

[15] Thelen K. Historical Institutionalism in Comparative Politics [J]. Annual Review of Political Science, 1999, 2 (1).

[16] Wheeler S M. The Future of the Metropolis: New Perspectives on Urbanization and Urban Policy [M]. New York: Plenum Press, 1984.

附　录

宁波城市发展和文明建设情况问卷调查

尊敬的先生/女士：

　　您好！本次调查目的是为宁波打造全国文明典范之都建言献策。此问卷为匿名填写，仅供研究用途并将完全保密。谢谢合作！

1. 您的性别：　　　　A. 男　　　　　　B. 女
2. 您的主要居住地：A. 城镇　　　　　B. 农村
3. 您的常住地：A. 宁波市　B. 浙江省其他市区　C. 外省　D. 其他
4. 您的年龄：A. 18 周岁以下　　B. 19~30 岁　　C. 31~40 岁
   　　　　　D. 41~50 岁　　　E. 51~59 岁　　F. 60 岁及以上
5. 您的学历：A. 小学及以下　　B. 初中　　　C. 高中/中专/技校
   　　　　　D. 大专　　　　　E. 本科　　　F. 研究生及以上
6. 以下主要文化服务场馆，您是否知晓或参与活动?

公共文化服务机构	不知道在哪	从未去过	偶尔去	一般	经常去
宁波图书馆					
宁波博物馆（含宁波帮博物馆）					
宁波非遗馆					
宁波美术馆					

续表

公共文化服务机构	不知道在哪	从未去过	偶尔去	一般	经常去
宁波文化馆					
宁波音乐厅					
宁波大剧院					
新华书店（宁波书城）					

7. 请您对宁波公共文化场馆（图书馆/博物馆/文化馆/新华书店等），给出总体评价。

题　　目	非常满意	比较满意	一般	不太满意	非常不满意
交通便利、方便到达					
场所干净、环境优美					
信息发布、活动宣传					
基础设施设备					
工作人员的服务态度					
工作人员的专业度					
文化内容和活动的丰富性					
对儿童、老年、残障者等特殊群体的差异化服务					
运用数字技术开展线上服务					

8. 以下宁波文化特色，您认为哪几项最具代表性？（多选题）

A. 河姆渡文化　　　B. 佛教文化（天童寺等）　　　C. 院士之乡

D. 港口文化　　　E. 藏书文化　　　F. 商帮文化

G. 海丝文化　　　H. 阳明文化　　　I. 慈孝文化

J. 其他

9. 以下关于宁波精神的说法，您对哪几项较为认可？（多选题）

A. 知行合一　　　B. 知难而进　　　C. 知书达理

D. 知恩图报　　　E. 开拓创新　　　F. 开放开明

G. 诚信务实　　　H. 爱心尚德　　　I. 其他

10. 以下关于宁波市民和社区生活情况，请给予您个人的评价。

题　目	非常满意	比较满意	一般	不太满意	非常不满意
礼让遵守交通规则					
公共场所吸烟行为					
公共场所电子设备声音外放					
公共场所遵守排队秩序					
市民光盘行动					
社区生活垃圾分类投放					
社区文明养宠					
社区老年服务设施					
社区儿童游乐设施					
社区家庭家风					
社区邻里关系					

11. 以下关于宁波城市建设情况，请给予您个人的评价。

题　目	非常满意	比较满意	一般	不太满意	非常不满意
经济发展水平					
总体营商环境					
城市市容卫生					
城乡生态环境					
城乡居住环境					
科技创新水平					
高等教育水平					
市民对外地人的包容友好					
对残障者等特殊群体的关心支持					
无障碍设施建设					
您对自己当前的收入水平					
传统节日氛围（端午节等）					
地方文化活动开展（开渔节等）					
执法单位文明执法					
"最多跑一次"改革服务					

续表

题　目	非常满意	比较满意	一般	不太满意	非常不满意
国际文化活动（会议、赛事等）					
宁波城市国际化水平					

12. 以下关于宁波城市形象口号、荣誉的表述，请给予您个人的评价。

题　目	非常认同	比较认同	一般	不太认同	完全不认同
书藏古今、港通天下					
现代化滨海大都市					
全国文明城市					
全国平安城市					
全国健康城市建设样板市					
中国最具幸福感城市					

后 记

　　城市作为人类文明诞生的重要标志，一直是古今中外诸多学者关注的对象。城市建设不仅是一个跨学科的理论问题，还是一个和现代化密切相关的实践问题，或者说，现代文明在物理空间中，就是以城市作为载体来呈现的。确如芒福德所言，城市是人类文明的容器，"城市最高使命，是促进人类自觉参与宇宙进化和文明史的伟大进程"。2022 年 10 月，宁波市社科联面向全国发布宁波文化研究工程"十大"重大项目招标公告，支持力度和重视程度前所未有。笔者及团队有幸承担了其中"建设全国文明典范之都"课题研究。课题申请之时，笔者和团队满怀豪情，对课题进行精心设计，但真正立项承接项目，却是深感压力和责任。尤其是在社科联召开的第一次课题动员会上，傅晓书记及几位副院长对课题重要性的强调，让作为课题负责人的笔者深感压力。对于一个非常强调实践性，且又在市级层面已经拿出"行动纲要"的项目，我们究竟应该怎么去做？很显然，不能仅仅拿出一个一般对策或行动计划类的成果，我们需要拿出一个既有一定咨政参考价值又有一定理论性的成果。而对宁波市委宣传部相关处室及专家的访谈也支持了我们的想法，即做到学术性和咨政性相结合。

　　由是，在前期调研和文献基础上，笔者提出了宁波文明典范之都建设的"文明范式"城市理论或者说概念，希望能站在更高的理论视角和全球视野对宁波文明典范之都建设进行思考，同时也是面向全国文明城市建设，对宁波作为"六连冠"全国文明城市已有实践经验的提炼和升华。

　　随着课题的推进，笔者逐渐意识到，基于文明典范之都建设提出的"文明范式"城市理论，还具有中国自主知识体系建构的意义。因为，这一理念的提出完全基于中国城市文明实践和文明观，更加坚定了从文明视野来认识文明典范之都建设的重要性，以及这一认识在理论和实践上具有的普遍性意义。2023 年后半学期笔者在北京大学访学，看到很多不同学院学科以"文明"为主题的系列讲座、会议以及一些理论著作，才突然意识到，从"文明"来认识和叙述中国，已再次成为当前贯通中国学术届和政治领域的重大议题，文明成为叙述中国的重要理论视角。北京大学中文系教授贺桂梅《重述中国：文明自觉与 21 世纪思想文化研究》以文明的视角和框架来认识和建构 21 世纪中国的主体性，讲述"何谓中国"。这不仅在理论上支持本研究，更启发笔者，认识到我们实际也是在以文明的视角和框架来叙述中国城市故事。正是数百成千个不同的城市文明故事，才构成了中国城市文明演变及探索中国式现代化文明新形态的故事。"文明范式"城市理论视角实际上是在重新认识和确立不同城市的地方文明化特征，或主体性，重述城市故事。在这一层面上，讲好城市故事，也是讲好中国故事的重要组成部分。由是，笔者再次确认了在全球化视野下，城市之间的文明交流互鉴之于城市文明的重要性。

正是基于上述种种思考，我们在从全球文明格局变化阐述对文明典范之都建设认识的基础上，详细论述了文明及其相关认识，结合党的二十大精神及新文明观，对"文明范式"城市内涵进行阐释、设计框架指标，对宁波地方、历史、现代及国际文明等现状进行调研分析，提出"文明范式"城市（文明典范之都）制度化建设及项目方案等，希望能够完成一种从实践到理论、从理论到实践的探索与结合。

本书共有十章，其中李义杰负责书稿整体框架设计、统稿、统筹，具体撰写前言、第一、二、三、四、十章；李赛可撰写第五章；王蔚撰写第六、七章；孟超撰写第八、九章。

书稿的完成得益于多个部门领导和专家的支持。在此衷心感谢宁波市委宣传部副部长陈印、办公室主任刘斯靓、一级调研员（原市文明办副主任）戴建立、城乡文明建设处处长郭长胜等对本课题调研及设计的支持和建议；尤其感谢市委宣传部副部长、市文明办主任邓晓东给予本书的高度肯定和卓有见地的建议，作为宁波文明城市创建和现代城市文明的实践者和探索者，其丰富的实践经验和深入的理论思考，使本书在立意和用词规范等方面受益良多；感谢宁波市社科联书记傅晓，以及副院长蔡骋宇、陈建祥、李建国等对课题研究的指导和支持；特别感谢宁波市社科院党建研究所所长谢磊一直对课题研究的跟踪支持；感谢宁波市文明办原志愿服务工作处处长刘跃先对课题访谈人员的联络；感谢浙江大学李思屈（李杰）教授给予本课题的指导和肯定；对于其他曾对本书提出建议的专家、同事等，在此一并致谢！

本书的出版得益于宁波市对文化发展的高度重视、宁波市社科联的大力支持，也受益于知识产权出版社林竹鸣编辑认真、辛勤的工作，以及我的硕士研究生赵永芳同学在本书出版过程后期对校对工作的参与，在此感谢！

限于研究者能力及时间，本研究还有很多不完善之处，甚至错漏之处，希望读者、专家能够包容指正。愿此书出版能够为宁波市以及我国城市文明建设贡献绵薄之力。

李义杰
2024 年 1 月于北京